サッカー界の巨大な闇

THE BIG FIX

ブレット・フォレスト
堤理華［訳］

八百長試合と違法賭博市場

作品社

▼は訳註を示す。
◆は原註を示す。

シンディとエリックに。彼らのおかげでこの試合《ゲーム》にもどることができた。

第1章

サッカー界の腐敗の現実

二〇一一年三月　アラブ首長国連邦

国際サッカー連盟（ＦＩＦＡ）の調査員は正午過ぎにスタジアムに入った。サッカー界を崩壊させるかもしれない犯罪を阻止するためである。アラブ首長国連邦（ＵＡＥ）を構成する首長国の一つ、シャールジャはドバイから車でちょっとの距離にあるが、そこはまるで別世界のように思われた。ほとんどの西洋人は目にしたこともない、中東の赤茶けたほこりに覆われた風景。高層ビルが建ちならぶドバイとは異なり、シャールジャは人間を一夜のうちに億万長者にするような大都会には見えない。サッカーの試合にこっそりと罠をしかける犯罪者たちにとって、ここはうってつけの場所だった。彼らの特殊技能は無から有を生みだすことだ。この地で、九〇分の試合がまたもや大金に化けようとしていた。

その日――二〇一一年三月二六日――の試合は、クウェートとヨルダンの代表チームによる親善試合だった。毎年世界中で何百となくおこなわれる試合のひとつにすぎず、さほどの注目も集めていないし重要度も低い。たいていの代表チームの監督は、こういった親善試合をちょっとした腕だめし程度に考えている。しかし、東南アジアや東欧を根城とする犯罪者集団にとっては、この種の親善試合は大きな金儲けに欠かせない絶対的な基盤だった。

今、このクウェート対ヨルダン戦は、刻々と迫る戦いの最前線になろうとしていた。一方の陣営は、試合の不正操作によって数億ドル――それでも数十億ドルならいざしらず、この程度の額は、一兆ドルとも言われるサッカー賭博の賭け金総額からみればはした金にすぎない――を稼ぎだそうとする強固な犯罪組織。もう一方の陣営はサッカー界の管理者たちだ。彼らもようやく、こうした八百長が現代社会を震撼させる一大スキャンダルであり、世界でもっとも人気のあるスポーツの根幹をゆるがしかねないものだと認識しはじめていた。

悪名高い犯罪者集団がシャールジャで不正な試合操作をたくらんでいるらしい、との情報がサッカーの国際管理機関であるＦＩＦＡのもとによせられた。この数年来、頻繁に、信じがたいほど点が入る試合があったり、審判が不可解な反則の判定をしたり、賭博市場で妙な賭けパターンが出現したりしている現状を考えれば、驚くにはあたらなかった。ただ、今回のシャールジャでの試合がこれまでと異なるのは、ＦＩＦＡが新たに保安対策部長を雇い入れ、内密の調査を開始していたことである。行動を起こす時期が来たのだ。

ＦＩＦＡの二人の調査員がハリド・ビン・モハメド・スタジアムに到着したのは、もうすぐ試合がはじまるはずの時間だったが、スタジアムには誰もいなかった。この試合についての正確な情報を得ることは、当の試合を認可したＦＩＦＡにさえむずかしかった。日付、キックオフの時間、会場――すべてが曖昧だった。両代表チームの公式ホームページに掲載されている情報も錯綜していた。スポーツ賭博の賭け屋（ブックメーカー）のウェブサイトも同様である。試合が中止になったと報じているところもいくつかあった。ＦＩＦＡの職員二人が広く開け放たれたスタジアムの門をくぐったときは、まさにそんな雰囲気が漂っていた。チケット売り場には誰もいない。観客席はからっぽ。特別観覧席に腰をおろした二人は、テレビカメラも報道関係の車輌もないことに気がついた。地元紙も、この試合に関する情報をまったく載せていない。取材や報道があって当然の時代なのに、まるでこの試合は幻想の所産のように思われた。

しかし、ようやく選手たちがスタジアムにあらわれ、ファンもちらほらと姿を見せはじめた。フィールドの周辺を数人の男がうろついていた。調査員たちは、はっとして彼らを確認した。知っている顔が見えたからである。一人は首長国の興行会社の男、もう一人はエジプトの同業者だった。この試合を組むのを手伝った連中だが、彼らは最終的に調査リストの末端に追いやられていた。ＦＩＦＡの関心は彼らよりも八百長の立案者たち――世界中の何十という国々で好き放題に暗躍している悪名高いシンガポール人の組織に向けられている。やがて調査員たちの眼に、フィクサー（八百長を仕組む人物）として知られるシンガポール人二人がスタジアムに入ってきて、ＶＩＰスタンドの席につくのが映った。いよいよ試合がはじまろうとしていた。

最初にシャールジャでの八百長を考えたのは、世界でもっとも多くの八百長を仕掛けてきた男である。隠密裡に動きながら六〇か国以上で数百に及ぶ試合を操作し、アジアの賭博組織に巨万の富をもたらした。だが、組織は彼を裏切った。そして警察は、彼が宿泊していたフィンランドの北極圏近くにあるホテルの部屋で、シャールジャでの八百長の詳細を書いたメモを見つけた。

ＦＩＦＡの調査員たちをシャールジャに向かわせたのは、その情報だった。彼らはハーフタイムに抜き打ちで選手と審判員のロッカールームに押し入り、後半戦を真剣におこなわなければ資格停止――もしくは告発――の処分に踏みきるぞ、と威嚇する計画を立てた。ところが、アラブ首長国連邦サッカー協会から派遣されている職員に連絡を取ろうとしても、折り返しの電話もかかってこなければ電子メールへの返信もない。結局、もはや試合当日だというのに、調査員たちはスタジアム内の施設に自由に出入りできる手段を得られないまま、観客席の一隅にぽつんと座っているありさまだった。ひょっとしたら、協会職員は八百長があることを知っているのではないか、という疑いが胸にきざした。莫大な利益になるシンガポール違法賭博組織の八百長ビジネスに手を貸すサッカー協会は少数にとどまらず、世界中に存在しているのだから。

八百長の目的は、サッカー賭博で詐欺――つまりイカサマ――をすることである。フィクサーは選手を抱きこみ、わざと相手チームに得点させるように指示する。あるいは審判に賄賂を渡してレッドカードを出させたり、ペナルティーキックを与えさせたりして、八百長がうまくいくよう試合を誘導させる。賭博組織は、計画どおりに物事が進みはじめたタイミングを見はからって賭けをする。フィクサーは、彼らに一歩おくれをとるしかないブックメーカーのことも、目の前の試合を真剣勝負だと信じて応援しているファンのことも、欺いているのだった。ほんとうはやりたくないのに八百長への荷担を強要される選手も多い。クウェート対ヨルダン戦がはじまると、これが八百長試合であることを、国際サッカー賭博市場の動きがあきらかにした。

FIFA会長のヨーゼフ・〝ゼップ〟・ブラッターは一九九〇年代から、公の場で、世界中のサッカー選手や管理者をひとつにまとめて「サッカーファミリー」と呼ぶようになった。スイスのチューリヒに本部を置くFIFA、すなわち国際サッカー連盟は、四年ごとにおこなわれるワールドカップを主催する団体だ。サッカーを管理運営する数々の連盟や協会のなかでも、FIFAの占める地位はもっとも重い。通常、サッカー関係者は紛争を解決したり、広報したりするときにFIFAを頼る。しかし、ブラッターの包容力に満ちた言葉が指し示すほど、FIFAは善意の守護者というわけではない。FIFAはスイスで慈善事業団体として登録されているが、一般的なそれのように非営利組織ではなく、年間一〇億ドルの収入をあげ、多種多様な企業と協賛契約をむすび、テレビ放送権も設定している。しかしながら、現代企業なら当然あってしかるべき抑制と均衡のシステム――特定部門に権力が集中しないように互いに監視しあうシステム――はそなえていない。いうなれば、FIFAは曖昧《あいまい》模糊《もこ》とした靄《もや》のなかに存在する組織であり、上層部のなかには、そのほうが都合がいいと考えている人々もいるだろう。曖昧であれば、自分の好きなように利用しやすくなるからだ。

ここ一〇年のあいだに、この不明瞭な運営方法のせいで、世界のサッカー界は危機的な状況に陥った。八百長がこのスポーツを飲みこんだのである。国際的賭博組織がサッカーに目をつけたのは、ＦＩＦＡのせいではない。とはいえ、八百長という犯罪形式を考えると、ブラッターの言葉はどうも皮肉な様相をおびはじめる。八百長が現代サッカー界に新しい〝ファミリー〟を築いたからである。

二〇一一～一二年にイタリアで発覚した八百長スキャンダル――一般には「ラスト・ベット（最後の賭博）」作戦として知られる――では一五のサッカークラブ、総勢二四名に及ぶ選手やコーチ、審判、職員が八百長に荷担していたことが明るみにでて、イタリアのサッカー界を震撼させた。トルコでは一〇〇名近くの選手が逮捕されたほか、トルコサッカー連盟は、二〇一一年の国内リーグ戦で優勝したフェネルバフチェが一九試合中一八試合に勝ったのには疑問があるとして、欧州チャンピオンズリーグへの出場資格を剝奪した。アフリカのジンバブエサッカー協会は八百長疑惑に基づき、同国代表を含む八〇名の選手を出場停止処分にした。中国人として初めてワールドカップの審判を務め、「黄金の笛」と呼ばれた陸俊（ルー・シュン／ルー・ジュン）は、総額で一二万八〇〇〇ドルの賄賂を受け取ったかどにより五年半の実刑判決を受けた。彼は自分の異名を、文字どおりの意味においても高めてしまったといえるだろう。

韓国では、八百長にからんで五七名が起訴され、みずからが招いた醜聞に耐えきれず選手二名が自殺する事態となった。ブラジルでは審判二人に禁固刑が言い渡され、ブラジルサッカー連盟はその責任を問われて、八〇〇万ドルの制裁金を科された。エストニアでは八名を一年間の資格停止処分にしたとたん、さらに一二名が起訴された。ドイツ警察は、クロアチアの犯罪者たちがカナダでの八百長計画を電話で話し合っている通話記録を入手した。八百長に連座して収賄罪に問われた中国サッカー協会の元幹部は、現在流刑地で服役中である。ハンガリー警察は八百長にかかわった五〇名以上を逮捕したが、捜査中のクラブのディレクターを逮捕しようとした矢先、その容疑者は飛び降り自殺をはかってしまった。チェコは審判二人を八百長で起訴している。カンボジア代表チームは二〇一四年のワールドカップの予選で、ラオスとの二連戦に敗退する操作をおこなった。▼1

マケドニアの腐敗はいちじるしく、同国リーグの試合を賭けの対象にするブックメーカーはほとんどいない。ブルガリアのサッカークラブ、ロコモティフ・プロブジフの理事会は、負け試合のあとには嘘発見器の検査を受けるよう選手とコーチ陣に命じた。グルジアでは、選手、チームのオーナー、ブックメーカーが何人も鉄格子の中にいる。マレーシアでは、現在、数ダースもの選手が拘留中である。ケニア人、レバノン人、タンザニア人の審判たちも八百長を働いてきた。また、ニジェールは史上最悪の審判を輩出した。ポーランド当局はこれまでに一ダースの選手を起訴した。ロシア政府は国内リーグから八百長を根絶するための委員会を設立した。中米の国ベリーズの首相は、同国サッカー協会の会長に、八百長試合がおこなわれていないかどうか調べるよう要請した。

中国とイタリアの犯罪組織は、ベルギーのリーグを長年にわたって食いものにしてきた。ボスニアのリーグは、この国の犯罪者たちの縄張りである。スイスは八百長にかかわった九選手の資格を停止。イタリア捜査当局は、ワールドカップ優勝経験者で絶大な人気を誇る元ACミランのスター、ジェンナーロ・〝リーノ〟・ガットゥーゾを八百長関与の疑いで捜査対象にした。ガット

▼1　試合がおこなわれたのは2011年6月29日と7月3日。カンボジアはホームゲームでは4-2で勝利を収めたが、アウェーの試合では90分間で2-4とし、延長戦で2点を加えられて敗退した。

ゥーゾ自身は疑惑を完全否定し、「そんな犯罪にかかわったことが証明されたなら、広場に行って公衆の面前で自殺してもいい」と語ったという。イギリスのサッカー界は二〇一三年秋、二つのスキャンダルで揺れた。一つはシンガポール人フィクサーが試合に関係していたこと、もう一つは元プレミアリーグの選手が彼らに抱きこまれていたことだ。現在、ドイツのボーフムでは、有名な八百長裁判がおこなわれており、それによって、この一〇年間ほぼとぎれることなく、世界中のあらゆる場所で、フィクサー集団のネットワークが縦横無尽にサッカーの試合を操作していたことがあきらかとなってきた。

事態はほんとうにここまでひどいのだろうか？　残念ながら、答えはイエスだ。現在、警察が八百長に関する捜査を展開しているのは六〇か国以上にのぼるが、それは全世界のおよそ三分の一にあたる。これまでに、ＦＩＦＡに加盟している国や地域のサッカー団体の半数が八百長の事例を報告した。ごく内密に処理されてきた八百長試合がどれくらいあるのかは、ただ想像するしかない。世界のサッカー界にはびこる八百長は、麻薬密売や売春、武器の違法取引と肩をならべる規模になったといっていいだろう。まさにこれが、試合のたびに選手が小さな子供と手をつないでロッカールームからフィールドに登場し、このスポーツが純粋さや倫理感の砦であるかのような演出をする〝サッカー〟の実態なのだ。おびただしい証拠が外見とは正反対の事実を告げている――世界でもっとも人気のあるスポーツは、世界でもっとも腐敗したスポーツだ、と。

最大の問題は賭博である。過去一〇年のあいだにスポーツ賭博市場は急成長を遂げ、違法に稼ぐことのできる利益をめぐって、昔ながらの犯罪組織がしのぎを削ってきた。国際犯罪について各国警察と連携する国際刑事警察機構（インターポール、ＩＣＰＯ）の試算では、サッカーの試合には毎年一兆ドルが賭けられているという。しかしアジアのブックメーカーによれば、実際はそれどころの額ではないらしい。サッカー業界自体も――試合のビジネス面に欠かせないテレビ放映権やスポンサー契約によって――年間二五〇億ドルの収益をあげると見込まれている。

無法状態で簡単に稼げるため、八百長はコントロール不能な状況に陥った。なんとか上部リーグに残留しようとする下位クラブのために、上位のクラブが勝ちを譲る。監督や選手、審判、政府職員が結託して八百長を働く。国際大会の予選が一一対〇、七対〇などのありえないスコアになる。簡単に稼ぎたいという思惑は、早くから独創的な試合操作法を生みだしてきた。たとえば、こんなことがあった。一九九七年一一月三日、イギリスのプレミアリーグでクリスタル・パレスと対戦したウェストハム・ユナイテッドが、後半二〇分に同点に追いついた。そのとたん、スタジアムの電源が落ちた。一か月後のウィンブルドン対アーセナル戦でも、同じことが起きた。試合が予定どおりのスコアになったらスタジアムの電気を切るよう、中国系マレーシア人が係員を買収していたのだった。醜い欲望にかられ、選手自身も過激な方法で八百長を実現させる。二〇一〇年のイタリアのある試合では、ゴールキーパーが自分のチームメイトたちに薬を盛ったという――敵方の選手が容易に彼らを抜き去れるように。

しかし、選手たちは取るに足らない存在だ。黒幕のボスにしてみれば、選手などはただの手駒にすぎない。実力をそなえた犯罪組織にとって、世界のサッカー界は自由自在に活動できる場所、不正操作の機会を無尽蔵に提供してくれる縄張りとなっている。ＦＩＦＡが認可した二〇〇あまりの国々には、いずれもプロサッカーのリーグがあり、年代別に分けられた代表チームが存在する。世界中の代表チームとプロのチームを併せると、その総数は一万に及ぶ。これに各チームの選手数をかけ、そのほかに審判、クラブ職員、連盟関係者の人数を加えてみてほしい。八百長フィクサーがつけいる隙は無数にあり、しかもクラブの登録選手はシーズンごとにしょっちゅう入れ替わるのだ。集中管理もなければ、規律委員会もない。国際サッカーはゆるやかに管理されるネットワークであって、異なる言語、文化、習慣、法律、社会情勢の国々がそれぞれの立場を保ちながら参加しており、団結することもほとんどない。この多様性こそがサッカー独特の魅力なのだが、同時に悪をはびこらせる温床ともなっている。違法賭博組織はサッカーの試合にがっちりと食いこみ、自分たちの利益となるよう賭博市場を操作しているため、世界中のあらゆる試合が疑惑の対象となってしまった。

クウェート対ヨルダンの試合はきびきびとしたペースではじまった。激しいタックルが何度かあった。ＦＩＦＡの調査員の後ろに座っていた男が笑い声をあげた。どうやらクウェート人もヨルダン人も、たがいに相手国のことが好きではないらしい。前半の二三分に、ヨルダン人選手の手にきわめて偶然にボールが当たっただけなのに、不可解にも審判がＰＫ（ペナルティーキック）をコールした。そして、クウェートが得点した。調査員は観客席のシンガポール人フィクサーに目をやったが、彼らの様子からはなにも読みとれない。だが、別にそれはそれでかまわなかった。得点数こそが証拠となるのだから。

八百長にはいくつかの方法がある。よくあるパターンの一つが、両チームの合計得点数に賭ける方法だ。たとえば、ブックメーカーが合計得点数を〝二・五以上〟と〝二・五以下〟に設定したとする。フィクサーが〝二・五以上〟のほうに賭けた場合、彼らはその試合の合計ゴール数を三以上にするよう、抱きこんだ選手や審判に指示を与える。〝二・五以下〟に賭けた場合は、合計ゴール数を二以下におさめるよう命じる。

今回のシャールジャの試合では、八百長組織は〝試合中の賭け（ライブベッティング）〟、すなわち試合の経過に応じて賭けができる市場を操作していた。試合の開始時点、世界の大手ブックメーカーの一つである188Bet[2]は、圧倒的確率で合計ゴール数が三以上になるという予想で賭けをはじめた。合計三ゴール以上に対して188Betが最初に設定したオッズ（配当倍率）は二・〇、つまり五〇パーセントの可能性でそうなる、というものだった。試合が開始してから一八分後、まだ両チームとも得点を挙げていないにもかかわらず、合計三ゴール以上に対するオッズは一・八八に下がった。つまり、実現可能性のほうは五三パーセントに上がったわけである。なにが起きているかをこの数字が物語っていた。試合がはじまったとき、つまり試合時間がまるまる九〇分残っている段階で、188Betは五〇パーセントの確率で合計三ゴール以上になると計算していた。ところが不思議なことに、一八分が経過した――もう八割の時間しか残っていない――のに、三ゴール以上になる可能性が高まったと判断したのだ。

とはいえ188Betは、三ゴール以上になる現実味が増したと考えたわけではない。三ゴール以上の予想に賭けが殺到したことを受けて、オッズを変更したのである。ブックメーカーは損失の

▼2　http://www.188bet.com

リスクを避けて利益を確保するため、提示した選択肢の両方に同程度の申し込みがくるよう、オッズを調整する。損失リスクが最大になるのは、理屈に合わない賭けの注文を大量に受けたときであることを、ブックメーカーはよく承知している。その試合に八百長が仕組まれているとぴんとくるのだ。そう、シャールジャの試合中にオッズを調整した188Betの職員たちには、そのことがはっきりとわかっていたのだった。

試合はハーフタイム近くなっても、まだ一点しか入っていなかった。三八分の時点で、審判がふたたびPKを宣告した。クウェートのディフェンダーがペナルティーエリア内でヨルダンのフォワードにかけたタックルに対するもので、これは順当な判断に思えた。クウェートのゴールキーパーが、ヨルダンに与えられたペナルティーキックを防いだ。しかし、ゴールキーパーが早く動きすぎたとして線審が旗を上げた。ヨルダンはやり直しのペナルティーキックで得点した。前半で試合は一対一の同点になった。八百長組織が賭けに勝つには、残りの四五分間でもう一ゴールすればいいだけである。ちょろい。ところが、ここで何事かが起きた。

特別観覧席に座っていたFIFAの調査員たちは、ロッカールームを急襲して選手や審判と対決すべきかどうか考えていた。すると、首長国の興行会社の男がVIP席の階段をのぼっていくのが見えた。シンガポール人フィクサーたちに話しかけている。FIFA側にはあとからわかったのだが、この試合が監視されているというタレコミが審判のもとによせられたのだった。選手たちが後半のためにフィールドにもどってくると、シンガポール人たちはスタジアムから去っていった。後半のなかばになっても、スコアはまだ一対一のままだった。

後半二六分、とつぜん、賭けの様相が一変した。三点目を入れるための時間はあと一九分残っているのに、188Betに続々と寄せられていた合計三ゴール以上への賭けの注文がぴたりと止まったのだ。ＦＩＦＡが派遣した調査員たちがスタジアムにいるとの警告を受けて、組織は八百長を中止し、賭けから引き揚げたのである。試合は一対一の同点で終わった。

のちにＦＩＦＡのセキュリティチームがシンガポールで収集した情報によると、組織のメンバーたちは動揺し、いったい誰がシャールジャでの作戦を漏らしたのか疑心暗鬼にかられていたという。ＦＩＦＡの調査員によると、八百長組織がシャールジャの試合で失った額はおよそ五〇万ドルらしい。サッカー賭博市場の規模からすれば、さしたる金額ではない。だが、シャールジャでの出来事には重要な意味があった。これまで組織に戦いを挑んできた者は誰もいなかったからである。たしかに、昔ながらの告発はこれまでにもあった。つまり、犯罪が完了してがっぽり稼いだあとの調査というやつだ。しかし、このときＦＩＦＡがおこなった、八百長の現場をおさえにかかるような手入れはただの一度もなかった。アジアのフィクサーとヨーロッパの相棒は、この一〇年間やりたい放題にやってきた。しかし、すべてが変わろうとしていた。

第2章

八百長仕掛人ウィルソン・ペルマル

一九八〇年代　シンガポール

　サッカー選手としてもっとも優れているのは〝貧しい選手〟だ。数十年前、シンガポールのジャラン・ベサール・スタジアムの特別観覧席に座っていたウィルソン・ラジ・ペルマルは、この結論に達した。時は一九八〇年代なかば――シンガポール中心部のリトルインディアからほど近い場所にあるこの古い競技場では、国内リーグの試合がおこなわれていた。だが、ペルマルは応援に来ていたわけではない。彼の興味の対象は、いつだってサッカー賭博のオッズ、両チームに付けられるハンディキャップ、配当金だけだった。

　第二次世界大戦中、シンガポールを占領した日本軍はジャラン・ベサール通りに中国人を収容するキャンプを設け、処刑をおこなっていた。それからかなりの年月が流れたが、ペルマルがなにより関心を寄せているのも地元の中国人だった。彼らは茶を飲みながら賭けをし（ライセンスなしの賭博行為は法律違反だが）、ペルマルがそこで一山あてたいと考えている闇賭博市場を牛耳っていた。

ペルマルには、サッカーチームでプレーをしている友人が大勢いた。サッカーの試合のことならよくわかっていた。わからないのは、この半年のあいだ、あの連中がどうやって彼の金を吸いとっていったかだった。ペルマルが賭けをはじめたのは、ささやかな楽しみのためである。学生時代の友人たちも活躍していたから、よけいに楽しかった。しかしペルマルには〝ハンチェン〟[3]という賭け方がよく理解できなかった。これは単純にどちらのチームが勝つかをあてるのではなく、それぞれに設定されたハンディキャップを〝実際の結果に加算して〟勝敗を決める方法だ。そうすることによって〝かならずどちらかのチームが勝つ〟ようになっており（要するに引き分けがない）、もっとも可能性が高い最終結果に基づいてオッズが決定され、〝賭けに勝つ〟量を調整している。いったんこの仕組みを理解すると、しだいに自分の負けパターンがペルマルに見えてきた。ペルマルが賭けるたびに、中国人たちは彼らの都合のいいようにオッズとハンディキャップを変えた。つまり、ペルマルが選んだチームや賭けに基づいて市場を操作していたのだ。彼らは、最初から最後まで賭けを不正にあやつっていた。失った金を取りもどすだけじゃだめだ、一泡吹かせてやれと考えて、ペルマルはあるアイデアを思いついた。

彼が最初に警察のやっかいになったのは、窃盗を働いたせいだった。一九八三年のことである。当時一八歳のペルマルは、シンガポール北西部の農村地帯チョア・チュン・カーンで両親と暮ら

▼3 ブックメーカーが採用している賭けの方法のひとつ。現在のアジアンハンディキャップのこと。本書70ページ参照。

していた。ペルマルの両親は、南インドの人口過密地帯タミール・ナドゥ州の州都チェンナイ（旧称マドラス）の出身だった。そこはアジアや中東に安い労働力を提供する一大拠点で、第二次世界大戦がはじまるまでの二〇世紀前半、インドもシンガポールもイギリスの植民地だったことから、インドの囚人や非熟練労働者が大勢シンガポールに渡ったが、ペルマルの両親もそうした人々の一人だった。父親は道路の縁石を塗装したり電線を敷設したりする単純労働者で、柔道の黒帯の資格を持っていた。しかし、ペルマルは、そうした鍛錬には見向きもしなかった。むしろ、彼が胸に刻みこんだ父親からの無言の教えは、正直に働くだけでは五人の子供を養いきれない、ということだった。「一日一食だけのこともあった」とペルマルは言う。彼はきょうだいの真ん中で、食べ物の奪いあいでは負ける立場にあり、腹を満たすには別の手段を考えるしかなかった。やがて地元のテック・ウィー校に進み、八〇〇メートル走の選手をしながら勉強は適当にすませ、もっぱら放課後のうさんくさい校外活動に精を出した。

ペルマルとシンガポール共和国は同じ一九六五年に誕生したが、その後の方向性はいちじるしく異なった。イギリスの植民地支配が終わったあと、シンガポールの指導者たちは経済成長を国家の礎《いしずえ》とした。輸送業、製造業、産業化によって、シンガポールはアジアの四強の一つに発展し、世界のビジネスと金融の拠点となった。この成長を支えたのが、犯罪行為に対するきびしい姿勢である。自由主義による混乱や独裁政治による停滞に見舞われた近隣諸国とは異なり、都市国家シンガポールはうまくバランスを保つことができた。その秘訣が、犯罪にはきびしく、ビジネスには優しく、という基本路線だった。シンガポールは犯した罪に対してかなり苛酷な罰を科すようになり、その結果、正直者はより多くの繁栄を享受できるようになった。

ウィルソン・ペルマルは、シンガポールの民属構成では三番目にあたるインド系に属していた。シンガポール人というものはいなかった。いるのは中国人、マレー人、インド人、フィリピン人、タイ人などであり、それぞれが固有の言語を持ち、公的な場合は英語を用いて、だいじなことは自分たちだけの言葉で話した。シンガポールでは誰もが二つのアイデンティティを使い分けており、すべての民族に通じる人間は存在しえない。ペルマルは一つのグループから別のグループへと渡り歩き、また、さまざまな民族のグループと表面的な付き合いを重ねながら、本音を隠してできるだけ自分の利益を得るすべを学んだ。彼と同様に自分の将来を思い描けないまま、短絡的に目前の楽しみだけを追いかける若者たちの仲間に引き寄せられなかったら、ペルマルは優秀なセールスマンになれたかもしれない。だが彼は、けちな犯罪に手を染める道を選んだ。数人の友人と組んで、テック・ウィー校からビデオデッキを盗んだのである。それを売ると、五〇〇シンガポールドル[4]になった。彼らは自分たちの行為の重大さを深く考えもせず、タクシーに乗って繁華街へ繰り出し、映画を何本か見ながら、心ゆくまでポップコーンとビールを飲み食いして金を使い果たした。

やがて、仲間の一人がサッカーのスパイクシューズを一足盗み、それがグループの破滅のもとになった。警察につかまった少年はあらいざらい白状した――スパイクのことも、ビデオデッキのことも、そのほかの盗みのことも。そして、一味にペルマルがいることもしゃべった。翌日の地元紙に「アジア系学校の陸上選手、窃盗に関与」の見出しが躍った。こういった一〇代でのト

▼4　当時のレートで約5万5000円。

ラブルは青少年を縮みあがらせ、まっとうな人生を歩むきっかけになることが多い。だがペルマルの場合、この事件は初めて払った有名税にすぎなかった。やがてそれはもっと増えていくことになる。

ペルマルは不正操作にくわしくなったが、シンガポールでは、これは許すべからざる違法行為とみなされているわけではなかった。規律が保たれ、透明性が確保されたシンガポール経済は世界のモデルになったが、違法賭博は「その程度はしかたがない」と大目に見てもらえる類《たぐい》の犯罪であり、暗黙のうちに文化のなかで受け継がれてきた。厳罰主義の政府にしても、できることは無きに等しかった。みんなが賭け事をしているのだから。そう、ペルマルがジャラン・ベサール・スタジアムでしていたように。

中国人の賭け屋が自分の無知につけこんでいることを悟ったとき、ペルマルは選手たちの存在に注意を向けた。赤道から北に一六〇キロしか離れていないシンガポールのねっとりした湿気のなかで、全力で走り、苦闘している彼ら。いっしょうけんめいに働いてもほとんど報われず、ポケットがからっぽのまま育ち、懐《ふところ》が満ちる可能性はかぎりなくゼロに近く、エネルギーをもてあましたあげく破滅に向かって突き進む――ペルマルはそれがどういうことなのか知っていた。だから、彼らに話をもちかけて、貧しさから抜け出せるかもしれない手段に夢中にさせるツボ、というものを心得ていた。フィールド上の勝利が決まるまでのあいだに、とペルマルは考えた。ちょいとした仕掛けをしてみたところでなにが悪い？

ペルマルはこの理屈を、何人かのサッカー選手の友人に話してみた。全員の意見が一致した。

共通理解がなければ不正操作は成功しない。ペルマルは二種類のユニフォームを用意した。一つは赤、もう一つは白。次に、一〇〇ドル払って地元のスタジアムを二時間借り切った。地元紙に試合の予定も載せた。そして、短パン、ポロシャツ、靴下、シューズ——すべて黒のもの——を購入し、友人の一人に渡した。「おまえが審判だ」

つねに賭けの対象を探しているジャラン・ベサール・スタジアムの中国人たちは、新聞を読んだとみえて、予告どおりの時間にそこに姿をあらわした。赤チームが二対〇とリードしてハーフタイムになったとき、老練な中国人たちはためらいなく赤の勝利に賭け、ペルマルに賭け金支払いの約定書を渡すと、〝ハンチェン〟の仕組みを理解していない若造のことを考えてほくそ笑んだ。しかし、後半に白チームが逆転の三点目を叩きこんだとき、彼らはもはや笑っていなかった。この若造にまんまとしてやられたことがわかったのである。

ペルマルは天職を見つけた。それは、楽にぼろ儲けをすることだ。最初の八百長試合がみごとに成功したので、彼はシンガポール中のスタジアムでそれを繰り返していった。そうした試合になにかしらの裏があると感づいても、賭けに負けた連中は苦情を言わなかった。警察に訴えることは彼らにはできない。ぶつくさ文句をならべてメンツを失うこともできない。彼らにできるのは、ただ黙ってペルマルに金を払うことだけだった。

二〇代のあいだ、ペルマルはひたすらこの作戦を遂行していった。そして生涯を通じて初めて、ひとかどの知識をそなえるようになった。まとまった金を手にしたのも初めてだった。ビリヤード場にかよい、夜が明けるまで友人たちと一緒に女の子を追いかけるのを楽しむ一方で、ペルマルは稼いだ金をヨーロッパの主要リーグの試合に賭けた。シンガポールでも、ようやくヨーロッパのサッカーの試合がテレビで放映されるようになったのだ。前夜の興奮と疲れを残したまま、若さに突き動かされ、刺激を求めて、ペルマルはテレビの試合を見ながら、もっとでかいことをやってやろうと、心に誓っていた。

第3章

法の番人クリス・イートン

一九六〇～八〇年代　オーストラリア

鼻の下に古風なひげをたくわえたクリス・イートンは、西部開拓時代の保安官を思いおこさせる――彼に与えられた至高の使命をしのばせるような、日の光をはじく星形バッジを胸に燦然《さんぜん》ときらめかせながら、自分が取り締まる地域に正義を打ちたてようとする男。「いいねえ、保安官。たしかに向いていただろうな」とイートンは言う。「幌馬車のまわりには撃退しなくちゃならないやつがたくさんいるからね」

もしも罪を犯せば、イートンはためらいなく逮捕に駆けつけてくるだろう。しかし、オーストラリア人特有のきさくさのせいで、うっかりすると彼が法の守護者だということを忘れてしまうかもしれない。現在六二歳だが、そのエネルギーは三〇歳の男のようだ。六人もの子供の父親で、しかも末っ子はまだ二歳。衰えを知らない活力の証である。「人生とは生きることさ」というのがイートンの好きな言葉だ。「規則を作ることじゃない」。とはいえ、その言葉は確固とした倫理観に裏打ちされており、彼は揺るぎない信念をたずさえて、必要とあれば講演に出向くこともある。

ここ最近、イートンが講演するテーマはいつも決まっている。八百長の邪悪さと仕組みについて人々の認識がいかに甘いか、どれほど簡単に手を出してしまうか、どれほどたやすく金の誘惑につられてしまうか、を説いて聞かせるのだ。ヨーロッパの会議場やアジアの宴会場で、ニューヨークではいくつかの私的な会合でも、イートンはメインの講演者として登場し、断固とした態度と声音で「違法賭博目的でスポーツの試合を操作すること」を糾弾する。八百長撲滅のための担当官として、彼はまさに理想的だ。粘り強く、政治的に中立で、規則を遵守《じゅんしゅ》し、聴衆をおそれず、決して甘やかしたりしない。「お偉方にしてみれば、クリスのような口調で話をされたのは初めてなんじゃないかな」とイートンの部下は言う。

お偉方たち――議員や警察本部長、スポーツ界の役員など――はイートンに放免されたあと、よくあきれたように首を振る。いいかい、とにかく、うちのところでは八百長なんて無関係さ。ところが数か月なり一、二年なりが過ぎ、イートンのことなどすっかり忘れ去ったころ、彼はかならずといってもいいほど、ふたたびそこにあらわれる。彼の予言が現実のものとなったからだ。どうすればいいのかわかる人間は誰もいないため、結局のところ頼りにできるのは彼しかいないのである。こうした事態は次から次へと起こっているので、偶然の一致として片づけることはできない。サッカーの試合を操作すれば数十億ドルの金が得られるのだから、犯罪組織がその方法を使わないはずはなく、八百長の魔の手はすみずみにまで及んでいる。イートンはそれに対して警鐘を鳴らし続け、敵の犯罪者集団に立ち向かう。彼の月間予定表は飛行機の発着時間で埋まり、大陸から大陸へと飛びまわる。警察官として人生を過ごしてきた彼は今、サッカーの救世主となり、八百長をやめさせて誠実な試合を取りもどすために全力を傾けながら、先頭を走り続けている。

イートンは、警察官になりたいと思ったことはなかった。彼にしてみれば、警察は好んで入りたい組織ではなかった。一九六〇年代のオーストラリアのことである。警察の採用基準は、頭よりも筋肉のほうだった。一般社会でも、法は白か黒かをはっきりさせるだけのものという考え方が主流だったし、スポーツに関しても同じような考えが幅をきかせていた。ラグビーやクリケットとならんで人気の高いオーストラリアンフットボール[▼5]は、ルールはあってなきがごときの肉弾戦で、身体能力を最大限に使って敵をねじ伏せる。一方サッカーは、頭を使うタイプの人間のスポーツであり、複雑で高尚な、ヨーロッパからの移住者が好む競技とみなされていた。こんな地球の裏側の国――イギリスから見て――に取り残されて、社会に溶けこむこともできない哀れな人々が、芝生のはげた場末の競技場にときどき集まり、小むずかしい戦術をあれこれと話し合っては憂さを晴らすためのものでしかなかった。

警察官の青い制服を着たいと望んでいたのは、イートン家の最初の子供でクリスの兄、イアンだった。一八歳のころのイアンは、身長一九〇センチに体重九〇キロという申し分のないサイズで、大きいうえに手足も長く、ビクトリア州警察の闘士にもってこいの体格をしていたが、採用

▼5　正式名称をオーストラリアン・ルールズ・フットボールといい、通称はフッティー、オージールールズ、オージーボール。楕円形のボールをハンドパスやキックでつなぎ、ゴールをめざす。

試験に落ちてしまった。

イアンの人生航路は彼の願いどおりには進まなかったが、クリスはクリスで自分の夢を持っていた。クリスマス休暇になると一家はメルボルン郊外のモーニントン半島に向かい、トレーラーハウスで過ごした。クリスはいつも、画用紙と鉛筆をたずさえていった。クリスの画才は建築家の父親譲りで、父親はこの次男に自分と同じ職業に就いてもらいたいと願っていた。しかし、クリスは人物画のほうに興味があった。顔や身体の輪郭を描いていくうちに、その人物がいきいきと息づいてくるのを感じるのだ——これぞと思う線が描けたときは、人物が自在に動きはじめるようではないか。クリスはメルボルンの美術大学に進むつもりでいた。

結局イアンは軍隊に入ったが、毎年夏の一二月にはモーニントン半島へやってきた。そして友人二人と一緒に車を走らせ、近くのケープシャンクに向かう。そこには観光客に人気の一九世紀の灯台もあるが、地元ではビキニ姿の女の子たちがいることで有名だった。ある晴れた日の午後、青年たちが断崖の上をぶらぶら歩きながら浜辺をながめ、波が岩に砕けるのを見ていたとき、いきなり足元で散歩道の砂地が崩れた。イアンはまっさかさまに二〇メートル下の岩場に落ち、頭部の外傷によって死んだ。

一六歳のクリスは母親が悲しみに打ちひしがれ、うつ状態に陥っていくのを見た。父親も、仕事にかまけて長男を深く知ることがなかったという後悔に苛《さいな》まれていた。弟のアンソニーは面倒も見てもらえずに放っておかれた。クリスは鉛筆と描きためたスケッチの束をしまい、学校を中退して警察学校へ入学した。これは彼なりにイアンを追悼し、その存在を記念する行動であったのだろう。彼は警察官になる自分を想像もしていなかったが、家族を立ち直らせるためにみずからを犠牲にしたことがすでに、理想の警察官を体現していた――すなわち、被害者の楯となること。しかし、クリスの年齢ではまだ考えが及ばなかったにしろ、彼もまた、被害者だったのだ。

メルボルンの中心地からほど近い海辺の町セントキルダの管轄区に配属されたイートンは、大柄で堂々とした体格の兄と同じく、外見上は警官らしく見えた。しかし、気質の点では同僚たちとまったく異なっていたため、まちがった職業を選んでしまったと思わざるをえなかった。セントキルダに一九世紀に建設された上流階級の大邸宅は、一九七〇年代までにつぎつぎと低所得層向けの集合住宅に分割されていったため、この界隈《かいわい》は麻薬や暴力、売春がはびこる危険な地域になっていた。悪徳に支配されたセントキルダで、警察にできることはかぎられていた。つまり、〝ありきたりの犯罪者〟を見つけては、警棒の力にものをいわせて一時的に追いはらうのが関の山だったのである。「あのころはほんとうに、役立たずの青服集団でしかなかったな」とイートンは言う。「警察の取り締まりなんてお呼びじゃない社会で、ちょっとした厄介ごとの始末をしているだけなんだってことが、すぐにわかったよ」

そこには正義も哲学も、あるいは慈悲すらも入りこむ余地はなかった。ある午後、警察は一人の犯罪者を捕まえ、セントキルダ署に留置した。浜辺で女の子に痴漢行為を働いたのだが、イートンは法律にしたがってその男を釈放するしかなかった。証拠不十分だったのである。のちに、イートンはその男が強姦殺人を犯したことを知った。ただ、暴力にまみれたセントキルダでの勤務は知的な活動を好むイートンには受け入れがたいものだったにせよ、そこでの経験は彼の視野を広げた。「行動を起こさなければ、弱みを見せることになる。犯罪者が怖れるのは権威だけだ。そして、権威を示すのは制服ではない。どう振る舞うかなんだ」

また、町を牛耳るギャングのなかで、警察はセントキルダ最大のギャングだった。セントキルダ署の裏窓の鉄格子越しにポートフィリップ湾を眺めながら、イートンは警官仲間の一員になりきれない自分を感じていた。そして毎晩、孤独をかかえたまま、暗い熱をおびた街路を抜け、妻のデビーが待つ家へ帰った。

デビーは隣家の娘で、ほっそりとした身体に褐色の髪を揺らし、よく笑う、生命力にあふれた少女だった。イートンと同い年で、二人は一九七二年、クリスがビクトリア州警察の新人警官になった一九歳のときに〝できちゃった婚〟をした。若い夫婦は息子をイアンと名づけた。一九七六年には娘のサラが生まれた。

断念した学業の埋め合わせをするかのように、イートンは読書に没頭しはじめた。寝室がふたつあるだけのアパートで、かたっぱしからさまざまな本を読んでいるうちに、自分の規範として役立ちそうな、ある組織についての記述にぶつかった。それは犯罪予防に関するアメリカの連邦捜査局（FBI）の知的なアプローチ法で、このところイートンが急速にふくらませているアイデアと一致するものだった。人間性はともかくとして、イートンはFBI初代長官ジョン・エドガー・フーヴァーの仕事に魅せられた。フーヴァーは、警察が満足に使いこなせなかった法律をうまく活用し、非常に効果的に運用していた。オーストラリアでも状況はまったく同じだ、とイートンは思った。「メルボルンで大きな犯罪にかかわっている連中、金のある連中、社会で大がかりな詐欺行為を働いている連中――警察はそいつらに、これっぽっちも注意をはらっていなかった」。イートンは理解した。セントキルダで見かける犯罪の背後には、闇にひそんで姿を見せない強大な集団がおり、彼らが路上の犯罪者たちを意のままに操っているのだ。権威として認められるだけではじゅうぶんではなく、権威を活用して結果を出さねばならない。

イートンはその革新的なアイデアを、警察雑誌にたびたび投稿した。やがて、そうした論文が評価され、オーストラリア連邦警察に抜擢されて、首都キャンベラで勤務することとなった。まだ三〇歳になる前に、イートンは亡き兄イアンが生前に抱いていたであろう夢をことごとく実現させたのである。

一九八一年、ちょっとした休暇を過ごしたイートンは、愛車フォード・フェアモントでM31高速道路を北に向けて走っていた。弟アンソニーの結婚式で新郎付添人の役目を果たし、メルボルンから帰宅する途中だった。子供たちは後部座席で眠っている。デビーは助手席で枕にもたれ、目を閉じている。濃い霧が渦を巻いて、フェアモント・クーペの流線型の車体を流れていった。メルボルンからキャンベラまではそれほど遠くない――その気になれば五時間ほどで行ける距離だ。イートンはのんびりと車を走らせた。急ぐ必要はなにもない。曲がりくねった高速道路を運転しながら、順調に家路をたどるドライブが楽しかった。そのとき、霧のなかに突然対向車のヘッドライトが浮かびあがり、彼の思考を断ち切った。

第4章

ボスと呼ばれた男

一九九〇年代　マレーシア

ラジェンドラン・クルサミーは、いつもトーナメントの最高責任者のように胸を張り、大股で歩きながら、マレーシアカップの試合がおこなわれている騒然としたスタジアムに姿を見せる。実際にさまざまな意味で、彼はその地位にあったといっていい——試合に出場する選手を選び、勝者と敗者を決め、汲めども尽きぬ裏金から審判や監督たちに報酬を支払っているのだから。マレーシアカップには、国内の各州を代表するチームのほか、シンガポールとブルネイの代表チームも参加する。時は一九九〇年代初め——クルサミーは当時の無骨な携帯電話で話をしながら、フィールド上の選手たちが彼の存在に気づき、彼からもらった金のことを思いだし、これが八百長試合であることを選手たちが正しく理解しているのを自分の目でたしかめるまで、試合を観戦する。そして、この男が試合の台本作者だとは夢にも思わない四万五〇〇〇人のファンがゴールに熱狂する声を聞きながら、スタジアムをあとにする。クルサミーの知人らは彼のことをパルと呼んだ。一緒に組んで金をもらう連中はボスと呼んだ。彼に借金のある人間は、どんな名前でも呼ばせてもらえなかった。クルサミーの筋肉が、会話を一方的に仕切ったからである。彼は、インターネット賭博詐欺が隆盛になる以前の黄金時代に君臨していた八百長王だった。

クルサミーがマレーシアの首都クアラルンプールの摩天楼に囲まれたムルデカ・スタジアムを出ていったのと入れ違いに、ウィルソン・ペルマルが姿をあらわした。青い空にそびえ立つペトロナス・ツインタワーは、完成すれば世界一の超高層ビルになる。この頃ペルマルも、地元の仲間内で名をあげつつあった。シンガポールのけちな違法賭博で知り合った中国人たちは、ペルマルが吸わせてやった甘い汁のおかげで彼に恩義を感じていた。そこで、もっと活気のあるマレーシアカップの違法賭博に招待してくれたのである。

こんなにすごい賭博を目にしたのは、ペルマルは初めてだった。どう見ても金持ちとは思えない男たちが、一つの試合に一〇万ドルだの、それ以上の額だのを無造作に賭けていく。すさまじい熱気。賭けの注文をとる使い走りと仲介業者を介しておこなわれる取引は網の目のように広がり、背後にいる顔もわからないブックメーカーに取り次がれる。中国人、マレーシア人、インドネシア人、タイ人、ベトナム人など、さまざまな国籍の人間が入り乱れている。賭けのすべては、電話で処理される。賭けの注文を受け付けてもらうには信用を得なければならないが、負けた金をきちんと支払っているかぎり、その信用は即座に得られる。いちばん上で糸を操っているのが誰なのか、知る者は一人もいない。ただ、賭けがどんどん高額になっていくのがわかるだけだ。もしも借金の支払いに遅れれば、すぐに誰かの取り立てを受けることになるだろう。これこそ、ペルマルが思い描いていた賭博だった。もちろんペルマルはすぐに夢中になり、まっとうな生活のことなど頭から消え去った。「三〇日間まともに働いても、稼げるのはせいぜい一五〇〇ドルだ」とペルマルは心のなかでつぶやいた。「でもここでなら、試合ごとに一五〇〇ドル賭けられる。勘定するまでもないことさ」。ただ、儲けも大きいかもしれないが、負けもまた大きくなる。しかし重要なのは、彼の金がつねに動いているという点だった。大金を賭ける人間であれば、当然そうなる。そして彼は、そういう種類の人間以外にはなりたくなかった。ペルマルはあたりを見まわしてみた。そして、悟った。試合がおこなわれるスタジアムにファンはいない、いるのは賭けをする人間だけだ。試合はカジノだ。選手はサイコロかカードにすぎない。重さを変えられたり印を付けられたりしてもしかたないのだ。そしていかさま師は、ゲームの勝敗は時の運にすぎないという顔をする。

マレーシアカップの試合も、やはりただの運に左右されていたわけではなかった。人々の話から、ペルマルはそれを確信した。観客席でも電話でも路上でも、聞こえてくるのは八百長の話ばかり。確実な情報を持っている者はほとんどいない。しかし誰も彼もが〝なにか〟を口にする。ペルマルは、そうした小さな噂が賭けに熱中する人々のあいだで太い流れになっていく様子を注意深く観察し、実際の試合でたしかめ、どの選手が鍵を握っていたのかを頭に入れた。やがて、入手した情報を有効に使い、八百長の筋書きどおりに金を賭けるコツをつかんだ。儲けを回収しているうちに、ペルマルは何度かパルという名前を耳にした。パルと知り合いになれば――と人々は言った――風がどっちから吹くのかがわかるよ。金持ちになれるさ。

シンガポールにもどったペルマルは、自分のささやかな八百長作戦を続行した。友人たちに試合の予定を告知し、結果を操作し、賭けを運営し、そこかしこで数千ドルを稼いでいった。しかしペルマルは、マレーシアで味わったようなでかい儲けを、高い賭け金を、大金が動く賭けの市場を望んでいた。ペルマルは手当たり次第に試合を組んでいった。賭け屋というものは、なんであれ賭けの対象にする。たとえそれが企業チーム同士の親善試合であろうと関係はない。ペルマルはホテルやナイトクラブの従業員、会社員の試合でも八百長を仕組み、少しずつその腕を高めていった。とはいえ、どんなチームでもサッカーをすることにかわりはないにしろ、所詮はアマチュアで素人《しろうと》の集団だった。ペルマルが虚空から取りだしたプロのクラブではない。依然として、試合のすべてをコントロールすることはできず、失敗しないように、つねに細心の注意をはらわなければならなかった。ペルマルは八百長を成功させるコツを学んだ。まず、選手全員が八百長に参加する必要はなく、ゴールキーパーとディフェンダーの中心選手さえ引きこめればいい。いざとなったら、相手チームに絶対得点させるという信頼がおけさえすれば、ゴールキーパーだけでもなんとかやれた。攻撃の選手については、守備も受け持つミッドフィルダーであっても、金を渡すのはどぶに捨てるようなものだとわかった。選手に報酬を支払うのは試合に負けてもらうためであって、得点をあげ、勝つためではない。ペルマルはフィールドを見渡しながら、賭けに参加している愚かなファンが、真剣勝負だと信じて応援している様子を遠くから眺める。どれほど規模の小さい試合だろうと、そこから得られる感覚は同じだった。マレーシアでクルサミーが感じていたにちがいない興奮を、ペルマルも味わっていた。それは、自分が人を欺く力を持っていることに対する快感だった。

しかし、ペルマルに転がりこんできた儲けは、出ていくのも速かった。自分の八百長で稼げる程度の額では、マレーシアカップで信用を得るために清算しなければならない金にはとても足りなかった。ペルマルのように、しょっちゅう大金を賭ける人間は、いずれは大損する運命にある。八百長に加担していない場合はなおさらそうだ。いつしかペルマルは、自分が四万五〇〇〇ドルの借金を負っていることに気づいた。いったい誰がその借用書を持っているのだろう。友人を通じてした賭けだった。その友人は賭けを使い走りに〝投げ〟、使い走りは仲介業者に投げ、どうやらそこに集まってきた無数の賭けと混ざりあって、跡をたどれなくなったらしい。わかっている者は誰もいなかった。混沌を見極めているただ一人の人間を除いては。

パル・クルサミーは、マレーシアカップに参加する一四チームのうち一〇チームを支配下に置き、クラブに指示を与え、選手を動かしているという。彼自身は大型のメルセデスで悠々と移動する。パルは手ごわく、粗野で、この八百長界ではいちばんの金持ちで、一試合に数百万ドルを賭けることで有名だった。彼は八百長試合で一七〇〇万ドルを、それもたったの五か月間で稼いだ事実を隠そうとはしなかった。警察も政治家も、彼からの裏金をあてにしていた。犯罪組織は彼のネットワークの必要性を認識していた。まちがいなく、クルサミーはマレーシアの実力者の一人だった。

そのクルサミーが、ペルマルの腹にパンチを叩きこんだ。「借金を払え」とペルマルに吠えた。あるとき、場末のスタジアムにいたペルマルのところに、クルサミーの用心棒が数人やってきた。そして、シンガポール北部センバワン地区のイーシュン・パーク近くにあるボスの家に連れていったのだ。自分の四万五〇〇〇ドルが〝ボス〟の懐に入るはずの金だったということを悟るのに、時間はかからなかった。クルサミーがふたたびペルマルにパンチを浴びせた。クルサミーは小男だったが、やり返すほどペルマルはばかではなかった。

一方、クルサミーもやりすぎるほどばかではなかった。クルサミーは自分の優位を保つため、つねにぬかりなく目を光らせていたのである。ペルマルがシンガポールで八百長を仕組んでいることは承知していた。そうした情報を得るのは彼の仕事だった。いかなるものであれ、八百長に手を染める人間はいつの日か役に立つ可能性があったからだ。

ペルマルは、どうすればいいかわからなかった。いつもなら、問題を解決するよりも適当にごまかす道を探すほうを選ぶ。だが今回は、競馬の賭け屋をしている中国系シンガポール人タン・シー・エンの件が頭にあった。エンは通称ダン・タンといい、クルサミーと付き合いがあった男である。ところが、サッカー賭博で多額の借金を払いきれなくなり、シンガポールから逃げだして、返済方法の折り合いがつくまでタイに身をひそめていたのだ。シンガポールの賭博界ではよくある話だったが、ペルマルはそんなはめには陥りたくなかった。シンガポールから出ていけば、違法賭博とも別れるしかないのだから。

結局、ペルマルはなんとか借金を清算した。クルサミーは機嫌を直し、ペルマルを自分のポーカーゲームの席に招待するようになった。だがペルマルは、めったにカードテーブルにつけなかった。賭け金が異様に高かったからである。クルサミーと彼の取り巻き連中には金がすべてのはずだったが、いかさまポーカーの様子を見ていると、彼らにとって金などは無価値であるかのようだった。現金が次から次へと入ってくるので、クルサミーには数えるひまもない。ペルマルはクルサミーのそばに座りながら、ボスが一〇〇ドル札の束を適当につかんで人々に与える様子に見惚《みと》れたものだ――クルサミーのオフィスには、マレーシアやシンガポールのサッカー選手、審判、クラブの首脳陣が、あたかもクルサミーから給料の支払いでも受けるように続々とやってきていた。

ペルマルはしっかり目を開いて観察し、八百長を取り仕切るためのトップレベルの手法を学んだ。重要なポイントは次のとおりである。見せかけの友情を装って選手に近づく。試合の報酬以上の金を払って選手を釣り上げる。あるいは、女を使って選手を罠にかける。そうやって選手を仕込んだあと、裏金を使って支配下のクラブに移籍させる。ときには、選手の面前で誰かを脅しつける。そうすれば、無事でいたければどうすればいいか、という無言のメッセージを選手は受け取ることになるからだ。さらに、選手を買い物に連れていき、服だの靴だのを買い与え、自分は大切にされている、特別なのだと思いこませる。ガールフレンドをいい気分にさせるのと少しも変わらない。そして、選手が要求に応じない場合には、どのように脅しを展開させていくかの技術についても……。

ペルマルはまた、クルサミーほどの重要人物でさえ、この世界では中国人に頭が上がらないということを知った。結局のところ、巨額取引を扱っているのはすべて中国人なのだった。中国は世界最大の人口を擁し、経済成長著しい国であるだけでなく、アジア最強の犯罪組織――中国マフィアの三合会も存在していた。あらゆる賭博ビジネスで、うまみのある重要な部分はすべて中国人が牛耳っていた。

また、クルサミーはたしかに大物だが、甘い汁を吸っているのは彼だけではなかった。ペルマルは、同じホテルに宿泊しているチーム同士の仲がいいことに気づいた。クラブの首脳陣はラウンジで一緒に酒を飲む。たとえば、一方のチームに、予選を突破するための勝利が必要だったとする。もう一方のチームはすでに、次のラウンドに進むことが決定している。金が手渡される。あるいは、いつかお返しするよという約束だけのときもある。簡単だ。誰も傷つかない。アジアのサッカー界では、こうしたやり方はごく普通だった。ペルマルには、誰も彼もが八百長に関与している以上、阻止しようとする人間がいないのも当然だと思われた。

そのうちにペルマルは、選手たちがペナルティーキックを失敗する理由がわかるようになった。闇市場で交わされる会話が重要なのだった。それに耳をすませば、金を手にすることができる。しかし、その金が手元に残ることはない。右から左へ消えてゆく。結局のところペルマルは、八百長で稼いだ金はすべて、イギリスのプレミアリーグや、欧州サッカー連盟のチャンピオンズリーグの賭けにつぎこんでしまった。たまに勝つときもあったが、負けることがほとんどだった。試合がどのように展開するか、まったくわからなかったからである。ときには、スタジアムに戻

るための バス代しか手元に残らないこともあった。もはやペルマルには、わずか数ドルでも稼げる可能性のある場所はそこしかなかった。

自分の仕組んだ八百長を通じて、ペルマルは貴重な経験を積んでいった。八百長がつねにすんなりと成功するわけではないことも学んだ。選手は信用ならなかった。指示どおり動かないのはしょっちゅうだ。相手に得点させなければならないときに自分が得点してしまったり、試合に二日酔いであらわれたり、自分の役目を果たせなくても平然としていたり。ペルマルは刻々と試合終了に近づく時計を眺めながら、あとは自分の賭けたチームが一点入れればいいだけという状況に手に汗を握りつつ、たびたび失望を味わわされた。そんなとき、もちろんペルマルは選手に説教するが、金を払っているにもかかわらず、彼らが恩義を感じていないのはあきらかだった。彼らにとって、ペルマルはたんなる三流いかさま師にすぎないのだ。ペルマルは彼らをコントロールできなかった。彼は、大切ななにかを見落としているようだった。

そんなときにペルマルはいつも、シンガポールの〝四階建ての娼婦館〟オーチャードタワーに行って気晴らしをした。ここは複合ショッピングセンターだが、夜になると無法の風俗地帯に変わる。そこかしこで交渉がおこなわれている。この歓楽の館で、ペルマルはサッカー選手との付き合いを深めていった。たいていは外国人で、高級な輸入品を身につけ、ペルマルがのどから手が出るくらいほしい、自由に使える金を持っている。ヨーロッパの選手たちが気前よく金をばらまき、女の子たちが嬌声をあげながら一夜の男を捕まえようとする喧噪のなかを、ペルマルはぶらぶらと歩いてゆく。彼は新たな戦略を胸に、そうした選手の一人に近づいていった。

ミハエル・ヴァナはチェコ人だった。ペルマルは、シンガポールのプロサッカークラブ、ゲイラン・ユナイテッドでプレーする彼の姿を見ていた。ペルマルの考えでは、ヴァナはいいかげんな選手だった。フィールドで他の選手を寄せつけないような活躍をするときもある。その一方、適当に走るだけで、まったくやる気を見せずに終わってしまうときもある。音楽が鳴り響くオーチャードタワーの店で話しながら、ペルマルはヴァナに、勝ちたくはないかと聞いてみた。

これまでペルマルは、単発の試合でディフェンダーやゴールキーパーを買収し、相手チームに得点させる方式の八百長を手がけてきた。しかし今は、別の方法でも可能かもしれないと考えはじめていた。組む相手は、キャリアの盛りも過ぎ、アジアのちっぽけなリーグに籍を置いて、ナイトクラブや女に使える金、楽に稼げる金だけを求め、かつては胸に抱いていた栄光への望みをとうに忘れ去り、いかがわしい場所に出入りする外国人選手。オーチャードタワーで夜を過ごすうちにペルマルは、こうした外国人選手が自分と同じように明日のことなど考えずに暮らしており、刹那に使える金のことしか頭にないのに気がついた。店の明滅するライトのなかで、ペルマルとヴァナはしっかりと視線をからみあわせた。

試合がはじまったら、ゴールを決めなきゃならないときが来るまで、ほかの選手たちと調子をあわせてだらだらやっていろ、とペルマルはヴァナに指示した。今がチャンスだ、と判断したら、熱烈なファンよろしく観客席で絶叫する。その合図をきっかけに、一気に戦闘モードを全開にするんだ。ヴァナはペルマルと組んだ最初の試合で、四ゴールをあげた。彼は、試合中の自分の動きを、自在にコントロールすることができた。なぜなら、ほかの選手に比べて経験も実力も一枚上だったからである。二人のパートナーシップは成功した。事態は順調に進み、それがあまりにうまくいって潤沢な利益を上げたので、ヴァナは自分から八百長を催促するようになった。楽に稼げる金の魅力にとりつかれるのは、どうやら自分だけではないらしい、とペルマルは思った。

ふたたび羽振りのよくなったペルマルは、パル・クルサミーのポーカーに返り咲いた。パルのテーブルでいつも勝たせてもらえるとはかぎらなかったが、ペルマルはくさるほど自慢話をした。〝ボス〟は、ペルマルが自分の細工についてさほどしゃべっていないときでさえ、熱心に話を聞いていた。そしてまもなく、ヴァナはペルマルの指のあいだをすり抜け、クルサミーのために働くようになった。ペルマルには苦い教訓のほか、なにも残らなかった。そう、選手の忠誠心は浮き草のようにはかなく、八百長の相棒の存在などは無に等しい。数年後、この冷徹な現実は、ペルマルが苦心して手に入れたぜいたくな生活を崩壊させることになる。

もう一つ、もっと貴重な教訓もあったのだが、ペルマルには学ぶ準備が整っていなかった。クルサミーの〝給与台帳〟には、マレーシアとシンガポールの大物の名前がずらりとならんでいたので、彼は誰にもはばからず、自分の成功を吹聴していた。なにしろこれは、一九八〇年代から一〇年間を刑務所で過ごし、その苦難を乗り越えて勝ちとった富であり、また犯罪者としての名声なのである。しかし、クルサミーは有名になりすぎた。この〝被害者なき犯罪[▼6]〟の王は、被害をこうむった者のプライドを勘定に入れていなかった。もちろん、八百長のせいで賭けに負けた連中のことや、選手の倫理観を破壊したことなどを、この男が気にするはずもない。それでも、

▼6　賭博、売春、違法薬物、贈収賄などがこう呼ばれることがある。

国家を愚弄しているという認識があれば結果はいくらかちがったかもしれない。一九九四年、地元犯罪者の恐怖の的であるシンガポールの汚職調査局（ＣＰＩＢ）が、八百長の一斉検挙に乗りだした。クルサミーは逮捕された。

当然ながら、標的はクルサミー一人だったわけではない。それにもかかわらず、ペルマルは一九九四年九月、コンスティテューエンシーカップというシンガポールのトーナメントが間近に迫ったころ、ある選手に電話を入れて、三〇〇〇ドルで八百長をしないかと持ちかけた。ＣＰＩＢの動きをよく知っていたこの選手は、誘いをかけられたことを警察に報告した。当局は彼の通話記録を調べた。そして、くだんの電話の発信元がペルマルの家であることを割り出し、ペルマルはただちに新しい家に移ることになった。刑務所である。しかし、やがて遥かに遠い場所へ行くことになろうとは、このときの彼はまだ予想もしていなかった。

保釈は厳罰主義を奉じるシンガポールの美徳といえよう。ペルマルとクルサミーはただちに自由を得て、判決を待つ身となった。しかし彼らの商売は、ＣＰＩＢに完全に把握されていた。もはや、シンガポールとマレーシアでの八百長は危険すぎた。金の流れは止まっていた。クルサミーは、別の方法で稼ぐ必要に迫られた。

しかし、クルサミーにできる仕事はほかになく、行ける場所もなかった。彼には教育もない。英語も必要最低限しか話せない。クルサミーは、世界に通用する男ではなかった。彼の世界とはマレー半島がすべてであり、それは〝ボス〟のなんたるかを知り、持ちつ持たれつで生きてきた政府関係者や警察当局者が存在する範囲内だった。ところが今、この世界は彼に扉を閉ざしている。クルサミーはアイデアを練った。世界有数の貿易港、シンガポールの港から出ていく無数の商品のことを考えれば、輸出は経済流動性の鍵である。ボスはペルマルを呼び出した。「ヨーロッパへ行け」と彼は命じた。

ペルマルは友人のパスポートを使って、やすやすとこの島国を抜け出した。もちろん、保釈条件違反である。彼の旅には連れがいた。二人は世界のサッカーの中心地であるイギリスに飛んだが、その地のどんよりとした気候に驚かされた。もうここはアジアではない、右も左もわからぬ場所に迷いこんでしまったのだ、と二人は実感した。故郷では、これでもけっこうなやり手だったのである。ところがイギリスという土地が、自分たちが持っていたはずの神通力をことごとく消し去ってしまった。知っている選手は誰もいない。警官にも政治家にも知り合いはいない。ほとんどあてどもなく歩きまわっているうちに、彼らはプロサッカークラブのバーミンガム・シティや、サッカー賭博で絶大な人気を誇るクラブの一つ、チェルシーの練習場に入りこむ手段を思いついた。ずぶの素人よろしく、ジャーナリストのふりをすることにしたのである。

イギリスは世界三大ブックメーカーに数えられる老舗《しにせ》のラドブルックス[7]やウィリアムヒル[8]の国であり、洗練された合法賭博業界では、賭けとはイギリスの紳士方の試合観戦の楽しみに花を添えるためのものだった。しかし、こんな行為はアジアの賭博市場ではなんの意味もなかった。アジアでの賭博とは、楽しみのためではなく、試合を見るためでさえない。賭博は正真正銘のビジネス、しかも文化に深く根をおろしたビジネスで、なおかつ急成長を遂げており、それに比べれ

▼7　ラドブロークスとも。http://sportsbeta.ladbrokes.com
▼8　http://sports.williamhill.com

ばイギリスの合法賭博は子供の遊びのように思われた。シンガポール人やインドネシア人、中国人にひいきのチームはなく、あるのは気に入った賭け、つまり勝てそうな賭けだけだった。それを共通認識とする数十億の人間が寄り集まって、巨大な市場を構築していた。たしかにラドブルックスは名前が通っているし、イギリスというブランドで飾られてもいる。しかし、それだけの存在にすぎない。本物の賭博市場と、それを動かす実力を持つ者は、アジア人だった。とはいえ、その事実に気づいている人間はほとんどいなかった。そう、このときはまだ。

ペルマルがイングランドの選手に近づこうとすると、彼らは背を向けたり、横をすり抜けて歩み去ったり、あらぬ方向を見たりした。たまたま話しかけることができて、金額——試合をおもしろくするために六万ポンド——を提示してみても、選手たちは笑い飛ばしたあげく、彼のことをクラブに報告した。噂が広まり、やがてコーチやクラブ職員がペルマルと相棒を練習場から追い出すようになった。しかし、なによりも屈辱的だったのは、誰一人警察を呼ばなかったことである。彼らはまったく、ペルマルの提案をまともに受けとめていなかったのだ。

シンガポールに戻ると、クルサミーは手ぶらで帰ってきたペルマルに怒り狂ったが、それ以上のことはできなかった。裁判が近づいていたからである。ペルマルは一九九五年一月に裁判に臨んだ。八百長と偽造パスポートで出国した科《とが》により、法廷は彼に有罪を宣告し、一年の実刑判決を申し渡した。

八か月後に仮出所したときも、ペルマルを取り巻く状況はほとんど変わっていなかった。シンガポールでの八百長は依然として危険だった。国家の国際的評判が危機に瀕していたからである。

もっとも人気のあるスポーツが詐欺で成り立っているような国のビジネスが、どうして公明正大だと信用してもらえよう？　ＣＰＩＢは本気でシンガポールから八百長を根絶するつもりでいた。とはいえ、ボスにしても金を稼がなければならない。今のところ、イングランドに食いこむ余地がないのはわかっている。しかし、市場はほかにもある――それも、もっと大規模なところが。

クルサミーは大量の現金をたずさえてアメリカへ飛び、ニューヨークで乗り換えてアトランタに向かった。ペルマルのほか、アジアのいくつかの犯罪組織から馳せ参じた数人の男らも、クルサミーと合流した。彼らの目の前にあるチャンスには、一致協力しておこなうだけの価値があった。

アトランタで、一行は一九九六年のオリンピックを観に来ているおおぜいの旅行客のなかにまぎれこんだ。そしてホテルやスタジアム、練習場をぶらぶらとまわりながら、サッカー競技に参加する一六か国の選手たちと出会う機会をうかがった。オリンピックのサッカー競技は、ＦＩＦＡが国際オリンピック委員会（ＩＯＣ）に譲歩して生まれた妥協の産物であり、ＦＩＦＡが主催するワールドカップの価値をそこなわないように調整されていた。登録選手の年齢に制限をもうけた結果、中途半端な位置づけのものになってしまい、世界でもっとも人気のあるスポーツで国家の威信を賭けて戦うという醍醐味は薄れていた。

たとえそうであっても、オリンピックのサッカーの試合の賭けには相当なうまみがあるはずで、クルサミーとペルマルは八百長の努力をおこたる気はなかった。サッカー競技はアメリカ東部の五都市で開催される。クルサミーとペルマルが向かった開催地――アラバマ州のバーミングハム――では、リージョンフィールドでグループCの試合がおこなわれる予定だった。ペルマルによると、彼らはそこで国際的に有名なメキシコのゴールキーパー、ホルヘ・カンポスに近づいたという。しかし、彼を籠絡しようとするシンガポール人たちの努力もむなしく、カンポスは彼らの申し出を拒絶した。

クルサミーの相棒で、〝伯父貴《アンクル》〟という通称しかわかっていない中年の男が、競技がはじまる前にグループAのチュニジア代表選手と接触した。チームのディフェンダー数人とゴールキーパーとの合意に達した、と彼は言った。ペルマルは半信半疑だったものの、グループAの全日程終了後、チュニジア代表チームが二敗一分け、合計得失点一対五で敗退したところを見ると、伯父貴の自慢話もあながち嘘ではなかったかもしれないと考えた。

ペルマルにとって、外国での成功は初めての経験だった。ペルマルは、どうすればうまくやれるか、どうすれば代表選手に接近できるか、代表選手が積極的に協力してくれるのはどの程度までかを知った。このままアメリカにとどまっていたい、とペルマルは思った。

ところが、ふたたびシンガポール警察がペルマルの新たな逮捕状を請求した。逮捕されたペルマルは、CPIBの留置場で一晩を過ごした。翌日、職員が警察署内の車に連行しようとしたとき、ペルマルは片方の手錠を巧みにはずして、大急ぎで逃げ出した。フェンスをよじ登ろうとしたものの、それはあまりに高すぎ、警官たちに地面に引きずりおろされた。法廷で、裁判官は二年の実刑判決を言い渡したばかりか、脱走を企てた罪の服役期間までそれに追加した。警察はクルサミーも捕まえた。ボスは独房で二年間過ごすことになった。

ペルマルが二〇〇〇年に釈放されたとき、周囲は新たな千年紀に向けて沸き返っていたが、ペルマルは暗澹たる気分だった。もう三五歳、重罪の前科者で専門技能もなく、身元保証人もおらず、稼ぐあてもない。これまでの人生でやり方を身につけた仕事は、ただ一つしかなかった。そして、刑務所で一ダースもの囚人たちと狭い監房を分けあい、小さなボウルで用を足し、それを飲み物用のコップにも使っていた期間は、彼のその能力を磨く役には立たなかった。

日程を調べ、Sリーグ[9]に加盟している二チームの試合が数日後に予定されていることに気づいたとき、ペルマルの頭にあるアイデアが浮かんだ。八百長への監視はまだゆるんでいるわけではない。だから選手は信用できなかった。自分たちの身の安全をはかるために彼を裏切って、CPIBに密告するおそれがある。しかし、試合の結果に影響を与えるための方法は、一つとはかぎらないのだ。

ウッドランズ・ウェリントンの最良の選手はクロアチア人のミッドフィルダー、イヴィッァ・ラグーズだった。ずっとウェリントンの試合を見続けてきたペルマルには、ラグーズの活躍がチームの勝敗を大きく左右することがわかっていた。もしラグーズがなんらかの理由で試合に出場できなかったら、そして、ラグーズがベンチに座っているとブックメーカーが気づく前にその事実を把握していたら、ペルマルは有利になる。これまでペルマルは、八百長を被害者のいない犯罪だと考えてきた。やけどをするのはブックメーカーだけであり、しかも彼らは——ペルマルの理論では——あれほど大量の注文を受けているのだから、自分がやる程度の詐欺でこうむる損害

▼9　1996年に発足した、シンガポール国内のプロサッカーリーグ。

など、たかが知れている。ペルマルは、自分はサッカー界の孤児たちのパトロンであり、生活費にも満たない報酬で働かされている選手たちの財政面の庇護者なのだという哲学を持つようになっていた。選手の給料を増やし、楽に生活できるようにしてやっているのだという自負があった。そんなペルマルの考え方を変えたのは、経済的な絶望だったのかもしれない。刑務所での生活だったのかもしれない。あるいは、ペルマルが自分自身にも他人にも言い聞かせているように、このシステムを変えるには誰かがなにかをやらなければならないという、了解しがたい正義感のせいだったのかもしれない。

ペルマルは二人のバングラデシュ人を雇い、ウェリントンの次の試合、ゲイラン・ユナイテッド戦の前にイヴィツァ・ラグーズを襲撃させる手はずを整えた。そして友人とともに、ゲイラン・ユナイテッドが勝つほうに三万シンガポールドル[10]を賭けた。彼らは悠然とかまえて、バングラデシュ人からの電話を待った。しかし、ラグーズをやっつけたと保証する電話は、いっこうにかかってこなかった。ラグーズは筋骨隆々とした巨漢で、その姿をじかに見たバングラデシュ人たちは恐れをなしてしまったのだ。これは自分たちの手に負える仕事ではない、と彼らは判断した。だが、すでに賭けはすませてしまっていた。どうにかしなければならない。もはやペルマルが自分でやるしかなかった。賭け金は風前の灯、しかも粗暴な方法で八百長を持ちかけた手前もある。ペルマルは自分の沽券《こけん》にかけて実力行使に出ることにした。

シンガポール北部の広大な貯水池ロウアーセレターの近く、ウェリントンの練習場の一角で、ペルマルは低木の茂みに身をひそめて待ち伏せをかけた。手にはフィールドホッケーのスティッ

▼10　当時のレートで200万円弱。

クを握っている。ラグーズがあらわれるまで、少し時間があった。彼が姿を見せたとき、その隣にはチームメイトが一人いた。ペルマルが襲撃計画をあきらめるのであれば、この瞬間が絶好のチャンスだったろう。ペルマルの犯歴はまだ詐欺の域にとどまっており、重暴行の罪を犯したことは一度もなかった。彼の被害者には、目に見える傷を負ったものはいなかった。誰の健康も生活もそこねていなかった。しかし、追いつめられた心にはなにも考える余裕がなかった。この機会を逃したくない。ペルマルは茂みから抜けだして、背後から選手たちにしのびよった。そしてホッケースティックを振りかざし、その太くて硬い木の棒をラグーズの右膝に打ちおろした。ラグーズとチームメイトはなんとかその場から逃れたものの、ダメージは大きかった。ラグーズはゲイラン・ユナイテッド戦に出場できず、ペルマルの賭けは成功した。

しかし、ペルマルが勝利に酔う時間はあまりなかった。試合の数日後、警察は傷害罪でペルマルを逮捕した。ペルマルはふたたび刑務所で一年間を過ごすはめになった。

二〇〇一年に出所したあと、ペルマルは自分の殻に閉じこもった。社会から見放されたような気分だった。連絡をしてくる数少ない友人たちとの付き合いも避けた。八百長は不可能になりはてており、昔のコネを復活させようにも無理だった。それでも、生きていくためには金がいる。まともな仕事は選択肢にはならなかった。どだい、普通の仕事に就いたことは一度もないのだ。たとえそうしたくても、これだけの前科がある以上、自分にふさわしいかたぎの職業を見つけられる可能性はない。かわりに、ペルマルはクレジットカード詐欺に手を染めることにした。八百長で有罪判決を受けても、刑期はたかがしれている——六か月とか一年程度だ。八百長で稼げる金を考えれば、この程度の刑務所暮らしのリスクを背負ってもじゅうぶん釣り合う。しかしながら、シンガポールでは企業金融犯罪は重罪だった。ペルマルがねらった銀行は詐欺の痕跡をたどり、すぐに犯人を割りだした。

弁護士を雇う金もなかったので、ペルマルは裁判で自分の弁護をした。以前に脱走をはかったことを重く見て、裁判官は出廷中のペルマルに手錠をかけるよう命じた。屈辱だった。しかし、どうしようもない。カード詐欺による有罪判決が出されても、ペルマルは驚かなかった。まあ、こんなものだろう。いずれにしろ、フィクサーとして生きてきた時代は終わりだな、とペルマルは思った。一応、出所後に生きていく道はだいたい考えてある。しかし自分に科された刑期を知らされたとき、ペルマルは愕然として頭のなかが真っ白になった。四年の実刑判決を言い渡した裁判官の声におののいて、彼は手で顔を覆おうとした。だが、できなかった。手錠で拘束されていたからである。

第5章 イートン、インターポールへ

一九九九年　フランス　リヨン

クリス・イートンは、愛車フォード・フェアモントを運転していた。前方からのしかかるようにヘッドライトを光らせながらあらわれた冷凍トラックは、そのままイートンの車線に突っこんできた。なにをする時間もない。とっさに右側へハンドルを切った。オーストラリアは左側通行の国だから車は右ハンドルである。左車線を走っていたイートンにとって、右へのハンドル操作は当然のなりゆきだった。だが助手席のデビー――ありがたいことに枕にもたれて眠っていた――は衝突の衝撃をまともにくらった。すべてはあっという間の出来事だった。

息子のイアンは前歯が折れ、顔に深い傷を負った。娘のサラは無事だった。M31高速道路に止まった救急車のドアのそばに立ち、イートンは救助作業をじっと見つめていた。どういった手順でそれが進むのかはよく承知していた。自身が警官なのだから。被害者の様子は自分の目でたしかめ、全員の状況を知らせてあった。彼らは助かる見込みのある者から先に手当てを受け、今は最後の一人の処置がおこなわれている。希望を抱いてもむなしいことはわかっていた。救急隊員の動きを見つめながら、イートンはもう理解していた。衝突の勢いで、生命中枢が存在する脳幹部が折れたのだ。デビーは死んだ。「人生でなによりも大切にしていたのはデビーだった」とイートンは言う。「そうしていてよかったよ。彼女の生涯はあまりにも短かったから」

　イートンは二九歳で、二人の幼い子供を抱える寡夫となった。もはや変則的な交代勤務を続けることも、長期間の調査にたずさわることも不可能であり、規則正しい時間で働ける仕事に就く必要があった。こうして官僚に向かない男は官僚の道を歩みはじめ、オーストラリアの連邦警察労働組合に入って、最終的にはその長に就任した。イートンは組合の目標に向かって邁進し、オーストラリアの混沌とした政治情勢に翻弄されながらもひたすら耐え、政治に対処していく方法を身につけた。イートンによれば、「あの悲惨な時期を過ごしたおかげで、物事を斜めから見る癖がついた。人生の現実とはどのようなものかを教わったんだ」。イートンは再婚し、二番目の妻キャシーとのあいだに双子の娘をもうけた。そして、管理職の経験を積みながら一九八〇年代の残りと九〇年代を過ごし、このまま〝オーストラリアの一警官〟としての人生をまっとうするかに思われたが、予想外の機会を得て、考えてもみなかった形で警察官としての世界を広げていくことになったのだった。

一九九九年、四七歳のイートンはそれまでに積み上げてきたキャリアを捨てて、外国で挑戦する道を選んだ。インターポール——国際刑事警察機構——に移ったのである。フランス南東部の都市リヨンに本部を置くインターポールは、国連に次いで世界第二の大きさを誇る政府間組織であり、世界中の法執行機関の耳目の役割を果たす。インターポールは警察のように容疑者を捕まえたりはせず、グローバル化が進んだ現代社会に不可欠な、より高次の機能をになう。国際的な犯罪捜査機関の拠点として、各国の警察の連携をはかり、情報を伝達する組織だ。容疑者が国から国へ——もっとひどいときは大陸から大陸へ——逃走をはかっている場合、インターポールは容疑者の追跡に関与し、逮捕に向けて関係警察機関が密接に連絡を取れるようにする。いわばインターポールはFBIの国際版のようなものであり、FBI初代長官ジョン・エドガー・フーヴァーの仕事を研究してきたイートンには、理にかなった、働いてみたい職場だった。そして、テクノロジーの発達によって世界が狭まり、各国の、とりわけヨーロッパの国境が実際面で消滅しつつある現在、インターポールの役割はますます大きくなっていた。

しかしイートンが赴任したとき、インターポールのテクノロジーは時代に取り残されており、そのありさまは情けないほどだった。彼らは国外の支部とのやりとりに、いまだにテレックス[11]を用いていたのである。着任当初のさまざまな仕事のなかでも、イートンはテレックス方式にかわる新しい通信システム——インターポール24／7[12]——の構築に力を注いだ。また、インターポール総裁に所属するスタッフの主任として働くかたわら、さまざまな社会慣習や専門技術を覚えるために学校へ通った。イートンは、そこに一つの国家しか存在しない大陸の出身だった。南半球

▼11　電話の自動交換と、電話で受信した信号を解読・印字する印刷電信を組み合わせた記録通信方式で、ファクシミリ以前の技術。

▼12　地域局の中継を経ずに大容量データの送受信やデータベースの直接検索等ができる通信網で、現在は全加盟国と地域に接続されている。

に位置するオーストラリアはその独自性のために、トップレベルの専門性をそなえ、エネルギッシュで、しかも協調性のある警官を数多く輩出してきたが、一方では、彼らの国際的な経験はかぎられたものだった。たしかに、東南アジアについての多少の知識はあった。しかしイートンの知識は、歴史に磨かれ、五〇の国家から成り、数ダースもの異なる言語・習慣・法体系を持つヨーロッパという驚異的に複雑な場所で働くために十分なものではなかった。

インターポールには、アフリカ、中東、アジア、アメリカなど、さまざまな国から警察官が来ていた。すぐれた読書家のイートンはすぐれた聞き手となり、他国の価値観や行動様式についての理解を深めていった。また、ドイツ、オーストリア、ロシア、タイ出身の同役たちともすぐに仲良くなった。イートンの国際的な資質は、国連に出向したことでさらに磨きがかかった。国連の「イラク石油食料交換計画」に関する不正疑惑を調べる独立調査委員会に派遣されたのである。[13]元アメリカ連邦準備制度理事会議長のポール・ヴォルカー委員長のもとで、イートンは当時のイラク大統領サダム・フセインが所有する資産の財源調査にあたった。思えば、新人警官として勤務したオーストラリアの町セントキルダから、なんと隔たったところまで来たことだろう。イートンはさまざまな技能を身につけながら、世界を舞台に暗躍する犯罪的な陰謀に立ち向かう能力と想像力をそなえた警官に変貌していった。

インターポール事務総長のロナルド・ノーブルは、イートンに注目していた。ニューヨーク大学ロースクールの終身教授だったノーブルは、アメリカ財務省の法執行担当次官を務めたあと、リヨンにやって来た。[14]彼は、二〇〇一年九月一一日にテロリストがアメリカ本土を攻撃したあと、

▼13　湾岸戦争による経済制裁を受けたイラク国民の人道支援を目的に1995～2003年におこなわれた計画。人道物資の購入費にあてるため石油の輸出を認めるという内容だったが、監督役の国連内部で計画にからんだ汚職が起きた。

▼14　2000年に事務総長に選出され、2014年現在３期目。

迅速にインターポールの構造改革を成し遂げたことで高い評価を受けていた。しかし、ノーブルはまだ満足していなかった。世界的にテロリストの脅威が高まったことを受けて、たしかにインターポールの指令調整センターは新しくなった。インターポールの重要な情報すべてが、最新の状態で発信できるように設計されている。しかし実際のところは、センターは活用もされていなければ、重要であるともいえず、その真価を発揮しきれていない状態だった。ノーブルはイートンを国連から呼び戻し、この問題を解決するよう命じた。

ノーブルは、イートンが有能な管理者であることを知っていた。積極果敢に動く男。そして、プレッシャーのかかる状況においては沈着冷静、しかも断固として行動し、部下がパニックに陥ることを防いで、だいじょうぶ、自分たちにはやり遂げられる、という自信を与えることができる。リヨンにもどったイートンは、指令調整センターをノーブルが望む革新的施設に変えるための作業に着手した。またたくまに、センターは活気あふれる場所となった。中央の壁には巨大なスクリーンがかかり、世界中で発生している事件や調査の進展状況が映しだされている。それぞれ個別のデスクに座ったオペレーターがロシア語、フランス語、スペイン語、ウルドゥー語、アラビア語などの言語で対応し、各国の警察機関と連絡を取りあう。犯罪者を追う警察の世界からの情報がとぎれることなく大量に寄せられ、イートンの七五名のスタッフは、当事国と緊密に連携する技術をどんどん高めていった。東南アジアで逃亡中の連続殺人犯。アフリカで起きたテロ事件。南アメリカで捕まった麻薬密売容疑者。中東の銀行強盗。日々に扱う事案はテロリズムから組織犯罪、虐殺にいたるまでめまぐるしく移り変わり、イートンは、最新の情報を関係者と共有して被害の拡大を防ぎ、終結させることの重要性を痛感するようになった。

　情報が共有されないときには、イートンは怒りをつのらせ、やがて不機嫌になった。ヨーロッパ中を転々としながら三〇年にわたって連続殺人を犯しているスイス人の小児性愛者の情報を出し渋る各国警察機関の姿を、イートンはうんざりしながら見つめた。こうした占有意識をまのあたりにして、国際協力を必須と考えるイートンの信念はますます強まっていった。犯罪を解決するとか、犯人を捕まえるとか、そうした手柄を誰がたてるかなどは、重要ではない。大切なのは、最終的にきちんとした決着をつけることだけなのだから。

　数年もしないうちに、インターポールの指令センターは、世界中の警察活動の捜査データや情報が集められる、唯一無二の機関となった。現場の警察官たちは指令センターに連絡を取った。なぜなら、インターポールが――つまり警察活動支援の責任者であるイートンを介して――自分たちの寄せた情報に対応し、捜査に役立つ支援をしてくれると信じるようになったからである。人間の弱さを映しだしているような指令センターの巨大スクリーンを毎日精査しながら、イートンは自分自身も一人の弱い人間にすぎないことを感じていた。

　イートンには近寄りがたいところがあった。彼と初めて接した同僚は、なんだか粗野で、歯に衣《きぬ》着せずものをいい、少々短気な男だと思うことが多かった。しかし、ひとたび指令センターが緊張に包まれるや、イートンほど有能で親身になってくれる上司は、インターポールにほとんどいないことに気づくのだった。

また、仕事への献身ぶりにおいても並外れていた。インターポールで働く人間のほとんどは、自国の警察機関に籍を置いたまま、期間限定の契約をむすんでいる派遣職員である。彼らの目的は、仕事上のパイプを太くすることと、自分の経歴に――ワインに関する知識を増やすことも含めて――箔を付けることで、この出向機関とは、自分の本当のボスが故郷に呼び戻してくれるまでの付き合いでしかない。イートンはインターポールに直接雇われている身だから、もとより彼らとは立場が異なる。しかし、彼の献身にはそれ以上のなにかがあった。「なんのために自分がこの仕事をしているのか、決して忘れるな」とイートンはつねに自分のスタッフに言いきかせた。「きみたちがしていることは、現場の警察官を助けることにつながるんだ」

ある夜、仕事を終えたイートンはいつものように指令センターをまわりながら、まだ働いているスタッフと握手をかわしていた。そのとき、南アフリカから脱獄事件発生の第一報が届いた。脱獄囚の一人が発砲して警官を射殺したことを知ると、イートンはコートを脱いだ。そして椅子に身を沈め、犠牲者の経歴を調べはじめた。

イートンは部下の女性に電話をかけた。脱獄囚の捜索に役立ちそうなインターポールの情報を急送するのに、彼女の専門知識が必要だったのである。もう帰宅しているので夕食を終えたらオフィスへ行きます、と彼女は答えた。「きみの食卓に食べ物があるのは、ひとえに彼らのような警官たちのおかげなんだぞ」と、イートンはぴしゃりと言った。「さっさと尻を上げてここへ来い。今すぐだ」。イートンは徹底した実務派であり、政治的な思惑で仕事のやり方が左右されることはなく、それはどんな場合であろうと変わらなかった。

仕事の話に夢中になってくると、イートンの声は大きくなる。そして、さまざまな表現や比喩が入り混じる。その内容を理解するのはなかなかに難しく、英語が母国語でない場合はなおさらそうであり、しかもインターポールの人々の多くは英語圏の出身者ではなかった。正しいことを主張していたにもかかわらず、インターポールのような高度に政治化された世界では、洗練の度合いに欠ける議論の方法は、彼を上層部へいたる道から遠ざけた。

長年のあいだ、イートンとロナルド・ノーブル事務総長の意見はしばしば食いちがった。それでも、二人は互いに尊敬の念を保ち続けた。二〇〇八年に、ある夕食の席上で、ノーブルはイートンにこう言った。「わたしに対してではなく、インターポールに忠誠を尽くしている人間は、おそらくきみ一人だろうな」

イートンは「本気でインターポールを指揮してみたかった」が、自分の信念を曲げられないたちだった。彼は筋金入りの警官であり、どうしても政治家になれなかった。むしろ、基本的に政治に向かない資質が、イートンをすぐれた実務家に仕立てあげたといってもいい。妥協を知らない男だったのである。とはいえ、彼も完全無欠だったわけではない。

リヨンで出会ったフランス人の女性とイートンは恋に落ちた。ひそかに娘までもうける仲になった。二人目の妻キャシーとの結婚生活は終わりを迎えた——だが、憎みあって別れたのではないという。彼らは今も親密に連絡を取りあっている。「妻はすばらしい主婦だった」とイートン。「自宅は彼女のものになった。当然の権利だよ」

六〇歳に近づくにつれ、イートンのキャリアは停滞しはじめ、インターポールでのそれ以上の昇進の見込みはなくなった。今後の人生は白紙だった。しかし、その年代の多くが思いわずらうほど、イートンは自分の将来を悲観していなかった。自分にやれることはまだたくさんある、と信じていたからだ。エネルギーは衰えていない。彼は国際犯罪組織の仕組みだけでなく、国際警察の仕事のやり方についても熟知している専門家であり、どうすればもっと有効に連携して世界規模の謀略と戦っていけるか、自分なりの展望も持っていた。イートンには、果敢に仕事に取り組んできた、国際経験豊かな警察官にしか得られない知識と技能があった。あと必要なものは、その才能を生かすための場所だけだった。

第6章

世界最大の合法賭博組織

二〇一〇年代　香港

香港のステーキハウス、ウールームールーは、忙しいランチタイムの客に人気がある。ヘネシー・ビルの三一階に入っているこのレストランからはビクトリア湾の眺望が楽しめ、九龍半島から中国本土まで見渡せる。そして世界のスポーツ賭博を一変させた金は、眼下のこの景色のなかで動いているのだ。

パトリック・ジェイは、ずっと自らの才覚で道を切り拓いてきた。現在は香港ジョッキークラブ[15]で、スポーツ賭博部門の責任者を務めている。スポーツ賭博で世界一儲けているのはおそらくこの団体だろうが、賭博というビジネスの性質上、正確な格付けをするのは不可能だ。ジェイによると、香港ジョッキークラブが一年に扱うサッカー賭博の金額は、およそ六五億ドルだという。

▼15　香港の公営ギャンブル（競馬とサッカー）と宝くじは、香港ジョッキークラブが運営している。

そして、全種類のくじをあわせて、年間一〇億ドルの利益をあげている。香港ジョッキークラブはこの地の最大の納税者であり、その税額は地方予算の八パーセントを占める。

ジェイは背が高くがっしりとした体格の男で、陽気で社交的、いつも周囲にアンテナを張りめぐらしており、自分のくだす判断からつねに予想以上の成果を得るタイプだ。ジェイからは、ごく稀にしか存在しない生物――つまり成功をおさめたギャンブラー――の雰囲気が漂ってくる。ジェイは、ひとやまあてようとはるばる東へやってきたイギリス人の一人だ。彼らは由緒正しいイギリス式の――ラドブルックスやウィリアムヒルのような店でおこなう――賭け事の専門知識をたずさえてアジアの地を踏み、彼らの経験を歓迎するアジア各地で合法賭博ビジネスの方法を伝授している。アジアの賭博市場は、過去一〇年間で急成長を遂げた。ジェイの試算では、千年紀の変わり目にこの市場で動いていた金額は一〇〇〇億ドルぐらい。それが今日では、アジアのギャンブラーたちは年に一兆ドルをスポーツに賭けるという。「まったく度肝を抜かれるような数字だよ」とジェイ。「イギリスにいる連中は信じようとしない。彼らに会計の数字を見せても、『こりゃでっちあげだ。よく見せようとして粉飾決算したんだろ』と言われるのがおちだろうな」

西洋式のギャンブルの人気がここまで高まったのは、順調に発展している中国経済だけが理由ではない。また、故郷を遠く離れたところまでやってきたジェイのように、賭博ビジネスに冒険心をそそられた人が多いからというわけでもないだろう。ジェイの商売に人々を引き寄せている最大の理由は習慣である――それは中国人に深く根づいた習慣であり、アジアの文化のなかで賭博が果たしている役割であり、賭博が昨日今日輸入されたものではなく、昔なじみの危険な娯楽であるという点だ。これは、アジアの経済発展と同様に、この地の賭博ビジネスが成長し続ける絶対的な基盤となっている。ジェイの調査によると、自由に使える収入のうち、香港の人々はイギリス人の二・五倍以上の金額を賭博に使うという。「アジアは宇宙の中心じゃない」とジェイは言う。「アジアが、宇宙なんだ」

ジェイの所属するスポーツ賭博団体の本部は、〝ジョッキー〟・クラブという名前のとおり、競馬場内にある。政府に公認されており、誰でも自由に購入できて、合法だ。とはいえ、この形態は少数派に属する。アジア——このもっとも賭博がさかんな大陸——では、ほとんどすべての地域で賭博は違法とされている。中国本土では、賭博行為は共産主義の思想に反するため、スポーツに金を賭けることは法律違反となる。イスラーム教も賭博を禁じているので、インドネシアの二億五〇〇〇万人には許されていない。しかし、こうした法律が賭博行為の防止に役だっているわけではない。むしろ反対に、中国やインドネシアをはじめとするアジア全域で、法の目をかいくぐった賭博が幅をきかせているのだ。ジェイによれば、違法賭博の市場は合法賭博の一〇倍の規模がある。スポーツ賭博で動く総額一兆ドルのうち、九〇〇〇億ドルは闇で賭けられており、違法賭博産業に資金を提供し、管理し、運営する犯罪集団がそこに関与しているのだという。

ウールームールーのランチタイムは終わろうとしていた。パトリック・ジェイが、ある事実を示そうとした。「店のなかを見てみろよ」とジェイ。「なにが見える？」なごやかなランチミーティングの最中とおぼしきビジネスマンたちが、あちこちのテーブルに座っている。そのほかには、数組の恋人たちが短時間のデートを楽しんでいる。あるいは、友人同士がおしゃべりしながら笑いあっている。ごく普通のステーキハウスの光景だ――ただ一つのことを除いては。「酒がないだろ」とジェイが言った。そのとおりだった。テーブルにはステーキにポテトを添えた皿がのっているが、そのそばにはビールのグラスもウィスキーのグラスもない。「ここの連中はアルコールに金を使ったりはしない。賭けに使うのさ」

二〇世紀後半におこなわれた中国の市場改革によって、人類史上稀に見る地域的な経済発展の幕が開いた。一九九〇年代を通じて、中国経済は毎年約一〇パーセントずつ成長していった。この急激な膨張の結果、一部の個人が巨額の資産をたくわえると同時に、中国の一般社会の経済流動性も増した。

この奇跡的な発展と足並みをそろえるように、もっと重要な世界規模の改革が起きた。それまではコンピュータ技術者しか使いこなせなかったインターネットが、国際的な交易と通信のための第一手段に変貌していったのである。数百万もの中国人が突然自由に使える金を手にした時期、そこにはそれを使って遊べる新しい場所ができていた。金持ちになった幸運な人々が、昔ながらの危険な娯楽で遊んでみたいと考えたとき、次から次へとオンライン上にギャンブルのサイトが出現したのである。

インターネットの普及はオンライン賭博サイトの成長を促しただけでなく、ギャンブラーの選択肢を増やす働きもした。インターネット以前の時代、ラドブルックスなどの街角のブックメーカーは、店独自のオッズを示して顧客を惹きつける必要性がほとんどなかった。所在地が決まっていたし、賭けをする人々の顔ぶれもほぼ一定だったため、準独占の状態を保っていたのである。ところが、インターネット上の賭けが賭博市場に〝選択〟を導入した。新たに出現した賭博サイトはこぞって手数料を引き下げはじめ、顧客を取りあう競争状態が生まれたのだった。

一三億の人口をかかえる中国では、新興の中産階級がインターネット賭博市場に流れこんだ。千年紀の変わり目には、ヨーロッパのスポーツ賭博会社はアジアの競争相手の後を追い、オンライン上の店舗設営を急いでいた。最終的に、ヨーロッパとアジアの市場は、オンライン上で協調して動くようになった。お互いの価格やハンディキャップの動向を注視しながらも、リスクマネージメントの一環として、どちらの大陸のブックメーカーも相手の賭けに干渉しなくなったのである。ただ、アジアのブックメーカーは、ヨーロッパで別名の子会社を登録して立ち上げるので、顧客にはどこの国の誰がそのサイトを運営しているのかわからない。インターネットに新規参入したほかの産業と同じく、ギャンブルの世界でも国境は消失した。そして、まがりなりにとはいえ、無法状態で広がるあやしげな闇産業に対して、インターネット上での世界的規制がただちに強められた。

「アジアとヨーロッパの賭博市場は協力しあい、一つの巨大なプールを形成するようになりました」と、イギリス北西部の都市マンチェスターのサルフォード大学でスポーツ賭博を専門に研究している経済学の教授デイヴィッド・フォレストは言う。「今ではもう、流動性の高い一つの巨大市場です。そして、この流動性こそが、フィクサーの友なんですね。大量に賭けても誰にも気づかれませんし、自分に不利なオッズに変更されることもありませんから」

インターネットは賭け方だけでなく、賭けの対象も変えた。二〇年前、世界のスポーツ賭博市場で、サッカーの試合に対する賭けが占める割合は、およそ一五パーセントだった。しかしインターネットの普及によって、刻々とさまざまな要素が変化する試合の経過――たとえば残り時間、得点、フィールド上の選手、ハンディキャップやオッズを変更すべきかどうかの直感など――に基づきながら、ブックメーカーが多種多様な賭けを提示できるようになったため、試合と同時進行でおこなえる賭け方が登場し、ギャンブルの対象としてのサッカーの人気が高まった。インターポールの試算によると、現在では国際スポーツ賭博市場のおよそ七〇パーセントをサッカーの試合が占めるという。インターネットはまた、ブックメーカー同士での賭けの交換を可能にした。サッカー賭博の世界は、持続的な変動・多様な種類・瞬間的な裁定取引▼16が存在するという点で、株式市場とよく似た性格をそなえるようになったのである。

こうした変化にともない、サッカーの試合に関する情報収集熱が高まり、ありとあらゆる種類の情報が飛び交うようになった。ラドブルックスで一緒に働いていた、灰色の髪の老賭け屋の話をパトリック・ジェイがしてくれた。「一九九五年であれば」と、彼は口癖のように言ったという。「マンチェスター・ユナイテッドのミッドフィルダーが脚を骨折したら、五人の人間がそれを知っていたものだ。そいつの妻、父親、監督、トレーナー。そしておれさ」。ところが今じゃ――と言葉を続けて――無名チームの三流選手にどうってことのない不調があるというだけで、「連中はその情報をもとに、マカオで一〇〇〇万ドル賭けるんだからな」

インターネット以前、サッカー賭博の数少ない賭け方の一つが〝1×2〟というものだった。

▼16　証券や為替などの取引において、市場間の価格差などを利用して利鞘を稼ぐこと。

〝1〟はホームチームの勝ち、〝2〟はアウェーチームの勝ち、〝×〟は引き分けをあらわす。〝1×2〟方式にハンディキャップはなく、得点差は関係ない。オッズはたんに、起こりうる三つの結果のうち、どの可能性がいちばん高いかの判断によって決定される。この方式では、本命チームが逆転不可能な得点をあげてしまえば、ギャンブラーはその試合に対する興味を失い、それ以上見る気がそがれる。とはいえ、ヨーロッパでは今も〝1×2〟方式の人気がいちばん高い。

それに対し、アジアではほとんど誰も〝1×2〟に賭けない。世界のサッカー賭博人口の大多数――これには規模の大きい八百長組織のすべてを含む――は、アジアンハンディキャップやアジアントータルに賭ける。アジアで〝ハンチェン〟と呼ばれるアジアンハンディキャップは、サッカー賭博の世界から引き分けの存在をなくした。要するに、割り当てられたハンディキャップを実際の得点に加算して、どちらのチームが勝つか、あるいは負けるか、に賭けるのである。ブックメーカーは実際の試合に勝つと思われる本命チームを予想して、得点差（つまりハンディキャップ）を決める。また、それぞれの賭けにオッズも割り当てる。オッズの数字は、提示された賭けが的中する可能性に基づいて設定され、それによって配当金額が決まる。一方、アジアントータルというのは、両チームの合計ゴール数が、提示された数値より〝上まわるか（オーバー）〟〝下まわるか（アンダー）〟に賭ける方式だ。細かな点を除けば、アジアンハンディキャップもアジアントータルも、アメリカのプロフットボール（NFL）やプロバスケットボール（NBA）でおこなわれている賭け方と変わらない。

欧州連合（EU）圏内では、ブックメーカーは疑わしい賭け方をする常連のことを警察に報告するのが常識だ。また、賭けは現金かデビットカードのみで、クレジットカードは使えない。つまり、負けた場合に支払う金が手元になければ賭けられないよう、きびしい制限を設けているのである。賭けられる限度額も、ヨーロッパでは低い。ヨーロッパのブックメーカーのなかには、顧客が大金を獲得したり、頻繁に勝ったりするのを禁じているところもある。

しかし、アジアでの賭けは、それとは異なる。匿名のままクレジットカードで賭けられるし、どれだけ勝っても問題にはならない。アジアには、八百長フィクサーを歓迎するブックメーカーもいる。なぜなら、内部情報を自分たちのために利用できるからである。フィクサーの賭けをほかのブックメーカーに引き渡しておいて、自分たちも同じところにある程度の額を賭けておくのだ。こうしたもろもろの要素が、アジアンハンディキャップの人気を支えている。そして流動性を高くする。市場の流動性が高まれば高まるほど、ブックメーカーはより大きな賭けに出られることになる。

アジアンハンディキャップやアジアントータルのもっとも著しい特徴は、試合の進行にしたがって賭けの内容がどんどん変化していく、そのスピードの速さだ。ブックメーカーは試合中に何度もオッズを変更し、ハンディキャップの数字を変えることもめずらしくない。試合によっては、試合経過と申し込まれる賭けの状況に基づいて、一分ごとに、あるいはそれ以上の頻度でオッズが変わることもある。このめまぐるしい変動はフィクサーに絶好の機会を提供するが、それはフィクサーの頭の回転が速く、しかも抱きこんだ選手や審判をしっかりコントロールできれば、の話である。試合当日は、フィクサーはたいてい観客席に陣取り、派手な色の帽子をかぶって、自分の居場所が選手にきちんとわかるようにする。試合中は手にしたスマートフォンで、刻々と変わるアジアンハンディキャップやアジアントータルの状況を確認し、ここぞという瞬間が来たときに、賭けをおこなう。そして帽子をかぶるか脱ぐか、あるいは裏表にかぶり直すかして、フィールド上の選手にあらかじめ取り決めておいたサインを送る。得点しろ。得点させろ。審判にレッドカードを出させろ。時間稼ぎをしろ。また、八百長を仕組んだ犯罪組織全体が連携して動くことも多い。組織から観客席にいる担当フィクサーと電話で連絡を取り、試合の賭け状況に応じた指示を選手に伝えさせるのである。

アジアンハンディキャップ市場でイギリスのプレミアリーグに賭けられる限度額は、一般に五万ポンド、ドルに換算すれば約八万ドルである。しかし、この上限は「クリック一回につき」であって、一試合ごとではない。ブックメーカーがハンディキャップやオッズを変更し、新しいレートを設定するたびに、ギャンブラーは新たな賭けをおこなうことができる。ブックメーカーは通常、一試合に数百回はオッズを変える。たとえ一分間に一回だけしかオッズを変えなかったとしても、ギャンブラーは試合中に九〇回は賭けられるのだ。このときの限度額は四五〇万ポンド、すなわち七二〇万ドルに相当する。たいていのブックメーカーはどの試合にも複数のハンディキャップを提示するから、そのそれぞれについて数百回オッズを変えれば、一試合で数百種類か、それ以上の賭けが成立することになる。そのうえアジアでは、仲介システムを通じて、一クリックの上限の五万ポンドの一〇倍を賭けることができる。理論上、アジア市場では、一人のギャンブラーは一つの試合が始まってから終わるまでに、一軒の賭け屋で五〇万ポンドを数百回以上賭ることが可能という計算になる。この市場の規模は想像を絶するものであり、それを操作するのには相当の神経の図太さと機略が求められるのである。

世界の賭博市場に新たな集団と複雑な仕組みが登場したことで、これは大儲けできそうだ、じゅうぶん食いこむ余地があると目を付けた連中がいる。彼らは、自分たちの思いどおりに動かせるシステムの構築を計画し、国境などは関係のない、大規模で新しい犯罪の機会をうかがい始めた。アジアの賭博熱を支えているのは地域経済の活況であり、そこから利益を吸いあげている中国人犯罪組織は、賭博市場を自由自在に操作する方法を猛烈な勢いで探していった。「かねてから、東南アジアに堅固な違法賭博市場があることはわかっていました」と、インターポールの事務総長ロナルド・ノーブルは言う。しかしインターポールでさえ、千年紀の変わりめに起きた変化には、驚きを隠せなかった。「あの金を見て、こういう疑問が浮かんだとします。『犯罪組織はこうした賭けの結果を左右しようとしているのだろうか？』答えはイエスです。しかし、金額は巨額なんてものじゃないですから、はっきりとした数字を出せる人間など、一人もいないでしょう」

クラブハウスにあるパトリック・ジェイの重役用オフィスからは、香港ジョッキークラブの美しい景色が見渡せる。ハッピーバレーの楕円形の競馬場はきちんと整備された、青々とした芝生に縁取られ、近くにはタイタムの山岳地帯が広がっている。かつてハッピーバレーは墓地だったが、現在は活気あふれる町だ。競馬場の内馬場はさまざまなスポーツ設備——テニスコートやサッカー場——が整った運動場となっており、高層階の観客席がぐるりとコーナーを囲んでいる景色はなかなかの壮観である。「このあたりのマンションは、どこも一〇〇万ドル以下では手に入らないよ」とジェイは言う。下を眺めると、内馬場のサッカー場で数人のコーチが少年たちを指導している。ジェイによると、少年サッカーチームのキャンプなのだという。

やがてジェイの話題は試合を離れ、この遠い異国の地で学んだビジネスのやり方に移っていった。「アジアの世界は、西洋とはまったく異なる」とジェイ。「銀行も、スポーツ賭博も、ビジネスも、所有権が何層にも分かれている。中国式ビジネスでは、誰もがなんらかの歩合を受け取れるようになっているんだ。大手投資銀行のゴールドマン・サックスとか、自動車会社のフォードとか、コンサルティング会社のマッキンゼーとかで学んだことは——いったん中国本土や香港に足を踏み入れたら、全部忘れたほうがいい」。ジェイはデスクの後ろの椅子に座った。頭上の壁には、ロンドン西部に本拠地を置くプロサッカークラブ、チェルシーのユニフォームが額に入れて飾られている。それを埋め尽くしているのは、二〇〇九〜一〇年度の在籍選手たちの直筆サインだ。

スポーツ賭博市場の競争相手についての情報を得ることは、ジェイの仕事である。彼らがなにをしているのか、誰の代理を務めているのか、どこから金を得ているのか、どこに金が流れていくのか。しかし渦中にいるジェイにさえ、謎のまま残っている部分は大きい。彼らが闇市場から表に姿を見せたとしても、その組織構造は異なる大陸にまたがって複雑にもつれあい、ダミー会社やら架空名義やらでしっかりと鎧《よろ》われている。

「この問題の核心は、なにが問題なのかわからないということだ」とジェイは言い、大手スポーツブックメーカーの名前をすらすらとあげた。「IBC、SBO、188Bet。灰色の部分はたくさんある。アジアの違法賭博組織だって？　じゃあ、合法賭博事業ってものを教えてくれ。それから違法賭博事業ってものを教えてくれ。そして二つの違いを教えてくれ」

アジアの賭博人気が続く近年、サッカーのビッグクラブは莫大な価値を持つ事業体として成功をおさめ、それと同時にクラブチームと賭博の世界の境界線も曖昧になっていった。たとえば、イギリスのプレミアリーグをはじめとする世界中のプロサッカー選手は、ブックメーカーのロゴをつけたユニフォームを着てプレーしている。プレミアリーグに所属する二〇のクラブは、いわゆるクラブの〝賭けパートナー〟として、いずれもブックメーカーとスポンサー契約をむすんでいる。マンチェスター・ユナイテッドのパートナーは世界最大手の一つ、マン島[17]でライセンスの登録をした188Betだ。たしかに、これはビジネスである——ほかのスポンサーと同じく、ブックメーカーもクラブとの関係で得られる恩恵のために金を払う——堅苦しく考える必要はない。それでも、その関係性には重大な問題があるのだ。

「ブックメーカーの最大手は、国際的に投機マネーを動かすヘッジファンドよりも大きい。でも、ぼくたちがどれだけ彼らのことを知っている？」ジェイはそう言って、ふたたび窓の外に目をやり、競馬場という、賭け事のための場所でサッカーの練習に余念のない一群の姿を眺めた。「あそこにいるのはマンチェスター・ユナイテッドだ」。クラブはオフシーズン中のアジア周遊期間で、選手やコーチが子供たちに技術指導をしているのだった。世界でもっとも人気の高いサッカ

▼17　グレートブリテン島とアイルランドの中間に浮かぶ島で、イギリス王領。

ークラブがそこにいた。

第7章

違法賭博の世界

二〇一〇年代　香港　フィリピン　ブルガリア

香港には、名前を聞いてもどこにあるかわからない、この店のようなバーがたくさんある。店の二階の細長い窓から街路が見える。トラックのライトが闇に光る。店の前での客引きが仕事の若い女の子たちが数人、物憂げな様子で壁に身体をもたせかけている。まだ時刻が早いせいか、店内はすいていた。しかし、音楽がやかましく鳴り響いているため、ウィリアムはノートの紙を一枚くれと言った。紙に書かなければ、話の内容を説明しきれないからだった。

アジアの違法賭博業界で、ウィリアムはいわゆる〝世話役〟というものにあたり、彼が仮名を望んだのもそれが理由である。実名を出さないという確約を得ると、彼はなめらかに業界の構造について話しはじめた。違法賭博の世界は、身元保証のシステムで動いている。いうなれば、カントリークラブや社交クラブに入会するような感じだが、そこで得られるものがそうしたクラブなどとは比較にならないほど大きいため、メンバーとなる諸条件はあきらかにされていない。違法ギャンブラー候補は、すでにこの世界に身を置いている関係者の推薦を得て、業界の門戸を叩く。負債を背負っても清算する能力がある人間として審査に合格すると、晴れて仲間の一員となり、エージェントと呼ばれる人物のアカウントを知らされる。ギャンブラーはエージェントに自分の賭けを申告し、その賭け金はエージェントの上役にまわされる。この上役はマスターエージェントと呼ばれ、一段上の階級に位置している。

このマスターエージェントよりも、さらに上にいるのがスーパーエージェントだ。彼らは世界にごくわずかしか存在せず、ほぼ全員が中国人である。彼らは信用の厚い、よく知られた犯罪者――顔役――で、五〇〇〇万ドル以上もの賭け金を動かすことができる。スーパーエージェントは、合法違法を問わず、自分とつながりのある複数のブックメーカーに受けた賭けを分散させるため、当初の五〇〇〇万ドルは裏システムを通じて、細かな賭けに分割される。また、違法ギャンブラーが担当エージェントに申告した賭けに負けた場合、最終的には、命令系統の上のほうに存在する人物が取り立てにやってくる。

金はこのようにして組織に入る。では、その金はどのように流れているのか？　違法賭博の世界は非常に複雑な仕組みになっており、さまざまな図表の助けを得なければ理解できない。ウィリアムが紙に書こうとしたのもそのためだ。一五分かけて、ウィリアムはアジア賭博市場を流れる金の動きを示す、入り組んだフローチャートを書いてくれた。現金は、ウィリアムいわく「誠実だが匿名の人たち」の名前で開かれた中国の銀行口座を介して、ギャンブラーからブックメーカーへ流れる。そして最終的に、賭けに負けたギャンブラーの金は〝両替商〟を経由して企業体を離れ、犯罪組織のポケットに入る。ウィリアムは図表上の〝両替商〟をさした。「こいつが要《かなめ》なんだ。こいつがいなければ、金は海で溺れちまう。金を海外から陸揚げしてくれるのがこいつなのさ」。そして言葉を続けた。「ここで流れが止まると思うだろ。そうじゃない。上陸するんだ。もっと上へね」

アジアのスポーツ賭博市場では莫大な金がひっきりなしに動いているため、そこで利益を得られる立場の者は、必然的に享楽的な生活に落ちつく。「これは世界最高のビジネスだよ」とウィリアムは言う。「最高のホテルに泊まれる。女にも不自由しない。酒も好きなだけ飲める。最高の料理を楽しめる。みんな金持ちだ。メリーゴーラウンドなのさ、めったに降りられるもんじゃない」

そのメリーゴーラウンドの回転軸は、マニラにある。フィリピンは、アジアで賭博を公認している数少ない国の一つなのだ。マニラで合法的に営業しているスポーツブックメーカーは、外貨しか受けつけない。その最大手が、ＩＢＣ[18]というブックメーカーである。仲介業者を介してＩＢＣに口座を開設すると、同社のオンラインサイトで賭けができる。ある業界専門家の試算では、ＩＢＣがスポーツ賭博で年間に扱う金は一五〇〇億ドルにものぼり、その莫大な数字から、世界最大の灰色スポーツ賭博業者といえるらしい。

なぜ灰色かというと、フィリピン政府の監督がゆるいからである。フィリピン国家警察サイバ

▼18　http://www.ibcbet.com

ー犯罪部門の責任者ロナルド・グトは、ＩＢＣなどという会社の話は聞いたこともないという。しかしながら、ＩＢＣの売上高はフィリピン経済の三分の一の額にもなるのである。マニラの蒸し暑いオフィスで、グトはメモ用紙に社名を殴り書きし、調べてみると約束した。

一方、ＧＷＩビジネスソリューション社のマニラ・オフィスは、あるビルの一七階にかまえられている。ＧＷＩ社はＩＴ関係や顧客サポートなど、さまざまなサービスをオンラインゲーム会社に提供している中堅会社で、ごくあたりまえの職場に見えた。じつは、ここ、マニラ首都圏に属する国際ビジネス都市マカティのＲＣＢＣプラザタワーこそ、ＩＢＣにつながる場所だった。ここから、ＩＢＣの重役の一人に会う段取りをつけることができた。

しかし、それが実現したのはだいぶあとになってからである。電子メールを出してから数か月後、中国人客に人気の高いバンコクのホテルのラウンジで、とうとう彼に会うことができた。彼は疲れきった顔をしていた。華奢な男で、一週間も続いている乱痴気パーティーを抜けだして一服しにきた、とでもいうような雰囲気を漂わせていた。挨拶で抱きあったときも腕の力は弱く、汗ばんでいて、どことなく熱狂しているふうな気配があり、目はこれまで見てきたものごとのせいなのか、赤く充血していた。自分はＩＢＣを管理している、と彼は言った。そして、暴力や莫大な額の金の話をした。その言葉には、もってまわった言い方や比喩が多い。「不可能なことは不可能だ」と彼は言う。「可能なことは可能だ。しかし、ときには可能なことが不可能になる」。やがて、じつはＩＢＣを辞めたいのだ、と彼は言った。そばに座っていた紳士的な秘書がうやうやしく頷いた。「そのときには、生きてマニラを出られることはないだろうな」と男は付け加えた。だが世界には、彼よりももっと不運な目に遭っている人間がおおぜいいた。

アジアは違法賭博の中心地だが、それがさかんなのはアジアだけではない。プラネットウィン365[19]はヨーロッパの急成長中のブックメーカーで、二〇一二年度は一二億ドルの売上をあげた。オーストリアで賭博のライセンスを取得し、もっぱらイタリアで事業を展開している。プラネットウィン365がブルガリアの市場に進出したのは、この国が欧州連合に加盟したばかりの時期だった[20]。政府は大きな痛みに耐えながら大陸システムの導入をはかり、司法や警察、ビジネス制度の改革を続行していた。それまでに地元でライセンスの発行を許可されたヨーロッパのブックメーカーは一軒だけしかなく、プラネットウィン365はブルガリアの首都ソフィアで事業を確立するのにたいへんな苦労をした。それでも最終的には、プラネットウィン365は同国内に二〇軒以上の店舗を開設することになる。顧客は従来の地元のブックメーカーとは一味も二味もちがう、プラネットウィン365の専門的な手法が気に入り、ビジネスは順調に進んだ。「わたしたちは、オッズを賭け手に有利にしていたんです」と、同社スポークスマンのジョバンニ・ジェンティーレは言う。「ほかのブックメーカーにとっては、それが問題でした」

プラネットウィン365は、八百長試合を賭博データから突きとめるためにFIFAが設置した早期警告システム（EWS）の協力者だった。プラネットウィン365がブルガリア市場で規模を広げるにつれ、同社の上層部は、ある不愉快な事実に気がついた。犯罪組織が、国内リーグの多数の試合を操作していたのである。プラネットウィン365はスラビア・ソフィア、ロコモ

▼19　http://www.planetwin365.com
▼20　ブルガリアのEU加盟は2007年。

ティフ・ソフィア、リテックス・ロベチ、ロコモティフ・プロブジフなどのクラブがかかわった八百長試合の情報を、欧州サッカー連盟（UEFA）に提供した。FIFAとEWSの職員たちに支援され、プラネットウィン365は、自分たちが発見した不正操作を公の場で糾弾する決意を固めた。二〇一一年一二月、同社の首脳陣はソフィアのシェラトン・ホテルで記者会見をおこなった。会見が終わったとき、あるクラブの社長がロビーで彼らを待ち受けている、という情報が首脳陣に伝えられた。「わたしたちは別の出口から外に出ましたよ」とジェンティーレは言う。

プラネットウィン365のブルガリア支社のマネージャー、ヨルダン・ディノフは、地元メディアから申し込まれるインタビューの対応に追われ、急拡大していく事業のための時間がとれなくなるほどだった。「ブルガリアでは、わたしたちの名前は八百長撲滅活動とむすびつけられていました」とジェンティーレ。

そして、翌二〇一二年四月、ブルガリアの冬がそろそろ春になろうとするころ、ディノフは彼が住む南西部のブラゴエヴグラトの村から、首都ソフィアへ旅行に出かけた。その日の午後、彼はソフィアの中心部で一人の男と会った。二人はおおぜいの人々が行き交う路上で話をしていた。突然、男がショットガンを取りだした。そして、ディノフを撃ち殺した。捜査当局は、襲撃者がディノフに多額の借金を負っていたとする説を発表したが、プラネットウィン365の首脳陣は、この殺人は八百長に反対する自分たちの活動に関係しているにちがいない、という疑念をぬぐいきれずにいる。

第8章

イートン、FIFAへ

二〇一〇年　ワールドカップ　南アフリカ大会

ワールドカップのセキュリティ対策にかかる費用は、天井知らずに増えていった。二〇一〇年の南アフリカ大会が近づくにつれ、ＦＩＦＡ首脳陣は大会が大規模なテロ攻撃の標的になるかもしれないという懸念をつのらせていた。しかも不安の種はそればかりではなく、選手や監督、職員たちが、開催国の南アフリカで頻発している暴力犯罪に巻きこまれるおそれもあった。

実際、二〇一〇年一月、アフリカ選手権のためにコンゴ民主共和国からアンゴラ領カビンダに入ったトーゴ代表のバスが、マシンガンを持った武装勢力に襲われた。アルカーイダがワールドカップ襲撃を計画しているという情報も、複数寄せられた。また、関係当局によれば、サウジアラビア人のテロリスト、アブドラ・アザム・サレハ・アルカータニが、大会中のデンマークとオランダの試合に攻撃をしかける計画を練っているという。

こうした不穏な事件や報告があいついだため、まずFIFAは、二〇一〇年に本大会に先立っておこなわれるU-17（一七歳以下）のワールドカップ・ナイジェリア大会、U-20（二〇歳以下）のエジプト大会の警備を強化することにした。まず、競技会場の安全を確保するため、元FBI長官ルイス・フリーが設立したフリー・グループ[21]と契約をした。さらに、インターポールにも協力を求めた。しかし、これには巨額の費用がかかり、二つのトーナメントの警備のために支払った額は、一二〇〇万ドルにものぼった。本番の南アフリカ大会が開催される一か月間のセキュリティ対策費は、想像を絶するものになりそうだった。

FIFA、すなわち国際サッカー連盟は二〇世紀初頭、サッカー単独の世界大会を開催するための母体を作りたいと考えたヨーロッパ人の願望から誕生した。それから一一〇年のあいだに、とりわけテレビ放映権料や観客動員数、スポンサー契約料などが飛躍的に伸びたここ数十年のあいだに、FIFAは閉鎖的な財閥に変貌してしまった。外見上は競技の場の平等を擁護する立場をとりながら、その裏で、組織の権力を使って自分の懐を肥やす算段をする文化をはぐくんできたのだ。スポーツで発揮される人間の美徳を称賛しつつ、FIFAは新興の巨大なビジネスとして生まれ変わり、排他的な集団となっていった。いうなれば、伝統という権威を振りかざして新規メンバーの加入を抑えながら、参加希望者が財布を開けるのを待っている社交クラブのようなものだ。

ワールドカップ開催でおよそ四〇億ドルの純益をあげるFIFAといえども、やはりほかの組

▼21　フリー・グループ・インターナショナル・ソリューションズ。国際的なリスク・マネージメント会社。

織と同じく、支出削減の努力をする。もちろん、支出が少なければ少ないほど、儲けは大きくなる。しかし、安全と節約の正しいバランスとは？　FIFA首脳陣は、インターポールとフリー・グループの責任者に会い、相談を持ちかけた。安全に関する自分たちの責務をまっとうするにあたって、もっとよい解決策はあるだろうか？

インターポールの事務総長ロナルド・ノーブルは、じっくりと考えてみた。ノーブルはクリス・イートンを昇進させてきたが、もはやこれ以上は無理だ。だがノーブルはイートンの手腕を高く評価しており、その特別な資質もよく承知していた。二〇一〇年三月のある日の午後、リヨンのインターポール本部で、ノーブルはイートンのオフィスのドアをノックした。そして、サッカーについての知識はあるかとたずねた。「ＦＩＦＡは、クリスのような人物を必要としていました」とノーブルは言う。「彼は、自分が目にした真実を隠さずに話すことで、世界的な信用を得てきました。真実に立ち向かうことをおそれません。粘り強い、筋金入りの警察官なのです」。ノーブルは彼に、仕事の概略を説明した。ＦＩＦＡでは相談役に就任し、国際警察機関と協力しながら、ワールドカップのセキュリティ対策にたずさわる。実際、イートンがどれほど活力に満ちていようと、退官の時期が迫っていた。イートンがＦＩＦＡで就くことになる地位は「公僕として奉仕してきた職務と大幅にずれることはない軟着陸」だ、とノーブルは説明した。

イートンは、これまでに何度もアフリカでインターポールの任務にあたってきた。南アフリカ連邦警察の警視副総監は友人でもある。アフリカは彼にとって、なじみのある土地だった。そしてなによりも、仕事の中身が気に入った。イートンはずっと、インターポールを円満に、かつ、やりがいのある次の仕事を得て退職する道を探していた。このＦＩＦＡでの職務は絶好の申し出に思われた。

リヨンで一〇年間を過ごしたあと、イートンは上司たちに前途を祝福されながらインターポールを離れ、ヨハネスブルグで仕事をするための態勢を整えにかかった。まず、ワールドカップの試合会場となる一〇か所の競技場を見てまわった。代表チームの警護に加わるさまざまな国の警察や軍隊組織のなかで、イートンはＦＩＦＡを代表する立場となる。イートンは、大会中にテロリストがどのような攻撃をしかけてくる可能性があるのかを把握するため、さまざまな情報源から集まる報告の精査に着手した。ＦＩＦＡの新たな上司たちは、その姿に感銘を受けた。これほど専門的な警察知識を持つ人物を雇ったことは、かつてなかったからである。それでもイートンにしてみれば、精力的に仕事をこなしているとはいえ、その内容自体は目新しいものではない。イートンは新天地に着任すると同時に、速度を上げて任務を遂行していった。しかし、サッカー界に忍び寄っていた新たな、予想もしていない脅威が、イートンに不意打ちを食らわせることになる。

ワールドカップに向けた準備の一環として、ＦＩＦＡのプログラマーは早期警告システム（ＥＷＳ）に用いるコンピュータシステムの開発に取り組んでいた。ブックメーカーの賭けのパターンから、不正が疑われる試合を見つけだすためである。ワールドカップ南アフリカ大会があと一か月に迫ったころ、ＥＷＳ担当の職員が、ある厄介な情報を受け取った。それは欧州サッカー連盟（ＵＥＦＡ）規律委員会の委員長を務めるスイス人弁護士ペーター・リマヒャーから寄せられたもので、今大会の複数の試合でフィクサーたちが八百長の準備をしているとの機密情報が入ったのだという。その情報をもたらしたのは、リマヒャーの部下のＵＥＦＡ職員らしい。

ＦＩＦＡ首脳陣は当然、このような事態を予想していてしかるべきだった。二〇〇五年、ドイツが三年後にひかえたワールドカップの準備をしていたとき、警察がヨーロッパサッカー界最大のスキャンダルをあばいた。ドイツを拠点にしているクロアチアの違法賭博組織が、ドイツ二部リーグの審判一人と複数の選手を抱きこんでいたのである（一部リーグのなかにも疑わしいクラブが一つあった）。首謀者はアンテ・サピナというクロアチア人だった。ドイツのボーフムでは、ワールドカップ南アフリカ大会が目前に迫っているこの時期にも、別の八百長に関連する三八の嫌疑のかかった四人の容疑者に対して、裁判がおこなわれようとしていた。

ＥＷＳの責任者は、ＦＩＦＡの主任弁護士のマルコ・ビリガーだった。ビリガーはＵＥＦＡから寄せられた新情報を当面のあいだ公表せずに伏せておき、とりあえず自分でその真偽を調べてみることにした。そしてリマヒャーに電話をかけ、情報源の職員と会う手はずを整えた。その男の名前はロビン・ボクシッチといった。

リマヒャーを介してビリガーと会ったボクシッチは、数か国の代表チームが大会で八百長をたくらんでいることを示す内部情報と証拠書類を握っていると話した。ボクシッチはその証拠の提示まではしなかったものの、話の内容を重く見たビリガーはボクシッチを雇い、南アフリカに派遣することにした。

ＦＩＦＡ本部で、ビリガーが事務局長のジェローム・バルクに事の次第を報告したところ、バルクはビリガーを叱責した。ＦＩＦＡは、ワールドカップのセキュリティ対策のためにベテラン警察官のクリス・イートンを雇ったばかりなのだ。同じ目的を持った人間を二人も南アフリカに投入する必要はないじゃないか、と彼は言った。

ＦＩＦＡは困惑していた。歴史的に、この組織は八百長についての疑惑には関与しないという態度を取ってきたが、それには相応の理由があった。八百長の撲滅は自分たちの仕事ではない、とＦＩＦＡ首脳陣は考えていた。各国のサッカー連盟がＦＩＦＡに八百長疑惑を報告しても、ＦＩＦＡはきまって、八百長試合を根絶する責務はそれぞれの連盟にあるという主張を繰り返してきた。これには法執行の問題がからんでいた。「その国のサッカーを管理監督する責任を持つのは、各加盟団体です」とＦＩＦＡスポークスマンのヴォルフガング・レシュは言う。「ＦＩＦＡが法的措置を取れるのは、ＦＩＦＡが雇用している人物に対してだけですから。現在のシステムでは、外部団体を管理することはできません」

たしかにそうだった。ＦＩＦＡは警察組織ではない。逮捕することはできなかった。また、調査能力もなかった。ＦＩＦＡの仕事は、サッカーの経営管理《マネジメント》と興行だった。ＦＩＦＡが負っている唯一の責務は、四年ごとにワールドカップを主催すること、本大会開催のあいだに各種親善試合を組むことだけである。しかし、この問題に積極的にかかわろうとせず、強いリーダーシップを発揮しなかったために、八百長が横行する素地をはぐくんでしまったのも事実だ。ＦＩＦＡ以上に、サッカーの繁栄に責任のある団体は存在しない。それにもかかわらず、やがてイートンが気づくように、誰一人責任を持とうとする人間はその組織のなかにいないようだった。

八百長問題はＦＩＦＡの優先事項のかなり下位に分類されていたため、彼らはクリス・イートンを雇う際、そのことについてイートンに伝えていなかった。また、イートンも八百長についてはなにも知らなかった。長い警察勤務時代を通じてイートンが扱ってきたのは、警察官が立ち向かわなければならぬ、もっと緊急性が高い事例——暴力犯罪、金融犯罪、密売などだった。大半の警察官と同じく、数千億ドル規模で動く八百長というものが、従来の組織犯罪の大きな資金源になることを、イートンもまだ認識していなかった。八百長の金は麻薬の金、売春の金、殺人の金と混ざりあっていた。

しかし、たとえ八百長が未知の領域に属する犯罪だとしても、そのスキャンダルが組織に及ぼしうるダメージのことはわかった。ボクシッチの話の概要を伝える電子メールをマルコ・ビリガーから受け取ったとき、八百長スキャンダルが自分の新しい雇用主にどれほど大きな影響を与えるか、イートンには容易に想像がついた。「ブラッター会長やバルク事務局長の心臓は、縮みあがったにちがいないよ」とイートンは言う。「ワールドカップのセキュリティ対策だってまだ格好がついていないというのに、お次はいまいましい八百長疑惑だからね」。ビリガーと再度この問題について話したとき、イートンの懸念はさらに深まった。ビリガーには組織内の情報提供者を扱った経験はなく、イートンは、ボクシッチが持っている情報の価値と信頼性に対するビリガーの見解を鵜呑みにするつもりはなかった。だが一方で、ＦＩＦＡの信頼性に対する脅威のほどはあきらかだったため、イートンは単刀直入にビリガーにこう伝えた。今後、ボクシッチは自分が個人的に、報告や相談なしに扱わせてもらう。ＦＩＦＡは護らねばならないにしろ、その組織内の煩雑《はんざつ》な官僚制度に巻きこまれるのはごめんだった。

ボクシッチはヨシップ・フェヘールヴァーリ名義の電子メールをイートンに送ってよこし、最終的に二人は電話で話し合った。ボクシッチはたどたどしい、クロアチア系ドイツ人なまりの英語を使いながら、妙に華麗な経歴を話しはじめた。自分はヨーロッパのある国家の情報部に所属する覆面捜査官だとボクシッチは名乗ったが、それがどこの国なのかは明かそうとしなかった。とにかく、現在は八百長試合についての捜査をしているのだという。犯罪者に混じって証拠を集めるため、フィクサーになりすましている。有名なアジア人ギャンブラー二人——一人はノルウェー、もう一人はマレーシアに住む——と親しくなった。情報部の上司がＵＥＦＡと、そして今度はＦＩＦＡと活動する権限を与えてくれた。電話の盗聴記録も秘密裡に入手している。その盗聴記録こそが、邪悪な賭博のためにワールドカップで八百長が計画されている証拠である。イートンはくわしく話すよう求めた——どの犯罪組織が裏で糸を引いていて、どの試合にねらいをつけているのか？——しかし、ボクシッチは答えを濁した。

イートンはボクシッチの言葉に疑いを持った。イートンには、数十年にわたって覆面捜査官や秘密情報源と接触し、国際的な作戦を展開してきた経験がある。覆面捜査に従事している捜査官がこうもやすやすと、しかも電話で、あらゆる会話が盗聴されていると心得なければならないこの時代に、自分の身分を明かすのは普通ではない。さらに、肝心のところを話そうとしない曖昧な態度も気になった。

二〇一〇年五月下旬、ボクシッチがイートンの携帯電話にメールをよこした。それによると、オーストリアのクラーゲンフルトで、ワールドカップ開催前の国際親善試合が二つ予定されている。スロバキア対カメルーン戦、セルビア対ニュージーランド戦だ。自分はその試合に行くつもりでいる。なぜなら、ワールドカップで八百長を計画しているのはセルビア代表チームなので、オーストリアでの親善試合を徹底的に調べ上げ、ロッカールームで選手たちに接触する犯罪者を特定したいと考えているからだ。オーストリアでの試合が三日後に迫った五月二六日、会場内の「すべてに通用する適切な許可証」がほしいとボクシッチは連絡してきた。

「ロビン、適切な許可証とは、具体的にはどんなものだ?」とイートンは返信した。

ふたたびボクシッチからのメール。「つまり、スタジアムのチーム専用ロッカールームとかプレスルームとか、どこにでも自由に出入りができて、五月二九日のクラーゲンフルトでのスロバキア対カメルーン、セルビア対ニュージーランドの試合に接触できるということだよ」

「それがわれわれにとって重要な活動だというのであれば、もちろん用意することは可能だ」とイートンは返信したが、そのとき、ぬぐいきれない疑いが胸にきざした。「当日はわたしもオーストリアに行って、きみと落ち合おう」

「ああ、もちろん、ぼくたちはセルビアやスロバキアのやつらを調べないと。マフィアの連中が選手と接触しようとするだろうから、ぼくはどんな連中がやってくるのか知りたいんだ、それに……」ボクシッチのメールはそこでとぎれた。

ＦＩＦＡは、ボクシッチの入念な身元調査をしていなかった。それにもかかわらず、どうやら彼は、公式な資格を手に組織の代表として現場に入る手段を講じたらしく、ワールドカップの開幕直前という時期に、いまや疑惑の対象となった代表チームの試合に接触しようとしている。これではまるで、警官バッジと銃を持たせた男を路上に放すようなものだ。しだいに突出してきたボクシッチの行動は目にあまり、ヨハネスブルグのセキュリティ問題からいったん離れるのもやむをえまい、とイートンは考えた。ワールドカップの開幕はもはや目前となり、世界最大のサッカー大会がテロリストに襲われることを、ＦＩＦＡはなによりもおそれていたが、イートンは飛行機に乗ってオーストリアへ向かった。

ボクシッチは、クラーゲンフルト空港でイートンを迎えた。丸顔で、年齢は三〇代、頭をスポーツ刈りにした、やや太り気味の男だった。ジーンズに青いＴシャツという格好で、レンタルのスポーツ用多目的車（ＳＵＶ）を駆って市内へ向かった。

運転しているあいだ、ボクシッチはセルビアチームの疑惑について繰り返し語った。アルジェリア、コートジボワール、ナイジェリアの名前もあげ、これらのチームもワールドカップの試合で負ける計画を立てているという。イートンは耳を傾けながら、ひそかに彼の様子を観察した。下品に感じられるほど自信たっぷりだが、自慢話が多いのは神経過敏になっているからかもしれない。ボクシッチは何気なさそうに、数年前に情報部の仲間を護ろうとしてナイフの傷を負ってしまい、あまりに重症だったため回復するまで六か月間入院するはめになった、と過去の話を持ちだした。「六か月だって？」とイートンは心のなかでつぶやいた。ボクシッチはまた、警護特務部隊ともよく行動をともにした、と語った。ホテルに着くまでに、イートンは結論をくだした。「彼からは、犯罪者のにおいがしたよ」とイートンは言う。

ホテルでは、この日試合があるセルビア代表チームが朝食をとっているところだった。ボクシッチは、セルビアチームの事務局長ゾラン・ラコヴィッチにイートンを紹介すると、セルビア語と思われる言語でラコヴィッチと話しはじめた。一体全体、こいつはどうやってこの地位を手に入れたのだろう、とイートンはいぶかしんだ。世界最大のスポーツ機関の代表を装い、一国の代表チームの役員と個人的な会話を楽しんでいる。なんでも好きなことを言えるにちがいない。そして、ＦＩＦＡにはこれほど利口な人間はいなかったのだろう。

ヒポ・アレーナ・スタジアム[22]に向かう途中、自分はＦＩＦＡを代表してここに来ているとセルビアの事務局長に伝えたんだ、とボクシッチは説明した。そして、最近、悪名高いバルカンのフィクサーの組織と、セルビアの選手たちが接触していたことがわかっていると警告してやったのさ、と付け加えた。イートンの胸に怒りが湧いた。「ＦＩＦＡを補佐することは、ＦＩＦＡを代表することにはならない」と、彼はぴしゃりと言った。「今後のきみのＦＩＦＡでの役目は、きみの主張の証拠を見せることだ。その後、ＦＩＦＡが選手や職員にしかるべき処分をくだすだろう。きみが、ではない。二度と勝手に誰かと話すな」。ボクシッチは黙ったまま運転を続けた。

イートンには、ボクシッチが何者で、なにをたくらんでいるのかわからなかった。スタジアムに着いたあと、イートンはボクシッチに八百長の物的証拠を見せるよう要求した。それに対してボクシッチは、ナイジェリア代表のゴールキーパーと有名なシンガポール人フィクサーとの電話

▼22　ヴェルターゼー・シュターディオン。現在はヒポ銀行グループがスタジアムのネーミングライツを獲得し、このように呼ばれている。

記録があると主張した。また、スロベニアのチームも疑わしいと述べた。主張を裏付ける記録を出せと重ねて要求すると、ボクシッチは、こっそり後ろを見ろという合図をした。数人の男が近くにかたまっている。「ぼくを護衛するチームだよ」とボクシッチが言った。

それから空港に向かうあいだに、イートンはふたたび記録を出せと迫った。「セルビア人選手について、どんな証拠を握っているんだ?」

「うちの情報部が、彼らとフィクサーが交わした通話記録を持っている」とボクシッチが応じた。そのスパイ小説もどきの態度にうんざりしたイートンは、辛辣な声で訊いた。「きみが所属する情報部は?」

ボクシッチはぶっきらぼうに答えた。「BNDだよ」BND――連邦情報局。ドイツが国内外で諜報活動をおこなう機関である。BNDで九年間働いている、とボクシッチは言った。つい最近、ペーター・リマヒャー――ボクシッチをFIFAに紹介した欧州サッカー連盟の弁護士――の身辺保護をBNDでおこなう段取りをつけたところだという。リマヒャーのもとに、クロアチアの犯罪組織が殺害予告を送りつけてきたからだ。そして、さらに言葉を続けて、自分はその闇組織とつながりを持っているが、それはBNDでの仕事のために秘密裡に作りあげたものだと言った。

ボクシッチがなにを伝えようとしているのか、それまでに聞いた話のすべてをイートンがつなぎ合わせていると、ボクシッチが振り向いた。「BNDはあなたのことを知っているよ」と、彼は抑揚のない声で言った。「あなたがとても優秀な警察官だってことを、彼らは知っている」

ヨハネスブルグ到着後、イートンはビリガーにメッセージを送り、FIFAとして、ボクシッチとの関係を断つように強く勧告した。ビリガーは丁重に断ってきた。次にイートンは、欧州サッカー連盟のリマヒャーに電話をした。ビリガーと同じく、リマヒャーもボクシッチの身元を保証した。ボクシッチがヨーロッパの情報機関に所属しているという確実な証拠があるのか、とイートンはリマヒャーに尋ねた。情報部員のチームがつねにボクシッチを護衛しているだろう、とリマヒャーは答えた。ボクシッチに対するリマヒャーの思い入れは相当なものだったが、その根拠は薄弱であることをイートンは知った。

かわりに、イートンは自分の直感に耳をかたむけた。それは長きにわたってイートンを支え、無数の調査の際に役に立ってきてくれたものだった。やがてイートンは、ボクシッチは誠実な情報提供者などではなく、ただの大ぼら吹きだという結論に落ちついた。では、ボクシッチが自分でそうと名乗っている人物ではないとしたら、いったい彼は何者なのだ？　しかも、どうやってああもやすやすと、サッカーの二大管理機構の信用を手に入れたのだろう？　イートンによれば「あの人たちは能天気な楽園に住んでいたんだ」ということになる。

イートンは、まだＦＩＦＡに籍を置いたばかりである。内部での影響力もなければ、業績があるわけでもない。上層部がボクシッチを南アフリカに送りたいというのであれば、イートンは彼と一緒に働くしかなかった。それでも、もう一つ、彼には最後の手段というべきものがあった。イートンはボクシッチに電話をかけ、リヨンに行って心理検査を受けるように求めた。これは覆面捜査官を雇う際の通常の手続きで、警察組織だけでなく、任務で作り話をしなければならない捜査官を護るためのものでもある。ふたたびボクシッチはためらい、ＢＮＤのボスが検査を許さないだろうと答えた。

第一九回ワールドカップは二〇一〇年六月一一日、ヨハネスブルグでの南アフリカ対メキシコ戦で幕を開けた。これは、アフリカで初めて開催されるワールドカップである。地元サッカーファンに人気のブブゼラの鈍い音が試合会場全体に鳴り響き、大会は独特の雰囲気と熱気につつまれた。

イートンは昼も夜も、インターポール、ＦＢＩ、南アフリカ警察や軍情報部と連携しながら安全対策に取り組んだ。最大の脅威は、アルシャバーブだった。ソマリアのイスラーム武装勢力アルシャバーブは、アフリカでもっとも危険なテロ組織である。しかもほんの数か月前、高位の指導者の何人かがアルカーイダへの強い支持を表明していた。ワールドカップ開催までに、名の知られたテロリストたちがアフリカのどの国境をどう越えたか、イートンたちは全力をあげて彼らの行動を追跡した。その一方で、イートンはインターポールの元部下たちに、ロビン・ボクシッチについての情報収集を依頼していた。

ボクシッチは、開会直後にヨハネスブルグにやってきた。そして、八百長の疑いがあると主張していた六か国の代表チームについて、選手や職員の個人名を列挙したリストをイートンに見せた。そのうえで、またもや報告書や電話の通話記録など、自分の主張を裏付ける証拠の存在のことを繰り返し語った。ＦＩＦＡに資料を渡す許可をＢＮＤのボスから取りつけたと言い張ったが、イートンは記録の実物を見るまで信用する気はなかった。

イートンには、やらねばならないことが山ほどあった。毎朝、前夜に発生した小さな犯罪を吟味し、大会への脅威となる事例に発展する可能性があるかどうかをチェックする。そして、その日に予定されている試合会場の警備主任たちに細かい指示を与える。膨大な安全対策のための任務に忙殺されたイートンは、補佐役を雇うことにした。

補佐役を頼んだフレッド・フィッツロイは、オーストラリア連邦警察の覆面捜査にかかわってきたベテラン警察官で、凶悪な麻薬ギャング団に潜入した経験もある。あやうく死をまぬがれたことも、一度にとどまらない。ボクシッチと一緒に行動する役目を引き受けたフィッツロイがどんな情報を集め、どんな印象を彼から受けるのか、イートンは報告を待った。

フィッツロイの報告では、ボクシッチはときおり妙になれなれしくなり、あれこれと八百長疑惑を口にするが、決して具体的な証拠を示そうとしない。そうかと思えば、反対にぶすっと黙りこくって、ろくに返事もしないときがある。気分の移り変わりが激しい。態度は曖昧で、過剰なほど自己防衛的。電話をかけるときも受けるときも、かならずフィッツロイから数歩離れ、ドイツ語やクロアチア語で話す。また、自分専属の護衛についてくわしく語り、危険が迫っていることを印象づけようとする。ボクシッチによると、ドイツ人とイスラエル人の混成チームが、半日交替制の二四時間態勢で彼を護っているのだという。アメリカとスペインのシークレットサービスの職員が参加していると主張するときもあった。そうした手厚い保護の必要性を述べることで、自分と危険な犯罪組織との密接なつながりを強調しているかのようだった。ボクシッチは、自分が渡した情報によって犯罪組織の連中が稼いだ金は数百万ユーロにも及ぶ、そうやって「フィクサーの仮面をかぶったＵＥＦＡ調査官」の任務を遂行しているのだ、と言った。それを聞いたフィッツロイは、ほんとうにＵＥＦＡが調査官として彼を雇った可能性もあるのではないかと考えた。

イートンは、ワールドカップを取材に来ているイギリス人記者の何人かと話し、彼らの八百長に関する知識の深さに驚いた。ボクシッチが述べていた情報のいくつかは、記者たちの裏付けが取れた。それでも、やはりイートンはボクシッチのことを、南米や欧州のフーリガンのようなもの、試合で暴れたり進行を妨害したりするために南アフリカ国境警備員が入国を拒否した、あの数百名の不良観客と似たようなものだと考えていた。

「ボクシッチはつねに、相矛盾する二つの説を繰り返し述べた」と、のちにフィッツロイは、イートンが〝古き抱擁《クラシック・カレス》〟と名づけたこの作戦の報告書に書いた。「第一の説は、自分はドイツの情報機関である連邦情報局（ＢＮＤ）で隠密裡に働く、違法ギャンブラー兼フィクサーの仮面をかぶった潜入捜査官である、というもの。第二の説は、欧州サッカー連盟（ＵＥＦＡ）の調査官というもので、これをもっぱら周囲に公言していた……ボクシッチは二つの自説を統合させる必要に迫られ、自分は確実な八百長情報を入手するために、腐敗したＵＥＦＡ調査官のふりをしている、と述べることもしばしばだった。ボクシッチは、あるときは調査官で、あるときは犯罪者という自分の立場も、どの団体に雇用されているのかもあきらかにすることができず、買収されているか、たんなる無能者にすぎないという印象を与えた」

ボクシッチはイートンに対して、チームの練習場、VIP領域、メディアルーム、選手や職員のロッカールームに入れる許可証を執拗に求め続けた。だが、イートンはそのたびに却下した。大会一〇日目にとうとうボクシッチはあきらめ、自分は今大会に八百長はないと判断した、とフィッツロイに語った。六月下旬、フィッツロイはボクシッチは南アフリカを離れ、その後二度とFIFAに連絡してくることはなかった。しかし、ボクシッチがよこした返信には、クエスチョンマークが記されているだけだった。

ボクシッチの信頼性とFIFAとの関係の不透明性に疑いを抱いたのは、イートンとフィッツロイだけではない。「情報をくれる男だからボクシッチと働くようにという指令を、UEFAから受けました」と、賭博産業を監視する組織スポートレーダー（ドイツ語読みではシュポルトラダール）の最高経営責任者カルステン・コールは言う。「二か月後、わたしたちはこれ以上彼とは働けないと判断しました。話の内容が支離滅裂だったからです。ボクシッチがしゃべることは、わたしにはまったく了解不能でした」

やがて、決勝戦でスペインがオランダを一対〇で下し、ワールドカップでの初優勝を決めたころ、イートンはボクシッチに関する資料一式を受け取った。クロアチア、ボスニア、ヘルツェゴビナ、ルーマニア、ドイツに問い合わせていたのだが、そこからの報告で詳細がわかってきた。

ロビン・ボクシッチは、ボスニア出身のクロアチア人だった。一九九〇年代のバルカン紛争中、ボクシッチと彼の家族はミュンヘンの難民収容施設に移った。イートンが受け取った報告によれば、すでに当時のボクシッチは、バルカン半島西部でもっとも有力な犯罪組織の一つ、ヘルツェゴビナ・マフィアの構成員になっていたという。ボクシッチはマフィアのアンテ・サピナが仕切るミュンヘン支部とつながり、二〇〇〇年代初頭には、組織の二つの支部を行き来する秘密連絡員として働いていた。その後、ボクシッチの上役たちは彼の「かなりの面《つら》の皮の厚さ」に目をつけ、もっと金になる活動をさせることにした。

二〇〇三年初頭、アンテ・サピナがボクシッチを使ってサッカーの審判、コーチ、選手、監督をしているバルカン諸国人と接触をはかり、試合の結果を意図的に操作するよう持ちかけている、との情報がクロアチア警察にもたらされた。そして二〇〇六年、ドイツ最悪の八百長摘発事件といわれたボーフム捜査の一環で、ボクシッチもドイツ警察に逮捕された。

ボクシッチはヘルツェゴビナ・マフィアとドイツ警察の二重スパイとして働き、自分の所属する犯罪組織が八百長で儲けられるように、ライバル組織の情報を警察に漏らしていたのではないか、と報告書は推測していた。ボーフム事件をきっかけに、ヘルツェゴビナ・マフィアのクロアチア人幹部たちはサピナを排除しはじめ、ミュンヘン支部を自分たちの傘下におさめようとしたらしい。クロアチアリーグの八百長容疑でサピナが二〇〇九年に再逮捕されたのは、ボクシッチが当局に伝えた情報がもとになった可能性もあるという。

報告は推測の域を出なかったものの、FIFAの新保安部長であるイートンにとってはそれでじゅうぶんだった。FIFAはサッカー界の看板イベントの安全対策に協力してもらうためにイートンを雇ったが、彼はより喫緊の課題にぶつかったのだった。イートンには、ビリガーやリマヒャーたちを非難することはできなかった。彼らは警察官ではないのだから。情報活動の経験を持っていないのは当然だ。それでもやはり、八百長での逮捕歴のあるボクシッチのような人物が大手を振ってサッカーの世界大会に出入りできたというのは驚きだった。ボクシッチは八百長を仕組むために南アフリカに来たのだろうか？　そうにちがいない、とイートンは考えた。

ワールドカップの決勝戦がおこなわれていたとき、ウガンダの首都カンパラで、アルシャバーブが二件の自爆テロを起こし、試合をテレビや大型スクリーンで観戦していた七〇人以上が死亡した。この爆発事件は、犯罪組織が自分たちの目的のためにサッカーを利用するのではないか、という関係者の懸念を裏付けるものだった。それと同時に、イートンも迷いから覚めるような気がした。彼も同じような疑念を抱いていたのである。そのときのイートンはすでに、八百長がテロリズムに勝るとも劣らないほどサッカーの信頼性を脅かすことを理解していた。そして、ボクシッチが簡単にＦＩＦＡに侵入してきた事実から判断すれば、サッカー界を護れる人物がここにいないことはあきらかである。イートンがこのことについて考え、目の前にあらわれた重大な任務に心を奪われていた頃、ヨハネスブルグのサッカー・シティ・スタジアムの深部で、一人の男とすれちがった。その男はインドのタミル人で、シンガポールの偽造パスポートを所持していた。

第9章

フットボール4Uインターナショナル

二〇〇八年　シエラレオネ共和国　ジンバブエ

「おれはあちこちに顔を出して、噂を広めた。『四万人の観衆の前で八百長できる根性のある審判はどいつだ?』ってね」とウィルソン・ペルマルは言う。「簡単なことじゃない。なにしろ大勢が見ている。よほど腹がすわってなきゃできるもんじゃない。そうしたらこの男、イブラヒム・シャイブが名乗りでてきた。やつは言ったよ、『わたしがやろう』◆1。ワールドカップ直前の親善試合さ。南アフリカ対グアテマラ戦だ。やつは、ペナルティーエリア外でハンドを三つとった。いや、ほんとうによくやった。スタジアムには四万人の南アフリカ人がいたからな、グアテマラの連中が文句をつけられるはずはなかったさ」。FIFA公認のニジェール人審判シャイブが主審を務めたこの試合で、南アフリカは五対〇で勝利をおさめた。ピーター・モカバ・スタジアム

◆1　シャイブ自身は、いかなる八百長にも加担したことはないとして容疑を否認している。2011年12月に審判を引退した。

にこだまする歓声を耳にしながら、ペルマルは自分の師匠を、かつてマレーシアカップを仕切っていたパル・クルサミーのことを考えずにはいられなかった。二〇一〇年五月三一日、この日のペルマルは世界一の八百長フィクサーだった。

その四年前、ペルマルはすっかり打ちひしがれた気分で刑務所をあとにした。シンガポール当局は、三年間の収監後に仮釈放してくれた。しかし、喜んでなどいられなかった。なにしろ一文無しなのである。しかも、八百長ネットワークはずたずたになっていた。もはや昔の知人はなんの役にも立たない。頼りにできると信じられるのは、幼なじみのダニー・ジェイ・プラケシュとジェイソン・ジョー・ルルドだけ——二人とも、ペルマルが八百長ビジネスに引き入れたタミル人である。

ペルマルは成人してからというもの、たった一つの技能を磨きながら生きてきた。前回は異なる種類の犯罪に手を染めてみたが、そのクレジットカード詐欺のせいで三年間の刑務所生活を送るはめになった。だが刑務所で暮らしていたあいだに、外の世界では自分の技能——それほどたいそうなものではないとはいえ——に相当な価値が発生していることにペルマルは気づいた。インターネットが、スポーツ賭博市場を根底から変えていたのである。もちろん、スピードアップしていたのはオンライン賭博市場だけではない。ペルマル自身も、時間をむだにしてしまった、ぼやぼやしているひまはない、とじりじりするような気分を味わった。ペルマルはさっそくわずかに残っている仲間を集め、急成長を遂げているサッカー賭博で大儲けさせてやると持ちかけて、全員を納得させた。「彼ってとてもチャーミングなんだ」とプラケシュは言う。「ウィルソンだったら、どんなものでも売りこめるよ」。このときペルマルが売ったのは、時代に順応したビジネスマンなら売ってもらう必要のないもの——すなわち〝グローバル化〟という概念だった。

ペルマルが世界をめざしたのは、シンガポールのブックメーカーが地元リーグの試合の賭け金に上限をもうけたせいで市場に活気がなくなったことだけではなく、ペルマル自身もシンガポールの司法制度が怖かったからである。いまやペルマルの犯罪歴は相当なものになっており、次に足を踏みはずしたら、たとえそれがどれほど小さな失敗であろうと、ただちに刑務所へ逆戻りになることは火を見るよりもあきらかだった。ペルマルが商売に活用できる能力は一つしかないが、それを母国で発揮するのは自殺行為に等しい。八百長事業を再建したいのであれば、よそでやるしかなかった。ペルマルには、国外で活動する必要があった。

マレーシア警察は、ペタリンジャヤの街路をゆくペルマルを尾行していた。二〇〇八年一〇月、雨期のはじまりの季節である。マレーシアでは、国家の独立を記念する国際サッカートーナメント、ムルデカ大会が開催されていた。マレーシアサッカー協会の幹部は、それまでペルマルの名前を耳にしたことはなかったが、先日の試合結果に注目していた。シエラレオネ共和国の二〇歳以下の代表チームが四対〇でマレーシアに負けた試合である。シエラレオネの代理人を務めるのはある興行会社で、そこが入国から大会までいっさいの面倒をみていた。ところが、その会社の職員リストに名前の載っていないペルマルが、つねにチームと行動をともにしているばかりか、選手やコーチにあれこれと指示を出しているのだ。なにかがおかしい――とりわけ、マレーシアが簡単に四つものゴールを決めたことは。調査をしても警察は、ペルマルが不正をおこなったという確たる証拠を見つけられなかったが、この地味な大会にわざわざペルマルが姿を見せた動機に疑いを残した。

大会に参加したのはマレーシアとシエラレオネのほか、アフガニスタン、バングラデシュ、モザンビーク、ミャンマー、ネパール、ベトナムだった。この顔ぶれは、ワールドカップの足元にも及ばない。しかし、そんなことは関係ないのである。インターネットが賭博のすべてを変えた。インターネット賭博サイトに掲載されてさえいれば、どんな試合であれ世界中の人々が賭けをおこなう。それは、莫大な数にのぼった。とくに、アジアのギャンブラーたちは新たな娯楽を貪欲に追い求め、賭けの操作にたけているフィクサーの手のなかで転がされていた。

とはいえ、ペルマルはどうやってシンガポールから約一万三〇〇〇キロも離れた、内戦で疲弊したアフリカの小国とつながりをつけたのだろうか？　そう、金儲けの世界に距離は存在しない。ペルマルが新たな標的にしたのは、シエラレオネのような国だった。ペルマルは、自分がクルサミーの代理としてヨーロッパの八百長市場に進出したときのことを覚えていた。世界でももっとも大きく、裕福なクラブの選手たちに対して、自分はどれほど不器用に近づいていったことか。国際的な会計事務所デロイトの最近の試算によれば、イギリスのプレミアリーグの選手は毎週約五万ドル、つまりイギリス人の平均年収以上の額を稼いでいる。もちろん八百長をすれば、選手はより巨額の金を手にできるだろう。しかし、金のためなら自分の華麗なキャリアを危険にさらすことも厭《いと》わないはずだと考えたのは、愚かとしかいいようがない。まして、練習場のそばで初めて会った人物と組むなどということが、あるはずがない。当時の自分は、徹頭徹尾まちがっていた。もう二度と同じまちがいを繰り返すつもりはなかった。

一九九〇年代後半であれば、トップクラブの選手への接近は、作戦的には無謀だったとしても、金銭面を考えれば一定の合理性があった。違法賭博組織が賭けをしても市場が紛糾しないような金の流れを生みだすのは、大きな試合だけだったからである。しかし賭博市場はその時代から成長し続け、もはや今では、シエラレオネのU－20代表チームに数十万ドルを賭けたとしても、さして疑惑を呼びはしない。八百長だけで生きてきたウィルソン・ペルマルにとって、この準備万端整った賭博市場を読み、新しい戦略を練るのはたやすいことだった。

もはや、目標は選手や審判個人を抱きこむことではない。ペルマルは、一国のサッカー協会全体を牛耳るつもりだった。そのための準備として、トンネル会社のフットボール4Uインターナショナルを立ち上げると、ペルマルは世界をまわりはじめた。肩書きは、代表チーム同士の親善試合などの手配を専門とする興行主《プロモーター》である。「会社を設立してからは、以前よりずっと簡単に関係者に近づけるようになった」とペルマルは言う。「みんな、相手がどこの誰なのか知りたがるからね。どこにも所属していなければ、とたんにうさんくさい目で見られるものさ」。公平で誠実、腐敗ゼロのビジネスをするというシンガポールの評判のおかげで、この国のパスポートは世界中で信用された。ペルマルを筆頭に、プラケシュやルルドといった仲間たちは、情勢困難な国々にねらいを定め、正面玄関から堂々と各国のサッカー協会内部に入っていった。

こうした国々の組織は、身元確認がきびしくなかった。ペルマルはシエラレオネだけでなく、ボリビア、エルサルバドル、ジンバブエ、南アフリカなどと契約をむすび、自分たちで手配した親善試合の審判を選ぶ権利と引き替えに、一〇万ドル相当の金を協会側に支払った。また、さまざまなレベルで協会に取り入り、移動手段、宿泊先、テレビ放映権、後援の手配なども一手に引き受けるようになった。それまで苦しんできた協会は突如として財政が豊かになり、国際賭博市場で莫大な金が動くような大会で――首をひねるような数のレッドカードやペナルティーキックの判定があったとはいえ――試合ができるようになっていた。もちろんペルマルは、自分のしていることをわきまえていた。それは多数の協会幹部も同様であり、彼らはそのことに目をつぶるか、あるいは積極的にかかわってくるようになった。ペルマルは審判や協会職員との関係を築く一方、選手やコーチをはじめ、試合の結果を左右できそうな人間を片っ端から取りこんでいった。

ことは簡単だった。いったんフットボール4Uと国家を代表するサッカー協会との関係ができあがったら、次は力を合わせてなにも知らない対戦相手を探し、単発あるいはシリーズの親善試合を組み、認可料をFIFAの試合担当窓口に支払う。それがすめば、ブックメーカーの日程リストに試合が掲載されるので、ペルマルは仕事に取りかかる。

ペルマルとジンバブエサッカー協会（ZIFA）幹部とのやりとりの記録を見ると、この頃のペルマルが、どれほど熱心にあらゆる機会をとらえようとしていたかがわかる。ペルマルによれば、当時のZIFA最高経営責任者ヘンリエッタ・ラシュワヤと緊密な協力関係を築くことに成功し、二〇〇八年一〇月におこなわれたワールドカップ・アフリカ予選のジンバブエ対ナミビア戦をはじめ、多数の八百長について協議したという。◆2 二〇〇八年なかば、ペルマルとラシュワヤはジンバブエ対イランの親善試合などを計画していた。欧州サッカー連盟がUEFAチャンピオンズリーグを主催するのと同じように、アフリカサッカー連盟はCAFチャンピオンズリーグ（アフリカ大陸のクラブチームによる選手権大会）を主催する。そのトーナメントを目前にひかえ、二人のやりとりは熱をおびた。二〇〇八年八月一七日と八月三〇日、ジンバブエの首都ハラレを本拠地とするダイナモズFCは、エジプト最大のクラブであるカイロの強豪アルアハリと対戦することになっていた。ペルマルは八月四日、当時のガールフレンドだったアーイシャ・イクバールの電子メールアカウントを使って、ラシュワヤに次のようなメールを送った。

件名／Re：イランとの国際親善試合

こんにちは、女史。

お元気ですか。今後もダイナモズ対アルアハリ戦についての連絡をお願いします。われわれは前半と後半に二ゴールずつ決めたいと思っています。四失点したあと、あなたがたは一点入れることができます。報酬は一〇万米ドルです。ここからご自分の取り分を取ってください。CAFチャンピオンズリーグは、まだそれほど有名ではありません。一〇万ドル以上出せないのは、それが理由です。

おまかせいただいた貴チームとナミビアの試合はだいじょうぶ、うまくやれます。無事に次のラウンドに進めるよう、チームにしっかりと練習させてください。チームが次のラウン

◆2　一方ラシュワヤは、あらゆる犯罪行為への加担を否認している。ZIFAはラシュワヤを解雇したが、現時点では、ペルマルとかかわりのある容疑での有罪判決は受けていない。

ドに進めば、報酬は五〇万米ドル近くになります。それから、ヨーロッパのどこかの国と親善試合を組んでいただけますか。二〇〇九年になってもかまいません。航空運賃はこちらで負担します。

次の一一月にユースのトーナメントを予定しています。貴国には、二一歳以下の男子チームがありますか。もしないようでしたら、作成をお願いします。

感謝をこめて
ラジ

追伸　イランとの試合についても、忘れずに連絡してください。

本質的には、ペルマルの新戦略は、シンガポールのジャラン・ベサール・スタジアムでやっていた初期の八百長と変わらない。ちがいは、手がけている金額の大きさだった。このときのペルマルは、有力なリーグに食いこんでいた。

第10章 ペルマルとダン・タン

二〇〇七年 シンガポール

ダン・タンが耳にしたウィルソン・ペルマルの噂は、どれも悪いものばかりだった。競馬の賭け屋をしているダン・タンは、金のもつれが原因で、しばらくのあいだ町から逃げて身を隠したこともあったが、ときどきはクルサミーの組織の最高幹部の一人として働いていた。一九九〇年代には、ペルマルがどれほど賭けの借金を払わないやつなのか、クルサミーの仲間からたっぷり聞かされたものだ。しかしダン・タンは八百長ビジネスが変わりつつあることを誰よりもよく理解していたし、ペルマルのように新たな機会に乗じてのしあがっている人間がほかにはほとんどいないことも、よくわかっていた。

アジアのフィクサーたちが初めてヨーロッパ進出をくわだてた頃、ダン・タンもいくつかの作戦にかかわった。そのときの作戦は失敗に終わったが、二〇〇五年にはふたたびヨーロッパにもどり――やがてボーフム裁判の捜査官たちが調査の対象とすることになるが――最終的にイタリアで八百長をおこなった。シンガポール人と手を組んでも損にはならないとイタリアの犯罪組織に納得させるため、自分たちには八百長の計画力もあれば実行力もあるということを証明する必要があったからだ。皮肉にも、ボスニア、ブルガリア、クロアチア、ハンガリー、イタリア、スロベニアの犯罪組織を惹きつけたのは、シンガポールという国の公明正大なビジネスの評判だった。

こうした犯罪組織は、彼らに融資をしたり事業資金を出資したりする資金提供者――いうなれば株主――のグループを構築していた。ダン・タンらのシンガポール組織はパナマやニカラグア、スロベニア人を資金提供者とし、抱きこんだ選手や審判、コーチ、関係職員に支払う現金を闇で調達した。のちに捜査官たちが突きとめたところによると、ダン・タンとペルマルが荒らしたヨーロッパの試合は、一部リーグと二部リーグをあわせるとオーストリア、ドイツ、ハンガリー、スイスなどをはじめ、かなり広範囲に及ぶ。しかも、資金提供者たちはヨーロッパのクラブのいくつかを買収し、そのオーナーにおさまったりもした。やがてドイツ警察の捜査によって、二〇一〇年ワールドカップ予選のフィンランド対リヒテンシュタイン戦のほか、二〇〇九年のチャンピオンズリーグのリバプール（イングランド）対デブレツェン（ハンガリー）戦にも、彼らの犯罪組織が関与していたことがあきらかになった。

ダン・タンは試合の不正操作もしたが、本質的にはフィクサーであるよりは財政家としての側面のほうが強かった。ダン・タンには、ありきたりの財政知識しかないギャンブラーには見えない風景の変化が見えていた。だから出所したペルマルが国際的な成功をおさめはじめたとき、ビジネスの相棒として誰が適当なのかを、すぐに見抜くことができた。ペルマルとクルサミーのあいだにあった確執などは関係なかった。ダン・タンはビジネスの男であり、感情の男ではなかったからである。そこで、共通の知人であるマレーシア犯罪組織の連絡係《ランナー》を介して、ダン・タンはペルマルを呼び出した。

ペルマルによれば、彼らはシンガポールのスコッツロード沿いにある最高級ホテル、イギリス統治時代の優雅な洋風建築で知られるグッドウッド・パークホテルのロビーで会った。ダン・タンは髪を真ん中でわけ、少年のような風貌をしていた。やり手の犯罪者というより、誠実で熱心なビジネスマンを思わせた。なかなかのもんじゃないか、とペルマルは感心した。

「あなたのことは昔から知っていましたよ」とダン・タンは言った。

「わたしも、あなたのことは聞いています」とペルマルは応えた。

「あなたはずいぶん大勢の人をこけにしてきましたよね」とダン・タン。「でも、まあ気にしないで。過去のことはおいておけばいい。一緒になにができるか考えようじゃありませんか」

ダン・タンは規模の小さい八百長を数回おこなうための金をペルマルに渡し、そのあいだに互いの能力をたしかめあった。次に、ペルマルはダン・タンの援助を受けて中東のシリアへ向かった。シリア地元リーグの選手の月給はおよそ一〇〇〇ドル。ペルマルは何人かの選手に、一回の八百長につき一万ドルを提示した。選手たちはやる気満々だったものの、それに見合うだけの遂行能力がないところを露呈してしまい、三つの八百長計画はすべて失敗に終わった。ダン・タンは金を失ったが、ペルマルと組んで仕事を続け、バーレーンとジンバブエの親善試合で、初の大儲けをした。その後ダン・タンとペルマルは、彼らのさまざまな能力を駆使し、ネットワークをどんどん広げ、破竹の勢いでサッカー界の信頼性をそこねる作業にいそしんでいく。犯罪組織は協力の見返りにあらゆる種類の果実を与えたが、その種の協力には当然それなりのリスクがともなった。「もし裏切ったり、他人を踏みつけにして自分の懐だけ肥やしたりしたら、そいつは深刻なトラブルに見舞われる」と、のちにペルマルは語った。「つまり、そのために自分の命を危険にさらすことになるのさ」

第11章

急成長する八百長ビジネス

二〇〇九年　ケニア　シリア

新たな好機が訪れようとしていた。ウィルソン・ペルマルは、これまでに想像したこともないほどの大金を稼ぐことができそうだった。中国系のダン・タンとつながりのある中国マフィアを介して、シンガポール組織は新たな業務を展開させることにした。東南アジア中に存在する三合会▼23の搾取工場を活用したものである。そこではコンピュータを前にした大勢の労働者が、できるかぎりの速度でキーを叩いて三〇〇〇ドルずつ賭けていく。賭け金は小さいし、広範囲に賭けを散らせるし、クレジットカードの種類は異なるし、これなら合法であろうと違法であろうとブックメーカーに悟られるおそれはない。以前であれば、疑いをまねかずに犯罪組織が一試合に賭けられる額は、どのチームが出場するかにもよるにしろ、およそ一〇〇万ドルが限度だったが、今

▼23　香港に拠点をもつ、複数の犯罪組織の総称。

では総額五〇〇万ドルを賭けられる。シンガポール組織は、ダン・タンとのつながりから、彼のヨーロッパの相棒もこの新規業務に参加できるようにしてやった。しかしそれは、割りこんできた資金提供者たちのためにおこなう仕事の量が増えただけだった。組織が独占していたら、そこから上がる利益は天井知らずになっただろうに。

ペルマルが接触した選手たちは、八百長への協力に積極的というどころではなく、しばしば真っ先に「いくらだ?」と訊いてきた。すぐに世界中の辺鄙《へんぴ》な地域にいる選手や審判、クラブ関係者が同じ態度をとりはじめ、ペルマルや組織の幹部に直接連絡してきては、気ぜわしく臨時収入の希望を伝えてくるようになった。「やあ、来週試合があるんだ。八百長しようぜ」という具合である。

ペルマルの配下がケニアで開催された国際ユーストーナメントに出かけたときには、こんなことがあった。開会式に、お偉方たちがおごそかに列を作って入場してきた。そしてペルマルの代理人がスタンドにいることに気づくと、行列の向きを変え、わざわざ何段もの階段をのぼってきて彼に挨拶をした。賄賂を要求するお偉方全員に、彼が一〇〇ドル紙幣をたっぷり渡しておいたからである。

八百長ビジネスは、目がまわるほどの忙しさになった。八百長は選手から監督、審判、協会職員にいたるまで、あらゆるレベルでおこなわれた。代表チームの監督たちは試合中にベンチから電話をよこし、「もうすぐあなたがたのために一点献上するよ」と伝えてきたものだ。ある国のサッカー協会の会長は、ロンドンからペルマルの配下に電話をかけてきた。「いや、財布をなくしてしまってね。家族連れでここに来ているんだ」と彼は言った。「すまないが、五〇〇〇ドル貸してもらえないか？」組織は替え玉審判を使うこともあった。とはいえ、とりたててその必要に迫られていたわけではない。ペルマルがＦＩＦＡ公認の審判を一〇人以上買収するのに、さほどの時間は要さなかったからだ。彼の仲間の話によれば、ペルマルはアフリカ選手権の大会全体を八百長で仕切ったという。

八百長ビジネスの世界で国際的なプロのギャンブラーになれる人物は、ごくわずかしかいない。ほとんどのギャンブラーは享楽的な生活に溺れてしまう。ペルマルは決してビジネスを忘れず、自分の傘下におさまることの利益を説いては、世界中のあらゆる場所で選手たちを楽しませた。選手に売春婦をあてがうのも、日常茶飯事である。ペルマルがよく使う娼家の一軒は、一五〇ドルがいつもの値段だった。しかし、あるときペルマルが連れていったアフリカ選手の場合はちがった。「やつがことを終えたら、アフリカ人の男が出てきてね」とペルマル。「その店の主人さ。そして、今日の払いは四五〇ドルだと言うんだよ。『なんだって？　一五〇ドルだろ』とおれは応えた。そうしたら『いや、あいつは三回やったんだ』とさ」

二〇〇九年には、ダン・タンはペルマルの資金提供者の中心的存在となっていた。ＦＩＦＡの調査によると、シンガポールの八百長犯罪組織の裏では、ダン・タンのほかに三人のボスが糸を引いていた。彼らは自分たちの合法的な商売で得た金を、ペルマル一派の八百長に必要な買収資金と旅費のために提供していたのだという。ボスたちは互いに協力しあい、犯罪組織が好んで使う国際的な闇取引の一種であるハワラ・システム――ブローカーを通じておこなう領収書なしの現金送受システム——を利用して、誰にも気づかれることなく世界中で金を動かした。

こうした資金源を後ろ盾にしたペルマルはこの世界のトップにのしあがり、飛ぶ鳥を落とす勢いになった。「アサド大統領が国民をコントロールする以上に、シリアサッカー協会を意のままに動かせる」と豪語したこともあった。また、自分の行為を正当化するロジックも作りだした。ペルマルは、自分をサッカー界のロビン・フッドになぞらえた。アフリカや中米、中東で選手たちに金を払ったからこそ、彼らは家を買い、子供を学校にやり、老人や病気の両親にきちんとした医療を受けさせることができた、というのである。「親善試合のあと、あいつらのポケットを一万ドルの札束でふくらませて家に帰したものさ」とペルマル。「若い者にとって、その種の金がどういう意味を持つかわかるかい?」

ペルマルとダン・タンの連携が密になるにつれて、八百長はより企業的な色彩をおびるようになった。ペルマルは、自分も出資するという人間には、誰にでも自由に八百長試合の計画を売った。ある中国人の資本家が一〇万ドルを申し出たとき、ペルマルはそれを元手にシリアへ向かった。その計画が万事うまくいったことをダン・タンが知ったのは、すべてが終わってからだった。

シリア。かつて自分がペルマルと組んで大金を失った場所。ダン・タンは血相を変えた。

二〇〇九年八月、ケニア対マレーシア戦で無得点引き分け《スコアレス・ドロー》試合の八百長を仕組んだペルマルは、その統括をするためクアラルンプールに滞在していた。ホテルの部屋で寝ていると、いきなりドアが開いて一団の男たちがなだれこんできた。ペルマルはこのとき、ダン・タンが経営する旅行会社を使っていた。ベッドのそばで仁王立ちになっている男に自分の宿泊先を教えたのは、ダン・タンにちがいない。「金のことで来たんですか？」とペルマルは男に尋ねた。

パル・クルサミーは答えた。「金のことで来たのさ」

クルサミーはいまだに、一九九六年のアトランタ・オリンピックで八万ドルを失った責任はペルマルにあると考えていた。一三年を経て、その金を回収しに来たのである。ペルマルには、その金を支払う以外の選択肢はなかった。この騒動があったあとも、ペルマルとダン・タンは手を組んで仕事をしていくことになるが――複雑な八百長ビジネスを展開していける人間はそう多くなかったから――彼らのあいだに存在していた信頼関係は永遠に失われた。

第12章

FIFAによる追跡の開始

二〇一〇年　カタール　チューリヒ

カタールは人口二〇〇万人の小国である。とはいえ、炭化水素が豊富なペルシア湾沿いに位置するため、世界第三位の天然ガス埋蔵量を誇る。国民一人あたりのGDP（国内総生産）も高く、二〇一二年度には一〇万ドルを超えて世界一にランクされたほどだ。[24] 堅調に推移している経済情勢をふまえ、カタール国家首脳は、ワールドカップ開催国に立候補してもさしつかえあるまいと考えた。ワールドカップの開催時期にあたる六月から七月は、砂漠の暑熱と湿気が耐えがたいほどひどくなるため、カタールが選ばれる確率はかなり低いかもしれない。しかし、そんなことで逡巡してはいられなかった。カタールサッカー協会の職員たちは、ブラッター会長いうところの「サッカーファミリー」の名誉ある一員であることを示すため、全力をあげて取り組んだ。イー

▼24　2005年以降つねに4位以内につけており、2013年度は3位。

トンがＦＩＦＡで働きはじめた頃には、二〇二二年のワールドカップ開催国選出に向けて、カタールは追い込みにかかっていた。

この重大局面において、いかなる不手際もおかすまいとカタールサッカー協会の職員が神経をとがらせていたところへ、二〇一〇年九月一二日、奇妙な電子メールが舞いこんできた。トーゴ対バーレーンの不正疑惑試合[25]があってから、わずか五日後のことである。メールのタイトルには「四か国による国際Ｕ－23ユーストーナメント」とあり、本文は次のようなものだった。

拝啓

弊社は二〇一〇年一〇月一〇日から一四日の日程で、二三歳以下のユースカップをカタールで開催したいと考えております。

招聘三チームの航空運賃と宿泊費用は、当方で負担することになっております。

この件につきまして、ご相談する機会を早急にもうけていただければ幸甚に存じます。

前向きのご返答をお待ちしております。

いったいこの電子メールをどう理解すればいいのか、カタールの職員たちにはわからなかった。見ず知らずの団体からこんな申し込みが来ること自体、おかしな話だった。しかも、メールの文面からすると、トーナメントに出場するほかの三チームとの契約はすでにすませているらしい。そのうえ、準備を整える時間はほとんどない――一か月もない――ここは中東、仕事を〝急ぐ〟

▼25　2010年9月7日にバーレーンの首都マナーマでおこなわれた試合。3-0でバーレーン代表が勝利したが、トーゴ側に代表チームを派遣した事実はなく、戦っていたのは偽の代表チームであったことが発覚した。第17章に詳述。

という文化は存在しない地域である。ワールドカップ開催国になれば、約一〇〇億ドルもの経済効果が見込まれるため、国際サッカー界は陰謀渦巻く、一筋縄ではいかない政治の世界だ。二〇二二年ワールドカップ開催国決定の投票前夜に来たこのメールは、カタールの立候補を間接的に妨害するために仕組まれた謀略なのだろうか？　彼らは、調査するにしかず、との結論を出した。そしてウィルソン・ペルマルは、それを簡単にしてくれていた。メールの末尾に自分の本名を書いていたからである。

ペルマルの不遜な態度（彼は自分自身のアカウントから電子メールを送っていた）は、誰も彼を追跡していない証拠だった。彼がおそれるものはなにもなかった。ペルマルがカタールサッカー協会に送った電子メールは、いつもの八百長戦略にのっとったものだった。一つ、世界の中心からはずれた国に接触する。一つ、複数の親善試合の手配を申し出る。一つ、内部に食いこんで八百長のための窓口を確保する。しかし、今回のペルマルは手を伸ばしすぎた。成功し続けてきた年月のせいで、慢心していた。そして致命的なミスを犯した。ペルマルは戦略の要、つまり、破産状態を解消してくれる経済援助と引き替えに不正に目をつぶってくれそうな、貧しい国のサッカー協会にアプローチするという原則を無視したのである。たしかに、カタールはサッカー界での序列からいえば低い国かもしれない。しかし、破綻寸前のサッカー協会をかかえる貧しい国ではなかった。金は、カタールがまったく必要としないものだった。カタールが欲していたのは金ではなく、尊敬だったのだ。

ペルマルの電子メールを受け取ってから一週間後、カタールサッカー協会事務局長のサウド・

アルモハナディは、アジアサッカー連盟（ＡＦＣ）会長のモハメド・ビン・ハマムに手紙を書いた。カタール人のビン・ハマムは国際サッカー界の重鎮の一人で、ＦＩＦＡの理事を一五年間務めていた。理事会はそのとき、二〇二二年のワールドカップ開催国を決めるためにチューリヒ本部の地下で会合を重ねており、二か月以内に結果が発表されるはずだった。アルモハナディは、トーゴ対バーレーンの不正疑惑試合に関する報告をしたあと、次のように書き添えた。

この試合にかかわっていると考えられるエージェントは非常に精力的で、多数の協会に接触している点を重視していただきたいと存じます。先日、その人物がわれわれにユースカップの開催を申し込んできました。その電子メールを同封しましたので、ご覧ください。

当該エージェントと関係する際は注意するよう、ＡＦＣから全加盟協会に警告を出してくださるようにお願い申し上げます。

ビン・ハマムはこの手紙を、ＦＩＦＡ事務局長のジェローム・バルクに渡した。二〇一〇年一〇月下旬、手紙はイートンのもとにまわってきた。「手紙はオフィスにすっ飛んできたよ」とイートンは言う。「とうとうＦＩＦＡはセキュリティの責任者になったからね、手紙を託す相手がいたというわけさ」

ワールドカップ南アフリカ大会が大過なく終わったあと、ＦＩＦＡはイートンを初代保安部長として雇った。イートンは、四年前に二億ドルをかけて新築された、鉄とガラスでできたチューリヒ本部に着任した。建物の三分の二は地下にある。その設計が、ＦＩＦＡという組織の排他性を物語っていた。そして、サッカー界に蔓延する八百長と汚職に対する批判が高まり、ＦＩＦＡは一般社会の信頼を失いつつあった。

イートンのデスクも、やはり地下にあった。スイスの法律では、雇用者は職員に自然光の入る仕事場を提供することが義務づけられている。だがイートンのオフィスには、建物中央の吹き抜けから射しこむ日光が入ってくるだけだった。イートンに新しい仕事場を見せたとき、バルク事務局長は謝罪した。ＦＩＦＡの規模は急速に大きくなっていてね、ここしか場所があいていないんだ。

しかし、イートンはほとんど気にしなかった。するべき仕事で頭がいっぱいだったからである。カタールサッカー協会に宛てたペルマルの電子メールを読んだとき、末尾に書かれた名前を見ても、ぴんと来るものはなにもなかった。警官時代、ウィルソン・ペルマルのような犯罪容疑者を無数に扱ってきた。その頃とのちがいはただ一つ、もはやイートンは警官ではないということだ。警官バッジも、銃も、逮捕する権限もない。そして、八百長がどうやっておこなわれるかも、八百長市場の中心人物たちについても、まだなにも知らない。装備もなければ情報もないまま、丸腰で船出したようなものだ。イートンにあるのは、好奇心と熱意だけだった。

イートンは地道に証拠を集め続け、ジンバブエの何人かの審判がペルマルという人物について苦情を申し立てている手紙を見つけた。さらに、フットボール４Ｕという会社についても調べた。すると、イクスクルーシブ・スポーツという別の興行会社が、やはりペルマルの名義でシンガポールに登録されていたことがわかった。現在、その会社はあるタクシー運転手のものになっており、その男はペルマルがなぜ、そしていくらで彼に会社を売ったのかについて、答えることができなかった。

調査を進めていくうちに、こうしたトンネル会社に関連して、さまざまな、ときにはよく似た名前が続々と出てきた——アンソニー・ラジ・サンティア、ブラップ・ジョンセン、ウィルソン・ラジ、ヘディー・ラーセン、ペルマル・ラジ——イートンは苦心しながら、これらの名前に整理をつけていった。やがて、証拠となる契約書や、ペルマルのトンネル会社の活動を報じる記事を南米、中米、ヨーロッパ、中東で見つけた。アフリカでは、選手や審判が〝ラジ〟としか知られていない興行主の話をした。「こうした事実が次々に明るみに出てきたんだ」とイートンは言う。「あちこちに繰り返しペルマルが登場した。全体像はすぐにはっきりしてきたよ」。イートンはペルマルの手法もあきらかにしていった。通常、ねらいをつけた国のサッカー協会に対して、ペルマルの会社は試合ごとに三万ドルを支払うほか、別途に経費として一万六〇〇〇ドルを渡す。どの試合の契約書にも、ペルマルの会社への報酬についてはいっさい書かれていない。たんに、審判を選ぶ権利がペルマル側にあることを規定しているだけだ。すべての支払いは現金でおこなわれていた。事実の断片を組み合わせていくうちに、イートンの心からは、しだいにロビン・ボクシッチの影が薄れていった。ワールドカップのときにＦＩＦＡに潜入しかけたクロアチア人よりも、このシンガポール人の策略のほうがずっと狡猾であるように思われた。ペルマルの活動がどれほど広範囲にわたっているかがわかってくるにつれ、イートンは世界地図を眺めながらつぶやいた。「たった一人の警官に、どうしてこのすべてを調査できる？」イートンには、援軍が必要だった。

イートンはバルク事務局長に「調査員チームを雇いたい」と申し出た。イートンを雇ったのは組織全体のセキュリティ管理のためであって、八百長の調査のためではなかったが、バルクはイートンの要請を受け入れた。なぜなら、現在、ＦＩＦＡは八百長撲滅に向けて積極的な役割を――世界の先頭に立って――果たすという姿勢を示そうとしていたからである。イートンは自分と同じ、元警官のメンバーで調査チームを立ちあげた。部下を選んだ基準は「実行力に富み、犯罪に対して一歩も譲る気がないこと」のほか、愛想がいいこと、人間関係を構築する能力があること、だった。オーストラリア人、イギリス人、スペイン人からなる三名のチームが発足した。イートンは三人の部下に「それぞれ単独で、積極果敢に」作戦を遂行する自由を与え、世界各地――クアラルンプール、コロンビア、イギリス――に派遣した。はじめのうちは、イートン自身はチューリヒのＦＩＦＡ本部にとどまっていたが、やがて部下とともに八百長の影を追いながら世界を飛びまわるようになり、パスポートは各国のスタンプだらけになっていった。「ＦＩＦＡでそれなりの仕事をしながらキャリアを締めくくるつもりだったが」とイートン。「これまでに経験したことがないほど忙しくなってしまったよ」

二〇一〇年が終わりに近づいた頃、ある容疑者の姿が浮かびあがってきた。ウィルソン・ペルマル。カタールとジンバブエのほか、エルサルバドル、ペルー、コスタリカにも情報があった。「ペルマルは世界中に足跡を残していた。やつは巧妙に立ちまわっていた。われわれはやつのあとを追った。やがて、われわれの入国とやつの出立の時間差は、しだいに短くなっていった」

南北アメリカ大陸で丹念に調べていくうちに、イートンはペルマルのトンネル会社がアルゼンチン、ボリビア、パナマでの不正疑惑試合に関与していたことを突きとめた。また、トンネル会社の一つとエルサルバドルサッカー連盟が癒着していることも確実と思われた。中南米担当の部下とともに、中米の小国エルサルバドルの首都サンサルバドルを訪れ、連盟オフィスで首脳陣と面談したところ、同席していた幹部の一人、元連盟長が情報の提供と引き替えに六〇〇〇ドルを要求してきた。金を払うために訪問したのではないし、ましてや仲良くなるためでもない。エルサルバドルの代表チームがこれまでの数々の試合に加え、二〇一〇年にフロリダ州タンパで開かれたアメリカとの親善試合でも八百長をおこない、二対一で敗れた証拠をイートンは握っていた。これは、彼の調査の第一歩だったが、その完了までにはあと二年かかることになる。

オフィスがFIFA本部内のどこにあろうと、結局のところ問題ではなかった。イートンはほとんどそこにいなかったからである。ペルマルを、いやラジかウィルソンか、ほんとうの名前がなんであろうと、この正体不明の幻を見つけだすためには、現場に出るしかない。飛行機のファーストクラスを降り、八百長疑惑のある国で黒のセダンに乗り込みながら、イートンはたびたび心のなかで、ときには声に出してつぶやいた――「待っていろ、追いつめてやるからな」。獲物を目の前にとらえるためには、イートンは時間をさかのぼり、ペルマルの過去の活動を再構築する必要があった。

第13章

シンガポールからの脱出

二〇〇九年　シンガポール　フィンランド

シンガポールのショッピング街の人混みからあらわれたダニー・ジェイ・プラケシュは、こう言った。「ぼくたち、お互いにすぐ相手のことがわかったみたいだね」。カフェに入って座ると、プラケシュは穏やかな口調でエスプレッソを注文した。エアジョーダンの赤いTシャツを着て、両耳にダイヤのスタッドイヤリングをつけている。四〇代後半だが、贅肉《ぜいにく》はなく、とてもその年齢には見えない。顔にもしわひとつない。イートンの部下のFIFA調査員が、ある午後の会合を終えたプラケシュが監視を振り切って逃げたときの様子を話してくれたことがあった。プラケシュはホテルのロビーを全速力で駆け抜けると、従業員用の通路にひそみ、外の擁壁《ようへき》を飛び越えて、雑踏に消えたのだという。

プラケシュは気さくで人を惹きつける魅力があり、話しやすかった。もちろん、フィクサーはこうでなくてはならない。プラケシュは、ある試合に仕組んだゴールの数を自慢した。八百長などは簡単だと彼は言う。「中米の選手か、アフリカの選手がいればどこでも――ヨーロッパでだって――できるよ」。そして旧友のペルマルのこと、なぜ彼らが袂《たもと》を分かつことになったかについても話してくれた。

その頃のペルマルは絶好調だった。世界中を欺《あざむ》き、自分自身が決めたルールで動き、自分の利益のために資金提供者を操った。スタジアムのロッカールームに顔パスで出入りし、選手たちを引き連れてナイトクラブへ繰り出し、小金がほしくて友人になりたがる要人たちと会った。ペルマルは興行主だった。また、中国の三合会、イタリアのマフィア、ロシアの犯罪組織のために働く工作員であり、年に数十億ドル規模で動く、国境を越えて密につながる不正事業の窓口だった。ペルマルは手段を選ばず、強引に八百長を仕組んでいった。爆発的な経済成長を続ける中国から無尽蔵に湧いてくる現金を意のままに動かすペルマルは、誰にとっても最良の友人であり、人を簡単になびかせる誘惑者だった。彼はついに、八百長界の大立て者になったのである。しかし、これはもちろん、世間に公言できる職業ではない。

ペルマルのメリーゴーラウンドはコスタリカで止まった。必要な仕掛けを終えてサッカー連盟を手中におさめると、一日の暇ができた。ペルマルはホテルの部屋にこもり、賭けをはじめた。自分の仕組んだ八百長試合に賭けるだけではものたりなかった。それでは、ギャンブルとはいえない。トランプの一人遊びのようなものだ。保証を生業《なりわい》とする男は、自分が保証した八百長では本物のスリルを味わえなかったのである。バスケットボールのシカゴ・ブルズ。サッカーのマンチェスター・ユナイテッド。ペルマルは、不正操作がないとわかっているクラブや競技に次々と賭けていった。八百長をやり遂げる資質――選手の動きを読み、市場の微妙なニュアンスを感じとる能力――が、心のおもむくままに選んだ、結果のわからない試合に金を賭けるときにも生かされた。「彼はあのホテルの部屋で一二時間賭け続けていたっけ」とプラケシュ。「そして、一〇〇万ドル儲けた」

だが、労せずにして得た金がどれほどあろうと、自分も承知の上で負ったリスクが現実のものになってしまえば、なんの意味もない。ペルマルはとめどなく賭けたので負けも大きく――「彼は三か月で一〇〇〇万ドルすったんだ」――やがて彼は危険なゲームに足を踏み入れていった。

ペルマルが感じはじめていたプレッシャーは、二〇〇九年五月、彼がシンガポールのチャンギ空港から出て、不法駐車していた自分のホンダ車に警備員が違反切符を書いている姿を見たとき、表面にあらわれてしまった。「おれは一試合に三〇万ドル賭けたんだぞ」とペルマルは考えた。「二〇〇ドルの違反切符がどうだっていうんだ？」しかし、金額は問題ではなかった。ペルマルの問題は、当局だった。

下手に出て頼んでみたものの、警備員は無視して切符を書き続けた。運転席のドアを開けると、警備員がぴしゃりとペルマルの手首をはたいた。「だめだ、運転は。もう警察を呼んである」。ペルマルはかっとした。彼は選手や審判、コーチたちに強い態度でのぞんできた――犯罪組織とつながりがあることを示せば、相手を怖がらせるのは容易である——だから、たいていは強面《こわもて》でうまくいった。それなのにこの警備員は、自分を前にしても頑として態度を変えようとしない。ペルマルは頭に血がのぼるのを感じた。落ちつこうといったん空港内へ戻った。自分がこうむる損害の大きさや、これまでの犯罪歴と現在の不正事業のことを考えれば、おとなしく違反切符を受け取り、罰金を払うほうが利口だったろう。だが、そうするかわりにペルマルは、車にもどり、ふたたび運転席のドアを開けようとした。すぐに警備員が駆け寄ってきた。ペルマルはその場で相手を迎え撃った。警備員ははね飛ばされた。のちに検察官は、ペルマルが暴力をふるったと断定した。大急ぎで空港の駐車場を出るとき、車のフロントコーナーパネルが警備員の脚をかすめていった。

ペルマルは暴行容疑で逮捕され、有罪判決を受けた。ペルマルの前科を重く見た裁判長は、通常よりもきびしい量刑を言い渡した。五年の実刑である。これまで無数の犯罪をおかしてきたペルマルにとって、たかが警備員とのいざこざで最大の代償を支払わなければならないというのは、受け入れがたいことだった。もはや四五歳。ようやく八百長のキャリアを復活させたばかり。五年の刑務所暮らしのあとに自分がどうなっているのか、想像すらできなかった。シンガポールは、世界のどこよりも大勢のフィクサーを輩出し、彼らが犯罪の機会を求めて世界をめぐり歩いても、なんの手出しもしてこなかった。それなのに、今、これしきの前科の記録を見たとたんに、喜び勇んで鉄槌を食らわそうとしている。ペルマルは五年という年月の持つ意味を考え、服役しないことに決めた。

判決が出たあと、保釈金を払って一時的に自由になったペルマルは、この苦境を脱する方策を無我夢中で探しはじめた。抜け道はどこだ？　あるアイデアがひらめいた。ペルマルは、ラジャ・モーガン・シェリアーという友人名義のパスポートを、なんとか手に入れることに成功した。ただし、ペルマル自身の写真が付いたものである。このパスポートでシンガポールを出られさえすれば、もう思いわずらうことはない。たとえヨーロッパのどこかの国境で、税関職員のコンピュータ上に、ICパスポートに内蔵された本物のシェリアーの写真が映しだされたとしても、逃げ切れるだろう。「白人にインド人の区別なんかつきゃしないさ」とペルマルは考えた。国内ではもう一つ別の問題があったが、これは簡単に解決した。シンガポールのパスポートには、生体認証情報も組みこまれている。しかし、それをチェックできるのは空港の出入国審査官だけだった。マレーシアへ渡る道路の検問所には、パスポートの親指の指紋を照合する光学画像装置はまだ備えつけられていない。陸路で行けばいいのだ。

過去にもペルマルは逃亡を試み、その代償を支払った。今回また警察に捕まったら、その罰はどれほどのものになるのだろう、とぼんやりペルマルは考えた。それに、脱出できたとしても、そのときはそのときで支払わなければならない代償があった。どれほどこの地の司法制度に敵意を抱いていようと、シンガポールは故郷だった。そして事業の本拠地でもあった。財政的支援は、シンガポールから来ていた。ペルマルはさまざまな選択肢を秤《はかり》にかけ、とるべき道は一つしかないと結論を出した。二つの国をむすぶジョホール・コーズウェイを車で走り抜け、マレーシアに入ったとき、ペルマルはふたたび自由を手に入れたが、同時に逃亡者となった。このとき彼の心に重くのしかかっていたのが、いったいなんだったのか、簡単に言い切ることはできない。巨額の負債か、別の新たな最優先事項か――それはすなわち、二度と母国シンガポールの土を踏まないよう逃げ続けることだった。

ペルマルは新しい本拠地を定めなければならなかった。そこでロンドンに移り、〝サッカーの聖地〟と呼ばれるウェンブリー・スタジアムの近くにワンルームのアパートメントを借りて、六か月分の家賃を前払いした。ワールドカップ南アフリカ大会が開催される一年前のことである。そしてペルマルは、多くの国際試合にその足跡を残していった。大勢の選手やコーチ、審判、サッカー協会職員を八百長に引き入れた。さらには、国内リーグの試合、注目度の高い親善試合、ユースの試合のほか、テレビ中継もされなければ数十人程度の観客しか集まらない、はげた芝生の上でおこなわれる試合にいたるまで――彼は、アジアのブックメーカーが関係するものなら、試合中の賭けが設定されるものなら、どんなものにも八百長を仕組んだ。ペルマルの活動範囲は六〇か国以上に及んだ。ペルマルや仲間の連絡係《ランナー》や仲介者を追跡してくる者は、誰もいなかった。八百長を告発するために制定された法律もなかった。そして、フィクサーの身元は容易につかめなかった。ヨーロッパの警察に、アーブラーという名前のフィクサーに関する情報が寄せられたことがある。これは、ダン・タンの変名の一つだった。当局はなんとかその人物の写真を入手したものの、名前のとおり▼26、まったくのピンぼけで使いものにならなかった。

偶然に警官が不審な人物に遭遇することがあっても、彼らはそれがなにを意味するのか、正確

▼26 「ブラー」は不明瞭・不鮮明の意味。

に把握できなかった。あるとき、中米ホンジュラスの首都テグシガルパのトンコンティン国際空港で、国境警備員がペルマルの仲間の一人、ジェイソン・ジョー・ルルドのスーツケースのなかに八万五〇〇〇ドルもの紙幣があるのを発見した。このときルルドは、グアテマラのチームのゴールキーパーと移動中だった。ルルドは織物業者だと名乗り、自分は少々ギャンブルもするので、これだけの現金が必要なのだと説明した。また別の機会にも、国境警備員はルルドのスーツケースに五万ドル入っているのを見つけた。いずれのときも、ルルドは無事にその場から歩み去った。

熱意のない、中途半端な八百長捜査はFBI以前の時代、隣国同士の警察機関が協力しあわず、犯罪者がやすやすと国境を越えていった時代を思いださせた。警察が追ってこないせいで、ペルマルは増長していった。テレビ中継されない試合の情報を収集するため、賭け屋はたえず伝達員を雇っている。ペルマルはこうした伝達員のうちの何人かを簡単に買収し、嘘の試合日程を定期的に報告させて、ブックメーカーをだました。実際には試合はおこなわれないにもかかわらず、こうした〝ゴースト試合〟は国際的なブックメーカーの日程表に掲載された。誰一人として彼らの活動に気づかない現実を嘲弄してやろうと、ペルマルと相棒たちはトンネル会社の重役用にうさんくさい偽名――ヘディー・ラーセンとかブラップ・ジョンセンとか――をこしらえた。もちろん、後者はFIFA会長のゼップ・ブラッターをもじったものである。ペルマルは世界に冠たるサッカー機構をあざ笑っていたのだが、当のFIFAはそれに気づいていなかった。

買収したり嘘をついたりして八百長を仕組むたび、ペルマルは必死にその成功を祈ったが、選手が指示したとおりに動かないとか、フィールド上で予想外の事態が起こるとか、アジアの組織が決めた合計得点が選手にうまく伝わらないとか、なんらかの手違いが発生すれば八百長は苦い結果に終わる。ペルマルはたいてい帽子を使って、観客席から試合中の選手に合図を送った。たとえば、かぶっている帽子の向きを横に変えたら、前半中に相手に三点献上しろ、という具合である。また、建前上はあらゆる試合をＦＩＦＡが認可することになっているが、実際は多くの試合が認可なしでおこなわれているという実態も逆手にとって利用した。重要なのはただ一つ、合法か違法かを問わず、大手のブックメーカーが日程表に試合を掲載し、その賭け市場を出現させるということだけだった。

ペルマルは無一文のサッカー関係者を求めていたので、仲間とともに世界の最貧地域にわけいって、困窮したサッカー協会を探しまわった。「一度なんか、トリニダード島で銃を持った麻薬ギャングの幹部たちに、サトウキビ畑のなかへ連れて行かれたこともあったよ」とプラケシュ。「女房に電話して『今回は家に帰れそうもない』と伝えたっけ」。ペルマルたちが作戦を展開できなかった国はメキシコだけである。メキシコを仕切っているカルテルが、よそ者の活動を認めなかったからだ。それ以外の場所では、どんなチームでも落とせるという自信をみなぎらせて、彼らは突き進んでいった。

世界各地で危険と隣り合わせの仕事をして成功をおさめてきた彼らは、もはや誰にも文句を言わせなかった。二〇〇九年六月、ペルマルは二つの親善試合のために、ジンバブエの代表チームをマレーシアへ連れていった。ジンバブエは初戦、四対〇でマレーシアに負けた。組織はその八百長で利益をあげたが、選手たちは不服だった。ペルマルが金を払わなかったからである。マレーシアとの第二戦目、ハーフタイムのときに選手たちはペルマルにつめよった。シャー・アラム・スタジアムのビジターチーム用のロッカールームで、選手の一人が「おれたちは後半に出ないからな」と言い放った。するとペルマルが、コートの前を開いた。調査員によると、このときペルマルはズボンのウエストバンドにピストルをはさんでいたのだという。「マレーシアから生きて帰れなくなってもいいのか」とペルマルはすごんだ。選手たちは後半戦のためにフィールドへもどり、一対〇で負けた。だが、試合が終わってほどなく、戦っていたのはジンバブエの代表チームではなく、モノモタパ・ユナイテッドというクラブチームだったという噂が広がった。ペルマルは、新たな危険をおかしはじめていた。

彼らにとって遠すぎる土地はなく、きびしすぎる気候はなかった。ペルマルの話によると、フィンランドの一部リーグ、ヴェイッカウスリーガで彼らの八百長事業の下工作をしていたのは、メガナサン・スブラマニアンだという。一般には、サイモン・メガダイアモンドという芝居がかった別名で知られている男である。ペルマルはフィンランド北部のロバニエミ市に本拠地を置くサッカークラブ、ロバニエメン・パロセウラ（RoPS）の練習場で彼と合流し、まず失敗することのない、いつもの作戦に着手した。彼の来訪にそなえてスブラマニアンが連絡をつけていたのは、チームの主将で、すでに八百長経験のあるザンビア人のクリストファー・ムソンダだった。◆3

二〇〇九年九月二四日の午後、ムソンダは自転車に乗って、ロバニエミ市郊外を流れる川にある釣り堀へ向かった。北極圏にほど近いこの白い町では、ムソンダの姿はひどく目立った。もう、

◆3　スブラマニアンは、ペルマルと知り合いであることは認めているものの、自分はシンガポールの一介のタクシー運転手であり、八百長にかかわったことはいっさいないとして容疑を否認している。

家族には電子メールで写真を送ってあった。そびえ立つ雪だまりの前に立ち、大きな氷の塊《かたまり》を手にした自分の写真である。故郷からは、遠く離れた土地だった。それでも孤独ではなかった。RoPSにはムソンダのほかに四人のザンビア人選手がいたし、監督のゼディ・サイレティもザンビア人だったからである。

ムソンダは二人のチームメイトと連れだって、川岸のほうへ自転車を漕いでいった。サイレティ監督は先に着いて待っていたらしく、見たことのない三人の男と一緒だった。男たちは英語を話したが、ムソンダには東欧なまりがあるように聞こえた。RoPSは数日後に、トゥルン・パロセウラ（TPS）というクラブとの試合が組まれていた。この紳士方は、どういう結果になることになっているか、選手たちにきちんと理解しておいてもらいたいのだ、とサイレティは説明した。RoPSは四対二か、三対一か、三対〇で負けなければならない。

サイレティは釣り堀までライトバンで来ていた。東欧人のうち、禿《は》げの巨漢がムソンダを車に招き入れ、そこで四〇〇〇ユーロを渡したあと、試合後にもう四〇〇〇ユーロ渡すと請けあった。「だが、終了後のスコアがこちらの望みどおりじゃなかったら」と男は言った。「おまえら全員をこの車につめて川に沈めてやる」。男はにこりともしていなかった。ムソンダは、のどから手が出るほどその金がほしかったものの、返せるものなら金を返してしまいたいと思った。試合までの数日間、「試合に負けなかったらいったいどうなるんだろう」と考えると、ムソンダは眠れなかった。RoPSがうまいこと――四対〇だったが――負けたときは、心の底からほっとした。ムソンダとチームメイトたちが受け取った後金は、四〇〇〇ではなく一〇〇〇ユーロだったが、誰も文句を言わなかった。利用されたのはわかっていたが、なにができるわけでもなかったからだ。ところが、それほど恐ろしい思いをしたにもかかわらず、彼らは簡単に稼げる金に味をしめた。

二〇〇九年一〇月一六日、翌日の最終戦でフィンランドのサッカーシーズンが終わるという日に、あるホテルの一室で、ペルマルとスブラマニアンはムソンダに会った。ペルマルがねらっていたのは、ムソンダを籠絡して、彼らが川岸で会った八百長グループからこちら側へ鞍替えさせることだった。フィンランドのサッカーリーグをめぐっては、すさまじい暗闘があった。なぜならフィンランドは、真夏にサッカーの試合がおこなわれる、世界でも数少ない国の一つだったからである。賭博市場が停滞する季節に、唯一活動できる場所なのだ。二〇一〇年のRoPSのリーグ戦全体での八百長協定をむすびたい、とペルマルはムソンダに持ちかけた。そして「クリスマスプレゼントだよ」と一万ドルを渡した。「来年の協力の足しになればと思ってね」。それはペルマルを魅力的に見せる、いつもの策略だった。「選手のところへ押しかけていって、その場で八百長を仕組もうとしてもだめさ」とペルマルは言う。「まずは、買い物とかに連れ出すんだ。ちょいとした服を買ってやる。サッカーシューズなんかも買ってやる。そいつが使えないとわかったら、経費として処理すればいいだけだからな」

第14章

ワールドカップ直前の工作

二〇一〇年四月　南アフリカ共和国

ペルマルにとって、二〇一〇年のワールドカップはまたとない機会だった。大会がおこなわれる一か月間、賭博市場へ流れ込む金は飛躍的に増えるだろう。本大会前の強化試合とて例外ではない。二〇一〇年四月一〇日、フットボール4Uは、南アフリカ共和国サッカー協会（SAFA）会長クリステン・ネマタンダニに宛てた手紙を書いた。ワールドカップ開催の二か月前のことである。文面は次のようなものだった。

拝啓

審判交換プログラムの件につき、ヨハネスブルグでご相談の機会を得たいと存じます。

このプログラムに関しまして、貴連盟とご協力できればと考えております。

わたしどもは、中東諸国で開催される国際親善試合ならびに国内リーグ戦に、ＦＩＦＡ資格要件を満たした南アフリカの審判員を招聘したいと思います。上記地域におきましては、弊社が主審ならびに副審の手配を仲介しております。

つきましては、その交換といたしまして、二〇一〇年五月から六月におこなわれる国際強化試合のために、アフリカサッカー連盟からＦＩＦＡ資格要件を満たした主審ならびに副審を選出する際、弊社が喜んで貴連盟のお手伝いをさせていただきます。

また、近い将来、貴連盟と共同でユースカップや国際親善試合を企画できれば幸いです。


この手紙には〝イベント企画担当重役　ウィルソン・ペルマル〟と署名してあった。ＦＩＦＡの調査員によると、二〇一〇年四月二九日、ワールドカップの決勝戦が予定されているヨハネスブルグのサッカー・シティ・スタジアム内のＳＡＦＡオフィスに、ジェイソン・ジョー・ルルドが姿を見せたという。ルルドは「モハマド」と名乗って受付係に四月一〇日付の手紙を見せ、審判部長に会いたいと申し出た。

スポーツの大会としては世界一の利益をあげる巨大な祭典を開催しようとしているのに、ＳＡＦＡの財政は困窮していた。ＳＡＦＡの新しい最高経営責任者に就任したばかりのレスリー・セディベは、南アフリカ代表チームに不可欠と思われる強化トレーニング費用をまかなうために、新たなスポンサー契約を獲得しようと必死だった（セディベの不安は的中した。南アフリカは一次ラウンドで敗退し、開催国としては初めて決勝トーナメントに進めなかった）。こうした財政危機のせいで、SAFA首脳陣のあいだには亀裂が生じており、ペルマルの格好の餌食となる条件がそろっていた。

サッカー・シティ・スタジアムで、ルルドはSAFA審判部の臨時部長スティーブ・ゴダードと会った。ごく簡単に、フットボール4Uが得意とする提案の概要を話すと、ゴダードはルルドを南アフリカ代表チームの責任者リンディル・〝エース〟・キカに引きあわせた。ルルドはまた、目前に迫ったワールドカップを統括するデニス・マンブルとも話をした。マンブルもルルドの話を聞くと、新最高経営責任者のセディベと会ったらどうかと勧めた。なんとサッカー・シティ・スタジアムに着いて一時間もしないうちに、ルルドはSAFAの首脳と内密の会議をする段取りをつけたのである。サッカー界に身をおく者であれば、シンガポール人がオフィスに予告なしにあらわれて儲け話を持ちかけてきたら、警戒してしかるべきだったのだが、そうはならなかった。貧窮するSAFAにとって、フットボール4Uとの提携は魅力的なアイデアに思われた。

この三年前、二〇〇七年五月に開催された第五七回FIFA総会において、新しい規則が裁可されていた。そのうちの第一三条第一項（e）は、FIFAに加盟している各団体——つまり南アフリカ共和国サッカー協会（SAFA）などの団体——は、かならず審判委員会を設置しなければならない、と規定している。条項はさらに続き、それぞれが所属する協会を代表して、この審判委員会が協会主催の試合の主審と副審を選定すべきこと、と規定している。つまり、二〇一〇年五月一一日にレスリー・セディベがウィルソン・ペルマルと交わした、審判を選任するSA

ＦＡの権利をフットボール４Ｕに譲渡する契約は、ＦＩＦＡの規則に違反していたことになる。規則というものは、守られなければ意味はない。

この契約をはじめとして、もろもろの手を打ったペルマルは、着々とワールドカップのための準備を進めていった。ペルマルとダン・タンはふたたび手を組んで仕事をしていた。ところが、ダン・タンは冷水を浴びせるような知らせをよこした。自分にはヨーロッパに四人の相棒がいる。支出も利益も、全員で五等分することで話がついた。つまり、相棒が仕組んだ八百長に自分がからんでいなくても、分け前をもらえることになる、というのである。「今回のワールドカップは五人の頭割りだ」とダン・タンは言った。なめやがって、とペルマルは思った。「あいつの相棒が八百長をしたら、おれは分け前をもらえないのに、あいつだけ分け前を受け取る。そして、おれが仕掛けた八百長で、あいつら全員がうまい汁を吸うんだ」。それでもペルマルは、ダン・タンの申し出にしたがった。ほかに選択肢はなかったからだ。しかし、その埋め合わせをする方法についての策を練りはじめた。

動いている金は莫大である。とはいえ、その勘定はおおざっぱで、いちいち細かい会計処理はなされていない。ダン・タンのポケットに手を突っこむことなど簡単だ、とペルマルは気づいた。ダン・タンらシンガポール組織のボスたちは、闇現金決済のハワラ・システムを使って八百長に必要な経費をペルマルに送ってくる。その予算を水増しして申告すればいいのである。「必要経費が三〇万ドルだったら、ダンには四〇万ドルと伝えたのさ」とペルマルは言う。ギャンブルの負債が山のようにふくらんでいたので、ペルマルはかき集められるだけの現金を集める必要に迫られていた。収支を黒字にもどす唯一の方法は、違法賭博組織に渡す金を少なくすることだけだった。ときにはわざと八百長に失敗し、浮いた金を自分の懐《ふところ》に入れて、ばれないようにと願うこともあった。いいわけなら用意してある——もともと八百長試合はうまくいかないことが多いから、と。そう、どちらにころぶかはわからないものなのだ。できることなら二人の顧客に相矛盾する八百長を持ちかけ、両方から金をもらって、どちらか一方の八百長を成功させるだけですませたかった。しかし、これは長く続く戦略ではない。なぜならそのうちに出資者は、儲かりもしないギャンブルに金を出すのをやめてしまうだろうから。一方ペルマル自身は、これだけせっぱつまっているというのに、ギャンブルをやめることも、金を失わずに貯めておくこともできなかった。ペルマルは深みにはまり、あるボスには一〇〇万ドル、もう一人には五〇万ドルの借金を負っていた。数千万ドルもの額を八百長取引で扱っているのに、いったいその金がどこに消えていくのか、ペルマルにはわからなかった。しかしダン・タンは、それをきちんと把握していた。ペルマルはある部下をエジプトに派遣し、国内リーグでの作戦の模様を監督させていた。その男は金を勘定してみて、ペルマルが一部をくすねていることを悟った。ペルマルよりもダン・タンにつくほうが得策だと判断した男は、ボスの財布が実際よりも軽くなっている理由を注進に及んだ。

第15章

北の地で

二〇一〇年七月　フィンランド

二〇一〇年七月一七日、ワールドカップが終わって六日目のこと、ペルマルはヘルシンキにいた。フィンランドのサッカーシーズンがはじまる週である。ペルマルは、宿泊しているクムルス・ハカニエミ・ホテルの部屋に、ムソンダを呼びだした。ムソンダが所属するロバニエメン・パロセウラ（RoPS）は、この翌日、ヘルシンキ東部に本拠をおくビーキンギトと対戦する予定になっていた。負ける手はずを整えられるか、とペルマルはムソンダに尋ねた。するとムソンダは反対に、ビーキンギトになら簡単に勝てる、まあスコアは二対〇か三対〇だな、と答えた。次の日、試合がはじまる前に、ふたたびホテルへ顔を出したムソンダと四人のザンビア人チームメイトに、ペルマルは前金として二万五〇〇〇ユーロを渡した。

ところがムソンダには、チームの出来を正確に予言する力はなかったらしい。RoPSは三対〇で負けた。その試合に二〇万ユーロ賭けていたペルマルは、金を失った。ペルマルは、北部の本拠地ロバニエミに帰る選手たちとヘルシンキ駅で落ちあった。そして前渡しの二万五〇〇〇ユーロを荒々しく取り返した。

二〇一〇年七月二五日、今度の対戦相手はフィンランド南西部のクラブ、タンペーレン・パロ・ベイコトである。四対〇で勝つように、とペルマルはムソンダに六万ユーロを渡した。RoPSは勝ったものの、スコアは三対〇だった。試合直後、ペルマルは会場のタンメラ・スタディオンの男性用トイレでムソンダと会い、前金の六万ユーロをもぎ取った。

一週間後、ペルマルはロバニエミ市内にあるムソンダの二部屋のアパートで多数のRoPSの選手と顔を合わせ、同じ北部のクラブ、パロセウラ・ケミ・キングス戦を無得点引き分け《スコアレス・ドロー》試合にすることに決めた。選手たちがやり遂げたので、ペルマルは前渡し金と成功報酬をあわせ、八万五〇〇〇ユーロを支払った。それはこのシーズン中、RoPSとの八百長で成功した数少ない試合の一つだった。ペルマルはいつもムソンダに前金を渡したが、未熟な八百長技術のせいで、奪い返すのがつねだった。金はムソンダの手を行ったり来たりしたが、彼は気にしなかった。「勝ってもらえる金だったら、ありがたく頂戴しただろうけど」とのちにムソンダは語ることになる。「でも、わざと負けてもらう金だっただろ。その金が入らなくたって、どうでもよかったな」

ペルマルは決して一人で移動することはなく、いつもアラブ人とベトナム人の男と一緒だった。三人はつねに、二五〇〇人を収容するRoPSのホームスタジアム、ロバニエメン・ケスクスケンタの観客に混じり、青い帽子をかぶって立っていた。ペルマルはスマートフォンで賭け市場をチェックし、試合の操作を開始するベストタイミングを決定する。それが決まると、三人の男たちは帽子を脱いだり、かぶりなおしたり、右に向けたり左に向けたりしながら、あらかじめ取り決めておいた合図にしたがってフィールド上の選手と連絡を取りあう。だが、わざとすきを見せているのに、相手チームが点を取ってくれないこともあった。八百長が成功したとき、ムソンダは奇妙な気分に襲われたという。「負けてるっていうのにさ、笑いを抑えるのに苦労したりね」。ペルマルにとって困難な日々が続いていたが、フィンランドを去るつもりはなかった。シンガポール組織がRoPSの購入に興味を示しており、その交渉を成立させる仕事はペルマルの腕にかかっていたからである。

第16章

FIFAの困惑

二〇一〇年　チューリヒ

ＦＩＦＡ首脳陣にとってセキュリティ対策の問題は、優先順位は低いものであるにしろ、それが重要だということは理解できた。しかし、八百長？　そんなものは些末なことであるうえに、なにやら雲をつかむような話で、理解しがたい。一方、当時のイートンは八百長についてほとんど知識はなかったものの、異なる見解を持っていた。イートンは元警官であり、そして八百長は犯罪だった。これが詐欺という名の犯罪である以上、チューリヒ本部のあらゆる人間が必死に構築している事業そのものが、根底から崩れてしまうおそれがあった。「どうすればいいのか、いろいろと考えた」とイートンは言う。「八百長が影響を及ぼす範囲の広さが見えてきて、どうやら誰もそれを真剣に受けとめていないという事実がわかったとき、これは断固としてリーダーシップを発揮しなきゃならんと思ったのさ」。ＦＩＦＡでイートンは若返った。自分が重要な問題を解決する任務にあたるのも、これが最後の機会となるだろう。

インターポールを離れたとき、六〇歳を目前にして初めて民間団体に勤めることに、イートンは一抹の懸念を抱いていた。しかし、それよりも今もっと心配なのは、雇用主にとって第二義的な問題と見なされている仕事をどうやって成功させるか、ということだった。インターポールはセキュリティ専門の組織だが、ＦＩＦＡはスポーツとその競技会を主催する企業体であり、セキュリティ対策は脇役にすぎない。八百長調査という意義あるプロジェクトが浮上してきたとき、イートンは持ち前の性格と倫理観に駆られ、そこに自分に最適の役割を見いだした。とにかく、ＦＩＦＡ首脳陣はこの問題をどうすればいいのかわかっていない。自分の仕事はセキュリティ対策であって、ＦＩＦＡの信頼性の保全ではない。だが、とイートンは判断した――八百長は競技場を吹き飛ばしたりはしないが、試合結果を吹き飛ばす。ＦＩＦＡのほうは、イートンの役割は重要なイベント、たとえば二〇一八年と二〇二二年のワールドカップ開催国の発表時などにセキュリティを担当する人物と位置づけていたが、イートンが口にするのはボクシッチとペルマルのことばかりになっていった。

ＦＩＦＡに所属する人の大半は、あからさまに事実を述べるのではなく、真実をもの柔らかな言葉にくるんで表現しながら昇進してきた。イートンの率直な口調はあまりにＦＩＦＡの風土と異なっていたので、あえて彼に異議を唱えようとする者はいなかった。また、ＦＩＦＡにしても、彼の主張が正しいことはわかっていた。ヨーロッパやアジア、アフリカの野心的なジャーナリストが自分たちの手で八百長の事実を突きとめはじめると、彼らはイートンにコメントを求めるようになったが、彼は発言をためらうほどやわなタイプではなかった。ある意味、イートンは着実にFIFAの内部に浸透しはじめており、新たな課題――「個々の試合が腐敗していれば、サッカー界全体が疑問視されるようになる」――を突きつけながら、組織の体質の見直しを迫っていたのである。そのうちにFIFAは、落ち着かない気分を味わうようになってきた――八百長はビジネスに悪影響を及ぼす、しかしイートンのほうがもっと差《さ》し障《さわ》りがあるんじゃないか？ その答えがどうあれ、一般社会にしろFIFA内部にしろ、イートンの存在を無視できなくなっていた。

FIFA上層部は、このような結果になるかもしれないことを、予想していてしかるべきだったのである。正式に就職する前、雇用に先立つ慣例として、イートンはくわしい心理検査を受けていた。二人のドイツ人医師が、二日間にわたる検査をおこなった。イートンの性格に関する彼らの評価は、インターポールではすでに誰もが知っているものだった。そのなかの一節には、次のように書かれてある。

「職務を遂行するにあたって、イートン氏は爆発的なエネルギーを発揮する顕著な傾向が認められます……このため、彼の勢いに周囲を巻きこむ可能性があります……彼を制御する能力のある人物がいなくてはなりません。さもなければ、彼は周囲を置き去りにしても進んでいくでしょう……認識能力はきわめて高く、全体像をすばやく見きわめ、重要な点を即座に理解します」。この報告書の情報は、有益だったにちがいない。しかし、のちにオーストラリア人の部下が述べた言葉のほうが、イートンを的確に言いあらわしている。「クリスはボーア戦争の将軍のような男だよ」。いわばイートンは、どの企業も切望しながらおそれるような、すぐれた実行力を持つ独《どく》立不羈《りつふき》の人物だった。

第17章

水面下での決裂

二〇一〇年　バーレーン

フットボール4Uを使って、ペルマルはバーレーンと西アフリカの小国トーゴとの試合を組んだ。人目につかない場所で貧しいサッカー連盟に無意味な国際親善試合をさせるという、シンガポール組織のいつもの手口だった。

主審は、ペルマルが全幅の信頼をよせるニジェール人のイブラヒム・シャイブである。ブックメーカーの日程表にも掲載された。危険をおかす必要性はなにもなかった。しかし、そもそもの初めからペルマルはギャンブラーだった。ギャンブラーのずぶとさがあったからこそ、ペルマルはフィクサーとして成功し、ほかの人間ならばとても不可能と考えてあきらめるようなことを成し遂げてきたのだった。

二〇一〇年九月七日の夜、トーゴ代表チームは、バーレーン中北部の都市リファーにあるナショナル・スタジアムの試合会場に入った。しかし、これは本物のトーゴ代表ではなかったのである。ペルマルと気脈を通じていた元代表監督が選んだ、まあまあの実力をそなえたクラブ選手で構成したチームだった。実際のトーゴ代表チームは、この数日前、アフリカ選手権予選の試合でボツワナに敗れたばかりだった。そして、この偽トーゴチームは三対〇でバーレーンに負けた。

試合後、バーレーン監督のヨーゼフ・ヒッケルスベルガーは頭を振りながら、トーゴ選手には「九〇分間プレーするだけの能力がない」とコメントした。この話は、ペルマルの偽ジンバブエ代表チーム派遣疑惑を思いださせる。当時とのちがいは、メディアがこの試合に強い関心をよせたことだった。今回、スポーツ紙は八百長のからくりを見破った。ペルマルはトーゴを貶《おとし》め、FIFAをただのまぬけに見せた。その結果、以前はなにも気づかず、寛容だった一般社会に対して、FIFAは毅然とした姿勢を示さなければならなくなった。事件が広く知れわたったことによって、シンガポール組織は危険にさらされる羽目になったのである。

ところが、このときペルマルが講じた対策といえば、フットボール4Uの企業登録を抹消して、会社名をフッティメディアに変えたことだけだった。「あのバーレーン戦を境に流れが変わったな」とペルマルは言う。「それ以前のおれは目立たない存在で、敵のレーダーに引っかからなかった。ところがバーレーン戦のあと、一躍有名になっちまった」。それにもかかわらず、ペルマルは気にしなかった。無敵の自分を過信していたせいで、世間に顔をさらすことに不安を感じなかった。フェイスブックも閉じなかった。世界各地から自分の写真を投稿し、どんな捜査官でも大喜びするほど、いつどこにいたかの証拠を残した。ペルマルはまた、中国とインドで人気の高いソーシャルネットワーク、Zorpiaにもアカウントを持っていた。ユーザーネームはzidan3107、絶大な人気を誇るフランスの元代表選手にあやかっているのはいうまでもない。それによると〝好きな本〟は『ジャッカルの日』。フレデリック・フォーサイスが一九七一年に出版した、フランス大統領暗殺の陰謀をめぐるスパイ小説である。〝好きな映画〟は『ショーシャンクの空に』[27]。その下の〝趣味〟の項には、ペルマルはただ一つ、サッカーとだけ記していた。

ペルマルは潮時をわかっていなかった。なぜ彼は、危険を察知できなかったのだろう? FIFAも、数々のサッカー協会も、警察機関も、ペルマルの行動をほとんど問題視しなかった。警官が身近に迫ってくることもなかった。しかし、シンガポールの犯罪組織はちがった。ダン・タンは、ペルマルはサッカーをめぐるスリラーの主人公気取りでいるという結論を出した。だが、ペルマル以外の組織メンバーがしていることは、ビジネス以外のなにものでもない。シンガポールのボスたちは、プラケシュとアンソニー・ラジ・サンティアを呼びもどした。シンガポールでの会合で、ダン・タンは、今後決してペルマルを信用しないと彼らに宣言した。ペルマルの賭けはもはや信用ならない。ペルマルのエゴはコントロール不能になった。われわれの意向は信頼のおける人間と作戦を遂行することである、と。

皮肉にも、賭けを扱うビジネスにおいて、ギャンブルに耽溺するペルマルの性向が、彼の信用を失わせたのである。二〇一〇年一〇月八日、テレビをつけたペルマルは、自分の立場が変わりつつあることを悟った。そこでは、ボリビアとベネズエラの親善試合がおこなわれていた。場所

▼27　スティーヴン・キングの小説『刑務所のリタ・ヘイワース』が原作。冤罪で投獄された銀行員が刑務所内で生き抜く姿を描いた作品。

は、ベネズエラのサンクリストバル市の競技場エスタディオ・ポリデポルテーボ・デ・プエブロ・ヌエボ。どちらも昔からペルマルが食いものにしてきたチームだったが、彼の注意を引いたのはその事実ではない。審判を務めている人物に目が釘付けになった。イブラヒム・シャイブ。二〇一〇年五月の南アフリカ対グアテマラ戦で、疑問の残る三つのハンドでペナルティーキックを与え、南アフリカに五対〇の勝利をもたらした男。ペルマルが述べているように、シャイブはこのとき、ありもしないオフサイドでゴールを無効にし、スコアに影響が出るほどロスタイムを長引かせ、だいじな局面でレッドカードを出していた。どうやらアンソニー・ラジ・サンティアがこの試合の主審をシャイブに打診し、シャイブがそれを引き受けたようだった。フィクサーと実行者のあいだに信義は存在しない。それは、パル・クルサミーが遠い昔に教えてくれたことだった。だが、フィクサー同士の、ビジネスパートナーのあいだの信義はどうなんだ？　サンティアとプラケシュとは、ずっと行動をともにしてきた。それなのに、自分が長い年月をかけて築きあげてきたネットワークに侵入している。師匠に無断でシンガポール組織とじかに接触している。たしかに自分は興行主だ。話に乗ろうという人間には、誰にでも自由に八百長を持ちかけることができる。しかしまた、アジアとヨーロッパの八百長提携の要となって、資金提供者としての働きもしているのだ。その自分を締め出そうというのか。ペルマルは、そんなまねを黙って許すような男ではなかった。

第18章

スポートレーダー

二〇〇四年～現在　ドイツ

カルステン・コールは、ドイツのバイエルン州ミュンヘンとオーストリア国境の中間に位置する高地、アルゴイで育った。スポーツとコンピュータ・プログラミングに興味を持っており、一九九〇年代半ば、両方の知識をあわせて生かす方法を探しはじめた。

一九九八年、コールはある友人とともに、ベタンドウィンという会社を立ちあげた。インターネット上で賭けを提供する初期のブックメーカーの一つで、当時としては革新的な取り組みだった。五人の従業員ではじめたのに、わずか四年後には数千人が働く会社となった。二〇〇二年、コールは株式を上場した。社名をビーウィンと改めた会社は、やがて有力ブックメーカーの一つに数えられるまでに成長した。レアルマドリード、ACミラン、バイエルン・ミュンヘンなど、錚々《そうそう》たるクラブのスポンサーとなり、会社のロゴが選手のユニフォームを飾った。

新規株式公開をしてまもなく、会社の業務から退いたコールは、なにか新しい企画がないかと探していた。ふと、ビーウィンにいた最後の頃、二人のノルウェー人プログラマーが、ある製品を売りこみに来たことを思いだした。当時は忙しくて時間が取れなかったが、そのときの記憶がよみがえってきた。

その二人、イーヴァル・アルネセンとペッテル・フォルネスは二〇代なかばの青年で、首都オスロから北に約五〇〇キロ離れたトロンハイム市にあるノルウェー科学技術大学を卒業した。この大学は、コンピュータ・プログラマーのあいだでは伝説的な存在となっている。そこのエンジニアたちが、グーグルのプログラム構築に深くかかわっていたからだ。

コールと同じく、アルネセンとフォルネスも、スポーツとコンピュータ・プログラミングに興味を持っていた。そして、ギャンブルにも。二人はスポーツ賭博市場に精通していたので、市場に存在する矛盾点もよく見えた。ブックメーカーは試合を分析し、客が賭けたくなるような、そして会社の利益になるようなオッズをつけるのがうまい。オッズの設定は彼らの専門技能である。ただ、彼らは細部に目を配る能力に欠けている。こうした細部が、ギャンブラーの得る利益に大きなちがいを生む可能性は高い。

さまざまなサイトで多くの勝負をしているうちに、アルネセンとフォルネスは、ブックメーカーの提示する試合開始時間がしばしば不正確なことに気がついた。試合前に会場が変わることもあるが、結果を左右しかねないその変更を見逃していたりもする。試合内容を報告する伝達員からまちがった情報を受け取るのか、実際とは異なる結果を掲載する場合もある。また、市場の平均値とかけ離れた――たとえば、一五パーセントも高かったり低かったりする――オッズを設定しているのに、それに気づかないブックメーカーもいる。胴元のブックメーカーよりもギャンブラーのほうが試合に関する正確な情報を持っていれば、そのギャンブラーは優位に立つことができるだろう。

ブックメーカーは国内リーグ戦、国際親善試合、ワールドカップ予選、ユースの試合など、世界各地でおこなわれる無数の試合に対して賭けを提供している。その量はあまりに膨大で、すべての試合の情報を細かくチェックして更新していくことなど、どだい無理な話なのだ。アルネセンとフォルネスは、ある方法を開発した。オンライン賭け市場に特化した、大量のデータの抽出ができる処理法を考案したのである。そのプログラムを使うと、インターネット上に掲載されているデータを用いて、賭け市場の不一致点を突きとめることができた。二人は、国際賭博市場のネットワークから情報の混乱や異常値を見つけだし、それを活用した。試合にまちがったオッズをつけているブックメーカーを発見したら、そのサイトで試合に賭けた。利益をあげるために、特定のブックメーカーの情報を基本値としてほかの情報と照合するなど、二人は自分たちのシステムをうまく使いこなしていった。

このシステムは刺激的であるうえに役にも立ったが、当然ながら、賭博市場が発展するにしたがい、ブックメーカー側もこうした矛盾点に対処して、不正確な情報を除去するようになった。そのうちにアルネセンとフォルネスは、自分たちのシステムを使ってもわずかな利益しかひねり出せなくなり、やがてとうとう、せっかくの道具も使いものにならなくなってしまった。それでも彼らは、このプログラムにはもっといい、もっと適した使い道があると考えた。そして、提供する賭けの内容をブックメーカー側が是正しやすくなるようなシステムを開発することにした。

二人はこのアイデアをビーウィンに売りこんだ。しかし彼らはビジネスマンではなく、プログラマーだった。彼らの商品も売りこみ方法も未熟だった。それでも、話を聞いたコールはいけると思った。なぜなら、彼は起業家だったからである。しかも、ビーウィンが格好のタイミングで株式公開をしたあとだったので、新規事業にあてるための潤沢な資金があった。

二〇〇四年、コール、アルネセン、フォルネスの三人は、スポートレーダー（ドイツ語読みではシュポルトラダール）という新会社を設立した。この会社の製品であるベットトレーダーは、かつてアルネセンとフォルネスが賭け屋をだしぬくために使った技術を応用したものだったが、コールが賭け市場用の新製品に変更していた。「ビーウィンでの経験から、ブックメーカーに必要なものはわかっていました。わたし自身がブックメーカーでしたから」とコールは言う。「リスクマネージメントの重要性を痛感していたんです。手きびしい教えを受けましたからね、顧客にいかさまをやられたりして。なにが必要なのか、はっきり認識していました。これが大きかった。わたしたちが開発したのは、ブックメーカーが欲しているものだったのです」。昔からブックメーカーは、煩雑な検証やデータ収集が得意ではない。そこで、保険と同じく経費に算入できる月額料金を払えば、面倒な仕事をベットトレーダーが肩代わりするようにしたのである。コールはブックメーカー業にもどったわけだが、今度はまったく異なる形での参入だった。まもなくその役割は、ふたたび変わることになる。

二〇〇五年一月、ドイツサッカー連盟が、審判ロベルト・ホイツァーに対する資格停止処分を発表した。二〇〇四年八月のドイツカップ[28]のパーダーボルン対ハンブルガーSV戦で、ホイツァーは格下のパーダーボルンに、疑惑の残るペナルティーキックを二つ献上した。また、レッドカードを出してハンブルガーの選手を退場処分にした。パーダーボルンは二点差で勝った。調査の結果、ホイツァー自身がその試合に賭けていたことがわかった。

ドイツサッカー連盟が、ホイツァーが審判を務めた試合の記録をくまなく検証する一方で、検察当局も独自の調査を開始した。最終的に、クロアチアの犯罪組織がホイツァーを取りこみ、数々の八百長をさせていたことがあきらかとなった。彼以外に数十名もの選手や審判の関与が明るみに出てきたばかりか、欧州サッカー連盟内部から、チャンピオンズリーグの試合を担当する審判の名簿が流出し、クロアチア組織の暗躍を助けていた疑いまで浮上した。ホイツァーは、二年五か月の実刑判決を受けた。八百長組織の主犯格のアンテ・サピナには、二年一一か月の刑が言い渡された。事件は幕を閉じたが、コールにはこれが氷山の一角にすぎないことがわかっていた。

スポーツ賭博業界で長年仕事をしてきたコールは、八百長が日常的におこなわれていることを知っていた。いや、ブックメーカーなら誰でも知っているといっていい。試合になにかしら妙な事象が発生すれば、ブックメーカーにはたいていすぐわかる。それは、スポーツ賭博業界がかか

▼28 DFBポカール（ドイツサッカー連盟杯）のこと。

える課題の一つだった。ブックメーカーは顧客に適切なオッズを提示する必要があるだけではなく、市場の動きが自分の計算をひっくり返して、最後には自分をはじき飛ばしたりしないよう注意しなければならない。だからスポーツ賭博業界の者であれば、誰もが八百長についての一般的な知識をそなえている。コールが彼らとちがう点は、より特別な知識を持っていることだった。しかし彼自身は、まだそれに気づいていなかった。

ホイツァー事件が発覚してまもなく、あるジャーナリストがコールに電話をかけてきた。その記者の話では、何軒かのブックメーカーが、ベットレーダーの機能を介してドイツの八百長試合に気づいていたのだという。ベットレーダーのソフトウェアには、〝賭け撤去〟という項目があった。これは、ある試合の賭けを提供したものの、あとからそれを引っこめたブックメーカーを表示する機能である。こうした行動はまちがいなくおかしい。いったん賭けを設定した試合をわざわざ掲載リストから取り除いたのなら、ブックメーカー側はその試合に不正が仕組まれているのを知っていたことになる。この機能のほかにも、スポートレーダーのさまざまなソフトウェア技術をたずさえて、コールはドイツサッカー連盟の門をたたいた。

コールは彼らにこう説明した。この技術は、連盟に八百長試合の可能性を知らせることができる。しかも試合前に警告を出せるから、連盟は組織の保全のための行動を起こせる。スキャンダルで窮地に陥っていたドイツサッカー連盟は一も二もなく契約書にサインをし、コールと仲間たちは、さっそく技術改良に取りかかった。今度の新製品はブックメーカーにではなく、サッカー界の管理者の役に立つものでなければならなかった。

コールの新システムは、予定されている試合を多角的に――場所、対戦相手との力量差、負傷選手、天候などをはじめ、多種多様な要素について――分析し、もっとも論理的なオッズを割りだす。この基本値設定はブックメーカーの仕事の範囲内である。次に、新システムは、算出した理想的な基本値と、実際の市場でブックメーカーが提供しているオッズを比較する。基本値と大きくかけ離れたオッズが市場に提示されていたら、それはその試合が疑わしいというサインだ。ブックメーカーが、そうあるべき数値と著しく異なるオッズを設定する理由は二つしかない、ということをコールは知っていた。つまり、なんらかの内部情報を得ているか、しかたなく対応策をとっているか――すなわち、八百長でこうむる損失をできるだけ少なくしようとしているか、である。たとえば、あるチームの当初の勝利予想が四五パーセントであるべきなのに、ブックメーカーが七〇パーセントをつけていたら、その試合にはまちがいなく八百長が仕組まれている。

コールのシステムがおこなうのは、株式市場でインサイダー取引を分析する作業とよく似ていた。あきらかな理由がない――たとえば、最高経営責任者の解雇もなければ、四半期決算にも変化がない――のに株価が突然下がったら、その暴落にはなにかしら不都合な理由がひそんでいる可能性が高い。いうなれば、コールのシステムは、サッカーの試合の株価を検査し、暴落の理由を調査するのである。コールには、市場の崩壊を事前に察知できることがわかっていた。

コールは新製品に、早期警告システム（ＥＷＳ）という名前をつけた。コールのＥＷＳは二〇〇五年から、最初の顧客であるドイツサッカー連盟のために、ドイツサッカーの五分野で監視を開始し、ブンデスリーガ（ドイツの一部リーグ）をはじめとして、年に約五〇〇〇試合の調査をおこなった。ドイツに続いて、チェコ共和国、エストニア、フランスのサッカー協会とも契約をむすんだ。その後すぐに欧州サッカー連盟と契約を交わし、コールの新規事業は揺るぎない信頼を獲得した。これによりＥＷＳは、欧州サッカー連盟に加盟する五四の国／地域でおこなわれるプロサッカーの試合すべてを監視することになったからである。この契約のおかげで、ＥＷＳは一国の動静だけでなく、一国の八百長が他国に波及する経緯や、アジアの賭けの状況まで調べられるようになった。ＦＩＦＡが契約を締結した二〇〇七年には、ＥＷＳは最高のスポーツ賭博監視装置の地位を確立しており、コールはヨーロッパ中の政府や警察と連携していた。数年かかったとはいえ、サッカー界の管理者たちは、この業界につきものだったセキュリティの穴を、ＥＷＳがふさいでくれると理解するようになった。

「不正操作はスポーツの商業的価値をそこないます」とコールは言う。「サッカー協会はその関連性をしっかり理解しています。なんといっても巨大産業ですからね」。また、そうした理念とは別に、ＥＷＳで試合の信頼性を守ることは、スポートレーダーの主力商品であるベットトレーダーの支援にもつながっていた。「試合の結果があらかじめ決まっているとわかっていても、スポーツ賭博が存在しうると思いますか？　そんなことはありえない」。だが、防ぎきれない穴が一つだけあった。コールの顧客たちはまだ気づいていなかったが、二〇〇七年には、彼のＥＷＳはすでに時代遅れになりつつあったのである。

〝二〇〇七年には、技術革新によって賭博市場が根底から変わる〟とはっきり認識していたのは、賭博事情に精通している人間だけだったろう。犯罪組織は誰はばかることなくブックメーカーを操作しはじめ、このおいしい店を繰り返し襲撃するようになったのである。しかも、彼らの犯罪を見破るすべはなかった。こうなれば、激変した現状に見合う新しい技術を開発するしかないことが、コールにもわかった。ＦＩＦＡが独自の監視システムを開発し、それに早期警告システム（ＥＷＳ）と名づけたときも、とくに抗議などはしなかった。スポーツ賭博の世界では、もはや早期警告ということはありえなかったからである。「試合中の賭けの人気が高まって、それに対する不正操作がはじまりましたから、もうこの名称は適当ではありませんでした」

ライブベッティング、すなわち進行中の試合に対する賭けは、二〇〇五年以前にも存在していたが、二〇〇五年を境に賭博市場での存在感を増しはじめた。従来であれば、賭けは試合前にすませなければならなかった。そして、いったん賭けたら、それでおしまいだった。試合がはじまって、それが自分の予想とは逆の方向に進んでいっても、なにもできない。もちろん、賭けを取り消すこともできない。試合がはじまった以上、新たに賭けをすることもできない。できることといえば、せいぜいテレビの画面に向かって悪態をつく程度だろうが、それとて個人の表現能力の範囲で憂さを晴らすだけのものである。

二〇〇五年になると、技術の進歩により、客は試合を見ながら経時的に勝敗の予想をたて、それを実際に賭けに反映させられるようになった。ヨーロッパとアジアの一般家庭には、広域をカバーするブロードバンド・インターネットが普及した。また、スマートフォンを片手に外出できるようになった。わざわざ町のブックメーカーに出向いて賭けをする必要はなくなり、家にいるならばパソコンを使って賭ければよいし、町のバーで試合を見ながらスマートフォンを操作してもいい。コールがビーウィンを開設した当時にはまだ少なかったオンライン上の賭けサイトが、次から次へと登場しはじめていた。

賭ける方法が変わったせいで、ブックメーカーが提供する商品も変わった。インターネットを用いた賭けサイトなら、市場を刺激して大きな金の流れを生む新商品を作れることに、ブックメーカー側が気づいたのである。

賭けの種類が変わったわけではない。アジアンハンディキャップや、両チームの合計得点数を予想するオーバーアンダーなど、やはり昔ながらの方式で賭けることができる。試合中の賭けの登場でなにが変わったかというと、途中経過にしたがって、オッズがダイナミックに変動していくことである。試合中に起こる出来事はすべて――ゴールやレッドカードだけでなく、刻々と過ぎてゆく時間でさえ――試合に影響を及ぼすから、結果の予想と連動してオッズも変わってくる。インターネットの普及のおかげで、ブックメーカーは試合の進行状況を見ながら、結果を左右する因子の動きに注意し、オッズを継続的に変更できるようになった。賭ける側も、このままでは負ける可能性が高いと判断したら、最初とは正反対の予想に賭けられるし、あるいは新たに、まったく異なる種類の賭けをすることもできる。もう、試合前に選んだ賭けに縛られる必要はなくなったのである。しかも、試合がはじまってから終わるまで賭けられる。突如として、スポーツ賭博は〝一度賭けたらそれでおしまい〟の受動的な体験――試合を見るファンのお楽しみ――から、試合中の選手と同じようにアドレナリンを分泌させながら、現物と先物の価格差で利益を得る裁定取引の熱狂へと変わったのだった。ギャンブラーたちはいっせいにこの新方式に鞍替えし、スポーツ賭博の風景を一変させた。二〇〇三年当時、オンライン賭けサイトのビーウィンの取引のうち、試合中の賭けが占める割合は一〇パーセントにすぎなかった。ところが二〇一〇年には、それが全体の七〇パーセントを占めるまでになった。

優秀な犯罪者たちは、ただちにこの新商品を利用しはじめた。八百長犯罪組織は、ライブベッティング時代の到来に巨大な可能性を見いだした。以前であれば、ブックメーカーに八百長を感づかれないよう、試合前に大量の賭けの申し込みをするのはひかえなければならなかった。ところが今は、試合がはじまるのを待って、それから賭けていけばいいのである。犯罪組織が慎重に賭けさえすれば、たとえブックメーカーが八百長に気づいたとしても、そのときにはもう手遅れになっている。

ライブベッティングによって、試合中のスタンドに陣取るフィクサーもまた、手にしたスマートフォンで複数のブックメーカーのオッズの変動をチェックしながら、抱きこんだ選手や審判と連携するようになった。めまぐるしく変わるハンディキャップやオッズは賭けを刺激し、市場を活気づかせた。八百長ビジネスにとって、これ以上うまい話はなかった。

コールは顧客に対し、この新たな現実であるライブベッティングの危険性に警鐘を鳴らした。そして、早急に対抗手段を講じるつもりだと伝えた。

現在、スポートレーダーは全世界で六五〇名の職員を雇っている。監視機構のプログラムを担当し、開発し、維持をおこなうIT技術者が二〇〇名。それとは別に、手作業で試合のデータを集める職員が数百名。また、約一五〇名のジャーナリストと通信員契約をむすび、遠隔地の競技場やクラブの詳細情報を収集している。実際の試合に関しては、およそ二万人の偵察員を低料金で雇い、プッシュ式電話の押しボタンを使って、情報を直接伝えてもらっている。こうして集まったデータのすべてが、システムに入力される。

二〇〇九年、コールはスポートレーダーの新製品〝不正検出システム（FDS）〟を発売した。試合のデータ変動を分析し、リアルタイムで八百長を検出するものである。このシステムは、三種類の変数を用いて基準値となるオッズを割りだす。変数の一つ目は試合の経過時間と残り時間、二つ目は各チームのゴール数と両チームの合計ゴール数、三つ目はレッドカードの数である。これをもとに、システムはチームが試合に勝つ確率を正確に計算する。その後、FDSは、三五〇軒のブックメーカーが実際に提示しているオッズと基準値を照合し、その差を測定する。二つの値があまりにもかけ離れてくると、システムはスポートレーダーの分析担当者に警報を出す。その試合がおかしいと判断されたら、分析担当者は警告レベルを決定する。疑いがある場合は黄色、確実に不正がおこなわれている場合は赤だ。すべてが一瞬のうちにおこなわれる。

「天才的な頭脳の持ち主が、暗い部屋にこもってオッズを考えだす――ブックメーカーの仕事はそういうものではありません」とコールは言う。「そういった時代はもう終わりました。オッズの決定はコンピュータによる専門的な解析であり、数学であり、大量の数列を処理しておこなわれるものです。金融市場とかなりよく似ています」

ＦＤＳが個人の能力の及ばないところへ進歩していくにつれ、解析結果はよりいっそう個人を特定するレベルに近づいた。八百長事件を扱う際、ヨーロッパの検察当局はスポートレーダーのデータを頻繁に利用する。こうした経験をとおして、検察官や裁判官が重要視するものは生のデータや膨大な解析ではなく、選手や審判、コーチの関与を示す証拠なのだということを、コールは実感するようになった。「もっと個人情報を提供できるシステムにする必要があることがわかりました」

スポートレーダーのソフトウェア開発者たちは、疑わしい人物を特定して追跡する機能をＦＤＳに加えた。八百長試合にかかわっていると思われるクラブがあり、一人であれ複数であれ、その所属選手がよそのチームに移籍した場合、ＦＤＳはメモを作成して、ユーザーが関連情報を照会できるようにする。提供する情報は多岐にわたり、個別の試合やシーズン全体のパフォーマンスからキャリアにいたるまで、各選手の情報がピンポイントでわかるようになっている。たとえば、あるディフェンダーが試合中に、相手チームにペナルティーキックを与える行動を二回とった場合、彼が八百長にかかわっている可能性は高く、その事実はシステムにしっかりと記録される。一九万人の分析情報をデータベース化したＦＤＳは、まさに八百長の監視員《ビッグブラザー》なのだ。

しかし、こうしたデータがあったところで、どうなるというのだろう。サッカー業界の関係者のなかには、コールたちのしていることは、所詮敗戦処理ではないかと批判する人々もいる。いったん八百長組織が襲いかかれば、彼らは隠密裡に行動し、賭けに勝ち、試合は終わる。ＦＤＳは予防のためのシステムではない。たとえリアルタイムで賭博市場を監視していても、後手にまわるのは避けられない。八百長試合に関するスポートレーダーの資料の膨大さに苦情をよせるサッカー協会もある。データと図表が満載の資料を見ても、ＩＴの専門家でなければほとんど理解できないからだ。

それとは逆にコールのほうは、いくつかのサッカー協会に対して、その国のリーグでまちがいなく不正行為を働いている選手の情報を提供したのに、しかるべき対処がなされなかったと指摘する。「サッカー協会のなかには、ときどきいやな思いをさせられるところがあります。われわれの情報の分析の仕方とか、その使い方とかでね」とコール。「わたしが言いたいのは、正しい行動をとってほしいということです。政治的な意図は抜きにして」。この分野の第一人者として、コールは八百長試合の存在を確実に証明してみせ、スポートレーダーの規範的価値を示す機会が来ることを望んでいた。

第19章

シンガポール組織の増長

二〇一一年二月　トルコ

スポートレーダーは、トルコの様子を注意深く見守っていた。このとき、地中海に面したリゾート地アンタルヤでは、二つの親善試合がおこなわれようとしていた。ラトビア対ボリビア、エストニア対ブルガリアである。これはいかなる見地からもさほど重要性のない、よくある公開試合の一種だった。こうした性格上、この種の試合は不正操作の好餌になりやすかったが、だからといってブックメーカーが試合にオッズをつけないわけではない。とにもかくにも、国家の代表チーム同士の戦いには世界規模で大量の金が動く。つまり、実際にプレーする選手にとってはあまり価値のない試合に対して、大勢のギャンブラーが金を賭けたがるのだ。この事実をおさえておくと、八百長犯罪組織がサッカーの籠絡に成功した理由の一端が見えてくる。ペルマルが偽のトーゴ代表の試合を仕組んだときも、犯罪者ならではの鋭い着眼があった。ペルマルには、誰が代表チームのユニフォームを着ていようと関係ないことがわかっていた。人々は、そんなことにはおかまいなしに賭けに走るのだから。

アンタルヤの試合を手配したのはフッティメディア・インターナショナルだったが（ブラップ・ジョンセンの名前が使われていた）、そのやり口が、即座にラトビアサッカー連盟の事務局長ヤニス・メゼツキスの注意を引いた。フッティメディアの代表としてラトビアの首都リガにおもむいたアンソニー・ラジ・サンティアは、連盟に三万ユーロを提示した。そして、ラトビアチームの旅費と宿泊費は会社側が負担するし、競技場のレンタル料も、審判の選定も引き受けると言った。二〇一〇年一二月一四日、メゼツキスはフッティメディアと契約をむすんだ。しかし連盟側は、フッティメディアがどうやってこの試合から利益を得るつもりなのか、疑問に思った。なにしろ彼らは、テレビの放映権もスポンサーの協賛金も要求していないのだ。サンティアは、自分たちの会社はヨーロッパで地歩を固めたいと熱望しており、この契約は将来への投資だと考えている、と説明した。

メゼツキスはその説明に納得できず、ＦＩＦＡに連絡を取り、クリス・イートンがスポートレーダーに警告を発した。アンタルヤの試合は予定どおりにおこなわれ、サッカー八百長史上、最悪の試合の一つに数えられるものとなった。

二〇一一年二月九日の試合開始前、メゼツキスは審判員の身元をサンティアにたしかめた。彼らはＦＩＦＡ公認リストに載っているんだろうね？　もちろんそうですとも、とサンティアは請けあった。彼らはチェコ人のはずです。キックオフが一時間後に迫ったとき、審判団はハンガリー人で構成されている、とサンティアが前言を訂正した。アンタルヤのマルダン・スタジアムで、メゼツキスは審判控え室へ向かった。そこにいた審判員たちは、いや、自分たちはクロアチア人だ、もっと正確にいえばボスニア人だ、と答えた。

スポートレーダーの最高執行責任者ダレン・スモールは、アンタルヤでおこなわれた二試合の賭けの動向を同時進行で追った。試合前のオーバーアンダーに提示されていたゴール数は二・五。つまり、オーバーに賭けた場合、試合終了時の両チームの合計ゴール数が三以上であれば〝勝ち〟ということになる。世界中のブックメーカーのサイトで、このオーバーアンダーの賭けに申し込みが殺到した。どちらの試合でも、最初のゴールが決まると、スポートレーダーが監視していたブックメーカーのほとんどが、オーバーアンダーの基準値を三・五に引き上げ、賭けの勢いが弱まった。その後、無得点のまま時間が過ぎたために、ほとんどのブックメーカーは基準値を引き下げ、二・五にもどした。すると、ふたたび賭けの勢いがよみがえった。「いずれの試合でも、三ゴール以上にすさまじい人気がありました」とスモールは言う。「まったく、あのときの二試合の賭博市場の動きときたら、論理的なところはかけらもなかった。それぞれの試合のオーバーアンダーに、約五〇〇万ユーロが賭けられたんですからね」

だが、これらの試合に〝黒〟の烙印を押したのは、賭博市場の異常な動きではなかった。勝敗の決まり方が問題だったのである。どちらの試合も合計ゴール数は三以上となり、賭けのパターンが予想したとおりとなった。二試合をあわせると、ゴール数は七になった。その数だけを見れば、別にどうということはない。七得点すべてがペナルティーキックで決まったという事実を除けば。あるペナルティーキックでは、蹴った選手がはずしたあと、副審が再度のキックを命じてさえいた。

クリス・イートンのチームは、このアンタルヤでの試合の背後にいるのはペルマルだと確信したが、じつはそうではなかった。ペルマルは、遠くから眺めていただけだった。八百長のやり口があきらかになったとき、ペルマルは大声で笑った。「二試合で七つものゴールを量産させるなんて、まぬけもいいところだ」とペルマルは言う。「どっちかの試合でレッドカードを一枚出させて、二対〇で終わるようにしむけたほうが、ずっとましさ。それなら、そんなに目立ちやしない。そんなに変でもない。ペナルティーキックが七つ。同じ会場。同じ日。同じ会社。なにかがおかしいなんてもんじゃない。ダン・タンは物事をめちゃくちゃにしちまった」

ペルマルは、当然ながら、あからさまな八百長は業界全体の利益をそこねると考えていた。彼自身、偽トーゴ代表の試合を組んだことで失敗をおかしていた。ペルマルの怒りの矛先は、ダン・タンに向けられた。ペルマルの考えでは、ダン・タンは背後にひかえているべき人物で、作戦の遂行にかかわらないほうがよかった。彼ら二人は、二〇一〇年一二月に、アルゼンチン第二の都市コルドバで八百長を仕組んだことがあった。アルゼンチン対ボリビアの二〇歳以下の代表チーム戦である。作戦計画は、試合の最終五分間に点を入れてアルゼンチンが勝つ、というものだった。審判は前半三五分に決まった有効なゴールを認めず、その後、得点がないまま九〇分の規定時間が終了した。ところが、審判がロスタイムの一二分にアルゼンチンにペナルティーキックを献上したせいで（うまい具合に成功した）、試合が疑惑の対象となってしまった。ペルマルは、ダン・タンの欲が深すぎたのだという。「どこかで失敗を覚悟しなきゃならんときもある。いまいましいルーレットみたいなもんで、いつも勝てるわけじゃないからな。しているのは八百長なんだぜ。泣きを見るときだってあるさ。ロスタイム一二分のペナルティーキックでアルゼンチンが点を入れたとき、南米中が八百長試合だって気づいちまった。ダン・タンは、南米での仕事を完璧に不可能にしてくれた。やつは高をくくっていたのさ、自分は完全無欠だってね。誰も自分に目をつけない、不都合なことはなにも起こらない、だから自分にはこれをやる権利があるってね」

このアンタルヤの明白な詐欺行為は、節度を重んじるクリス・イートンの感情を逆なでした。そして、自分が相手にしているのはまともな犯罪者ではないと断じた。なぜなら、サンティアは八百長を隠そうともしていなかったからである。家の近所でボールを蹴って遊んだことがあれば、どんな子供でもアンタルヤの二試合は変だと指摘するだろう。だが、そんなことにはおかまいなく、サンティアは審判団に金を払った。選手たちはフィールドをあとにした。そして極東のどこかの地で、犯罪組織は儲けた金を勘定していた。

これほど公然と八百長を実行できるのであれば、とイートンはつくづく思った。警察がいくら努力したところで、彼らを打ち負かすことはできないだろう。いや、もうすでに、どうしようもない事態になっているのかもしれない。アプローチの方法を変えなければならない。根本的な改革をする時期にさしかかっている。制度を変え、新たな規則を制定して、違法賭博組織を弱らせ、選手を守り、特等席にふんぞり返っているフィクサーたちを確実に追放しなければならない。

イートンはペルマルのことを考えた。あの男なしで、アンタルヤでの一件が成功しえただろうか。「われわれは、ペルマルが背後にいるにちがいないと判断した」とイートンは言う。追跡を続けねばと覚悟をかためる一方で、イートンはそれが永遠に終わらないかのような不安に襲われた。

第20章

切り捨てられたペルマル

二〇一一年二月　フィンランド

ペルマルは自分をのけ者にしたダン・タンに怒りを燃やしたが、その感情は胸にしまっておいた。巨額の負債を清算する金が必要だったからである。フィンランドに滞在したまま、ペルマルはハンガリーの偽装団体の代理人として交渉を進め、フィンランドのオーナーたちと、クラブを五〇万ドルで買い取ることで話をつけた。組織の使いから現金を受け取ると、ペルマルはフィンランド側に二〇万ドルしか渡さず、残りは自分の懐にしまっておいた。フィンランドはハンガリーに電話をした。それを受けてハンガリーは、シンガポールに連絡をした。ロバニエミのオフィスに関係者全員が集まって顔をあわせたとき、この行き違いの原因が誰にあるのかがはっきりしてしまった。

ペルマルの魅力は影をひそめ、怒りやいらだちが表にあらわれるようになった。二〇一一年初頭には、ペルマルとロバニエメン・パロセウラ（RoPS）の汚職選手の中心人物であるクリストファー・ムソンダの仲は、険悪なものになっていた。二月一六日、RoPSはフィンランド南西部のクラブ、バーサン・パロセウラに三対〇で敗れたが、ペルマルがムソンダと取り決めていたスコアは四対〇だった。この計画には、とてつもない金がかかっていた。試合後にムソンダがロッカールームにもどると、携帯電話にペルマルからのメッセージが届いた。それには「この役立たずどもが」と書かれていた。「もう一つのゴールはどこに行った。あと一歩だろうと、仕事ができたことにはならねえんだ」

ペルマルが、なぜこれほど長くフィンランドのクラブに固執したのかはわからない。しかし、二〇一一年二月末、北極圏が真冬に閉ざされていた頃、ペルマルの我慢は限界に達した。二月二三日、RoPSはタンペレ・ユナイテッド戦を一対一の引き分けに持ちこんだが、じつはムソンダたちは負けねばならないことになっていた。ペルマルはスタジアム近くの高級フランス料理店フランスマニで、ムソンダと二人のチームメイトに会った。ペルマルは彼らを叱責した。仕事が失敗に終わった不満に心を奪われていたせいで、ペルマルはフランスマニまで尾行されていることに気づいていなかった。組織のビジネスに損をさせたら代償を支払わねばならないことくらい、ペルマルにはよくわかっていた。そして、シンガポールの組織はウィルソン・ペルマルへの最終判断をくだしたのである。その内容をペルマルが知るのに、そう長い時間はかからなかった。

第21章

カタールとワールドカップ

二〇一〇年一二月　チューリヒ

二〇一〇年一二月二日、ＦＩＦＡ執行委員会は投票結果をまとめた。チューリヒのＦＩＦＡ本部に設けられた演壇上に姿を見せたゼップ・ブラッター会長は、簡潔に述べた。「われわれは、新たな国々へ行きます」。二〇一八年のワールドカップ開催国はロシア。二〇二二年はカタール。その六か月前、ＦＩＦＡはアフリカ大陸初のワールドカップを開催していた。二〇一四年に南米大陸で五回目となる大会をブラジルで開いたあと、ＦＩＦＡはロシアと中東で、いずれの地域でも初のワールドカップを開催することになる。これは、新興市場にＦＩＦＡが注目しているという、明白なメッセージだった。だが、はたしてほんとうにそうだったのだろうか？　ブラッター会長の発表直後から、選挙には買収や不正があったのではないかという疑惑が噴出した。そうなるのも無理はない。すでに開催国決定の投票がおこなわれる一か月前、二人の理事——ナイジェリアのアモス・アダムとタヒチのレイナルド・テマリー——が、賄賂の見返りに投票先を決めるつもりでいたことが発覚し、倫理委員会から職務停止の処分を受けていたのだから。

カタールの前評判の低さからして、非難の矛先がロシアではなく、カタールに向けられていることはあきらかだった。開催地としてのカタールの適性を現地で調査したFIFAの視察団による報告書でも、極度に高い夏の気温が観客と選手の健康をそこなうおそれがあると警告されていた。決選投票でカタールに負けたアメリカ代表団は、アメリカの整ったインフラ設備、人口の多さとファン層、無数のビジネスチャンスがなぜ票にむすびつかなかったのか、理解に苦しんだ。

FIFA内部の勢力争いの過去に通じている人々は、物議を醸した一九九八年のFIFA会長選挙を思いだした。当時、カタール政府がブラッターの選挙活動に資金援助をしたおかげで、ブラッターは一時期本命視されていたスウェーデンの改革派レナート・ヨハンソンを破ることができたのだ、という噂がささやかれたのである。今回、内部の事情通は、FIFA執行委員会のカタール人理事であるモハメド・ビン・ハマムが金をばらまいて票を買ったのだ、と主張した。だが、どんな証拠がある？　ワールドカップは、開催国の経済とサッカー関係者に多大な利益をもたらす。立候補して負けた国々はかならず、違反があったと叫ぶ。FIFAの曖昧模糊《あいまいもこ》とした歴史が、どうしてもそうさせてしまうのだ。

FIFAの選挙で——大会の開催国を決めるものであれ、組織の長を選ぶものであれ——疑惑の対象とならないものはほとんどない。一九七四年にジョアン・アベランジェが第六代会長のスタンリー・ラウスを破って第七代会長に就任した選挙も、第八代現会長のブラッターが締結した不透明なライセンス契約やスポンサー契約の数々についても、どういった経緯でそうなったのか、はっきりしない事柄が多い。通常であれば、その種の財政管理は組織に大きな利益をもたらすものだが、FIFAの場合はそうではなかった。ブラッターが悪名高いロシア犯罪組織のボス、タイワンチク（二〇〇二年のソルトレイクシティ冬期オリンピックのフィギュアスケート競技で八百長を仕組んだ容疑によって告発された人物）と談笑している写真があるが、同じ場所に居合わせたのは、おそらく当のFIFA会長にとっては不幸な偶然だったのだろう。しかしその写真は結果的に、ブラッターとFIFAは厚顔無恥だという世間の評判を裏付ける役目を果たしてしまった。FIFAからは、スキャンダルが無尽蔵に湧いてくるようにさえ思われた。

とはいえ、見過ごされがちだが、長年にわたって次から次へとスキャンダルにまみれることにもいい点が一つある。つまり、新しい火種が直前の騒動の煙幕になるのである。今回のワールドカップ開催国の発表があったときも、すぐさま近々おこなわれる——二〇一一年六月一日——次期会長選挙が具体化してきた。ブラッターの四年の任期は、すでに終わりに近づいていた。そして驚くべきことに、ブラッターが再任されるのかどうかを決める次の選挙に、強力な対立候補があらわれた。挑戦者の出馬表明に激震が走った。その男、モハメド・ビン・ハマムはそれまでずっと、ブラッターの忠実な支援者だった人物だからである。

長年FIFAの理事を務めてきたビン・ハマムは、当時の首長シェイク・ハマド・ビン・ハリーファ・アル・サーニーの諮問機関、カタール諮問評議会（立法府）にも名前を連ねていた。権力の中枢にいたビン・ハマムは、自分自身の城がほしくなったのである。二〇一一年三月一八日、ビン・ハマムは次期会長選挙への立候補を表明した。ワールドカップ開催国決定の余韻が残るなか、カタールは存在感を増していった。

第22章

待ち望んでいた一報

二〇一一年三月　チューリヒ

イートンは各国のサッカー協会に対して、偽の興行会社、インド系シンガポール人、とくに〝ラジ〟と名乗る人物に気をつけるよう、緊急の警告を発した。こうした協会組織の脆弱性を危惧する一方、イートンは心ひそかに、ペルマルがどこかに触手をのばして自分の所在をあきらかにしてくれないものか、と願っていた。イートンの考えでは、陰謀を示す無数の痕跡のうち、中心に位置しているのがペルマルだった。だがペルマルという断片は欠けたままで、まだ実像をむすんでいない。

チューリヒには、自分以外にペルマルを発見することの重要性を理解している人間がいないように思われた。そのために、同僚との関係はますます疎遠になっていった。イートンは職場外での〝交流を深める〟活動にはいっさい参加しなかった。かたくるしいスイスの流儀にどうしてもなじめなかったからである。イートンが職場で冗談を飛ばしても、みんなはその言葉を額面どおりに受け取るのだ。イートンは自分の仕事に集中し、FIFA内部の政治的駆け引きには関与しなかった。結局、ランチもいつも一人で食べる。二〇一一年三月一日、サンサルバドルへの出張から帰ってほどなく、例によって一人のランチをすませて殺風景なオフィスにもどってくると、電話が鳴った。

電話をかけてきたのはグレアム・ピーカーだった。欧州サッカー連盟（UEFA）の情報コーディネーターである。二人は過去の八百長事例の調査について協力しあい、情報や意見を交換していた。ピーカーの専門はIT分野で、調査員ではない。だが、ピーカーはイートンが調査員であることを知っていた。連絡を入れたのは、たった今電話で受けた依頼への対応に、イートンの専門知識が必要だったからである。フィンランドで犯罪がおこなわれているという知らせが来た、とピーカーは言った。

イートンは興味をそそられ、熱心に話を聞いた。「フィンランド警察が誰かを逮捕したんだ」とピーカー。「何者なのかはわかっていない。でも、そいつはあっちで八百長を仕組んでいたらしい」

イートンは、くわしく話してくれるようにと頼んだ。これまでイートンが対処してきたのは、汚職選手やサッカー界の関係者だけだった。フィクサーたちは影のようにとらえどころがなく、電子メールの末尾に記された仮名であったり、競技場の防犯ビデオに映っているぼやけた映像であったり、膨大なデータの記号になったりしているにすぎない。詳細は電子メールで知らせるよ、とピーカーは答えた。しかしイートンは食いさがった。この件にはなにかぴんと来るものがあり、今すぐその内容をたしかめたかったのだ。

「了解。警察は、そいつが選手たちをどなりつけて脅している現場を見届けたという」

イートンは高ぶる気持ちをおさえかねて、椅子に座りなおした。幸運が転がりこんできたのだろうか？

ピーカーは言葉を続けた。「選手はそいつをラジと呼んでいる」

ラジという名前のインド人が無数にいることくらい、イートンにもわかっている。だが、今度ばかりはまちがいあるまい。このラジこそ、自分が追い求めてきた男のはずだ。イートンはピーカーに伝えた。「フィンランドに行くことにしよう」

第23章

逮捕

二〇一一年二月　フィンランド

イートンのオフィスの電話が鳴る九日前の二〇一一年二月二〇日、フィンランド北部ロバニエミの中央警察署に、ジョセフ・タン・シンという男が入っていった。タン・シンは中国系シンガポール人で、あるシンガポール国籍――ただしインド系――の男が偽造パスポートで市内に滞在している、との情報を担当官に伝えた。そして、その男の名前はウィルソン・ペルマルだと告げた。なぜ知らせにきたのかと警察官が尋ねると、タン・シンは身がまえ、自分を犯罪者扱いするなら警察署から出ていくまでだと答えた。

ロバニエミ警察のユッカ・ラッカラ警部は、ペルマルが宿泊しているというスカンディック・ホテルに徒歩で向かい、同僚と二人でその身柄を確保した。しかし警察署にもどったあと、彼らは自分たちが容疑者をまちがえ、同じホテルの別の部屋に泊まっているインド人を拘束してしまったことに気づいた。ふたたび同じミスを繰り返さないために、ラッカラはホテルで張り込みを開始した。ペルマルが姿を見せると、警官があとをつけた。

二月二三日、警官たちは、ペルマルがヨーロッパ人と思われる三人の男と合流するのを見た。一行が向かった先は、ケスクスケンタ・スタジアム。そこでは、RoPSとタンペレ・ユナイテッドの試合がおこなわれようとしていた。スタンドに座ったペルマルは、試合中、ずっと携帯電話を耳にあてていた。それなのに、ごくたまにしか口を開かない。いったいなぜそんなことをしているのか、ラッカラ警部たちはその行動の意味をはかりかね、好奇心をそそられた。もちろん彼らは、八百長に協力する選手それぞれに一万ユーロ渡すよう、ペルマルがムソンダに八万ユーロを支払っていたことなど知るはずもない。ペルマルは電話で、賭けの指示をしていたのである。

このところ、マカオのブックメーカーが執拗に二〇万ドルの借金の返済をペルマルに迫っていた。ブックメーカーは電子メールを送ってよこし、偽造パスポートで旅行しているのはわかっているのだから、警察にたれこむくらいは簡単だと脅しをかけてきた。ペルマルは腹をたてた。これは犯罪者の掟《おきて》にそむく行為である。犯罪者は絶対に警察に密告などしないものだ。それでも、ペルマルは不安になった。フィンランドの警察と悶着《もんちゃく》でも起こそうものなら、五年の刑期が待ち受けているシンガポールに逆もどりさせられかねないのである。とはいえ、ムソンダとRoPSの選手たちが八百長をやり遂げれば、経済的苦境はかなり解消される。こんな小さなスタジアムで、忘れ去られたリーグで、試合結果を操作するのにいかほどのむずかしさがあろう？　注目している者は誰もいない。すでに大半の選手を抱きこんでいる。しかし、このシーズン中、RoPSで仕掛けた七回の八百長のうち、成功したのはたったの一試合だった。借金の清算に必要な金を貯めるどころか、逆にどんどん減っていた。今回の試合はRoPSのシーズン最終戦、ペルマルに残された最後のチャンスだった。試合中の電話で、ペルマルはなんとか一〇〇万ドルを稼ぎだそうとしたが、そのためにはRoPSは負けねばならない。だが試合が終わったとき、ペルマルは呆然とした。RoPSは、一対一で引き分けていたのである。

警察は監視を続けた。尾行していくと、ペルマルと連れの一人がスタジアム近くのフランス料理店、フランスマニに入っていった。やがて、ムソンダと二人の選手がペルマルたちのところにやってきた。険悪な雰囲気だった。どうやら選手たちは、ペルマルとその連れに脅されて縮こまっているらしい。ラッカラ警部には、これはただのパスポート偽造などよりも子細ありげな事件のように思われた。それでも自分がなにを目撃しているのか、警部にはよくわからなかった。少なくとも過去三シーズン、さまざまなフィクサーがこのクラブに食いこみ、もっとも人気のあった選手で現在は監督となっている人物を介して、試合を不正に操作してきたのだが、地元警察はまったくそれに気づいていなかったのである。

二日後の早朝六時、ラッカラ警部は、ペルマルを乗せた飛行機がロバニエミの空港を飛び立ち、ヘルシンキに向かうのを確認した。すでに首都ヘルシンキの警察には連絡をすませてあった。ペルマルがヘルシンキのバンター空港に到着すると、税関職員がペルマルを脇に呼びだした。パスポートが精査された。記載されていた名前はラジャ・モーガン・シェリアー。生年月日は一九八七年一〇月七日。ペルマルは四五歳にしては若かったかもしれないが、二三歳で押し通すのには無理があった。二〇一一年二月二五日、午前八時五〇分、警察はペルマルを逮捕した。しかし、この男が何者なのかはわからなかった。

ペルマルは必死に現状を取り繕おうとした。しかしながら背後には累々たる証拠が残されており、破滅につながるおそれはじゅうぶんにある。警察がペルマルをロバニエミに送還すると、ラッカラたちは所持品の検査に取りかかった。まず、ノートパソコンからファイルを回収した。それから、電子メールや携帯電話のメッセージを読んだ。携帯電話に登録されている番号も調べた。電話帳には〝ダン〟と記されたキプロスの番号があった。イブラヒム・シャイブの番号も、二つ登録されていた。ほかに〝デッドボール・スペシャリスト〟▼29というリストがあり、そこにはクリストファー・ムソンダのほか、トーゴサッカー協会の関係者、ブックメーカー、犯罪者や資金提供者などの番号が載っていた。また、ベネズエラからスロバキア、カタール、ザンビアにいたるまで、全部で三五か国との交信履歴があった。ペルマルが宿泊していたロバニエミのホテルの部屋からは、選手に支払った賄賂や、賭博市場で儲ける予定の金額など、八百長の収支を記したメモ類を発見した。それらのメモには、ペルマルがクウェートで手配している二三歳以下の国際親善試合シリーズに関するものもあり、これにはクウェートとシリア、パレスチナ、それにスイスの代表チームまで参加する予定になっていた。つまり、今回差し押さえた証拠は、警察当局がかつて押収したことがないほど完璧な、シンガポール組織による犯罪の記録だったのである。それでもフィンランド当局にとっては、これらは意味不明の断片の山にすぎなかった。彼らには、自

▼29 「セットプレーの名手」の意。

分たちの目にしているものの全体像をつかむことができていなかった。

ペルマルは「シンガポールでの五年のムショ暮らしなんてどうってことはないさ」と豪語していたが、やはりこの刑期をまぬがれることは重要な問題だった。警察が手錠をかけたペルマルをパトカーから降ろし、ロバニエミの裁判所の階段に向かわせていたとき、彼は走って逃げ出した。北極圏沿いの二月、気温はマイナス二〇度である。着ているのはTシャツにジーンズだけ。手錠がはまっている。疲れ、凍え、無意味さを悟り、ペルマルは走るのをやめた。パトカーが横に来て止まった。ペルマルは中に乗りこんだ。

たとえシンガポールへの長い空の旅をせずにすんだとしても、フィンランドで囚人仲間を作るのは避けられそうになかった。

クリス・イートンがフィンランド航空の飛行機でロバニエミに到着したとき、周囲には暗闇がたれこめていた。今は真冬、一日が二四時間の夜に閉ざされる季節である。イートンは、とうとう待ち望んだ場所へたどり着いた。この凍てついたラップランド地方にやってきたのは、フィンランド警察と検察に、彼らが捕らえたシンガポール人の重要性をくわしく説明するためだった。

すでにフィンランドにはイートンの部下二人が入っており、ペルマルの身元確認作業を手伝っていた。ペルマルの写真の付いた身分証明書を入手できていなかったため、この男が自分たちのめざす〝ラジ〟なのかどうかをたしかめたかったのである。イートンは、雪と氷に覆われた数階建てのロバニエミ警察署で、ユッカ・ラッカラ警部たちと会った。そして、現時点で判明しているペルマルの足跡を手ぎわよく伝えていった。ペルマルがどの国へ行ったか。誰を籠絡したか。「誓って申しますが、あなたがたが捕まえたのは」と、イートンは初日の昼食の席で地元の警察官たちに伝えた。「世界でもっとも多くの八百長を仕組んだフィクサーです」

戸外はおそろしいまでに寒く、ケミ川には厚い氷がはっていた。イートンは自分の任務に集中した。フィンランド警察当局を説得して、FIFAの大きな目的のために共同で動いてもらわなければならない。「表面上はたんなるフィンランド国内の事件に見えても、じつは国際規模の捜査につながっている、という認識を持ってもらいたかったんだ」。イートンは手持ちのペルマルの資料すべてを卓上に広げた。インターポール時代、おだてないと必要な資料を見せてくれない国家警察がどれほど多かったことか。だがイートンは、そんな無益な手間をかけるつもりはなかった。

イートンはペルマルの逮捕とその重要性について、インターポール事務総長のロナルド・ノーブルに伝えた。また、ヨーロッパ中のメディアに連絡を取り、ペルマルが逮捕されたという事実のみならず、その背後にひそむ大きな問題にも着目してくれるよう、念を押した。記者にしろ読者にしろ、ほとんどの人々にとって、ペルマルとシンガポール犯罪組織について知るのは、今回の事件が初めてだった――やがてこのトピックスは、翌年のスポーツニュースを席巻することになる。

フィンランド当局のなかには、イートンの参加を快く思わない人々もいた。イートンが提供した資料と彼の助力がなければペルマルの重要性を理解しきれなかったかもしれないのに、イートンがでしゃばりすぎると感じたのである。警察組織の例にもれず、フィンランド警察の一部は、この世界屈指のフィクサーの逮捕と取り調べが、最終的に誰の手柄になるのかを気にした。イートンはそういった雑音には耳を貸さずに、フィンランドの警察官たちがペルマルをうまく尋問できるよう、情報と戦略的指示を与え続けた。

ロバニエミで過ごした三日間、イートンは多忙をきわめた。しかし、ペルマルを手中におさめたことによって、事態がこれからどう展開していくかという問題については、ほとんど心を悩ませなかった。たとえどうあれ、もはや現在のペルマルは、警察署から通りを一つ隔てた地元の拘置所に拘留されているのだから。イートンはあえてペルマルに面会せず、ロバニエミの闇のなかに彼をうち捨てておいた。この男については、じゅうぶんにわかっていると思っていた。「さほど頭がいいわけでもあるまい」とイートンは考えた。「たんに度胸があって運に恵まれていたんだろうが、その運も尽きたってことさ」。しかし、やがてイートンは、ペルマルに対する興味をつのらせていくことになる。

第24章

裏切りの発覚

二〇一一年三月　フィンランド

自分はほんとうにラジャ・モーガン・シェリアーなんだ、と頑強に繰り返していたペルマルの主張も、フィンランド警察がシンガポール当局にペルマルの指紋を送り、身元確定の返信が届いたとき、粉々に砕け散ってしまった。仮面がはがれただけじゃない、とペルマルは慄然《りつぜん》とした。シンガポール政府にも、自分がどこにいるか知られてしまった。

シンガポールが送還を要求しているとフィンランド警察から告げられたとき、ペルマルはパニックに陥った。どうしたらいい？　ペルマルは長い年月をかけて、世界中で高度に政治的なつながりを構築してきた。どの国でも、サッカー協会は国家権力と緊密に連携している。フィンランドの刑務所のなかで、ペルマルは強い影響力をそなえた友人たちに思いをめぐらした。もし政治力のある誰かを説得して別の国の市民権を手に入れることができれば、シンガポール国籍は自動的に消滅し、おそらく送還要求も無効になるにちがいない。

ペルマルはトーゴの関係者に連絡を取り、彼らの母国への亡命と市民権獲得を願いでた。しかしペルマルは、かつて自分が仕組んだ偽トーゴ代表チーム戦の後遺症を軽く考えすぎていた。助けを申し出るようなトーゴ人など、一人もいなかった。次はガーナの友人たちを頼ったが、空振りに終わった。よし、それではジンバブエだ。三〇年以上にわたってロバート・ムガベの独裁が続くジンバブエは、アフリカでもっとも賄賂が有効な国の一つであり、規則を曲げることを厭《いと》わず、黄金の握手が物を言う。まちがいなく――とペルマルは計算した――ジンバブエ人であれば、友を危難から救い出すことの意味をわきまえているはずだ。「現在の苦境を脱するために、皆様方のお力添えを強く必要としております」と、ペルマルはジンバブエサッカー協会のプログラム担当官ジョナサン・ムサベンガナに電子メールを送った。メールの文面は次のように続いた。

わたしには、シンガポールの市民権を放棄する必要があります。そのために、貴国か、皆様方とつながりのある国で、帰化もしくは永住権の取得をしなければなりません。貴国の女性と結婚した場合、外国人が貴国に帰化することは可能ですか。結婚後、どのくらいの期間がたてば帰化申請ができるのでしょうか。それについて知りたいと思います。わたしが初めて貴国を訪れたのは、二〇〇七年八月九日です。その時期にさかのぼって、公式の婚姻登録をおこなえるでしょうか。

この頃には、ＦＩＦＡのイートン・チームはジンバブエサッカー協会の調査に着手し、協会とフットボール4Uの関係の洗い出しにかかっていた。結局、彼らが調べあげた詳細によってジンバブエでの大がかりな犯罪があばかれ、これはやがて〝アジアゲート〟と呼ばれることになる。ムサベンガナは、アジアゲートの首謀者である男といかなる関係も持ちたくなかった。彼はペルマルの電子メールをヘンリエッタ・ラシュワヤに転送し、こう言葉を添えた。「わたしのところにはアジアから電話まで来たよ。一人はやつのガールフレンドだと名乗り、もう一人は妹だってさ!!」好況時代の友人、財政破綻に苦しんでいた世界中のサッカー協会の救世主ペルマルは、いまや誰からも見放された存在になっていた。

シンガポールのそれに比べればフィンランドの独房はずっと居心地がよく、もはや選択肢は一つしか残されていないことをペルマルは悟った。しゃべるしかない。ムソンダをはじめとするRoPSの選手たちは警察の尋問を受けてあっさりと兜を脱ぎ、自分たちのおこなった八百長の実態についてくわしく自白していた。フィンランド警察はすでに、事件の概要をつかんでいた。その事実を突きつければ、ペルマルが否定してもどうしようもない。それでも警察は、イートンに強く迫られ、追及の手をゆるめなかった。

最初にペルマルは、自分に関する情報を得たがった。誰が自分を裏切ったのかを知りたかったのである。ずっと頭にあったのは、二〇万ドルの借金をしているマカオの件だった。その男は、ペルマルが偽造パスポートで旅行していることは先刻承知だと言っていた。そして、警察に話すと脅しをかけてきた。たれこんだのはそいつにちがいない、とペルマルは考えていた。二月二〇日に警察署を訪れた男の名前を聞かされたとき、ペルマルは激しい衝撃を受けた。タン・シンは組織の一員で、ペルマルの国際八百長ネットワークをつなぐ連絡係《ランナー》の一人である。タン・シンがペルマルを警察に売ったというなら、なにもかも腑に落ちる。

なんということだろう。アンソニー・ラジ・サンティアがシャイブを審判に起用したのも、すべてつながっていたのだ。遠い昔、クルサミーから学んだ事柄がある。状況に応じて対処する能力がなかったら、フィクサーの仕事はできない。忠誠など存在しない犯罪の世界で、ビジネスを展開していくことはできない。そしてペルマルは、その種の環境にうってつけの人物だった。いとも簡単に、他人と親しい関係を築くことができた――誠実さを演出するのはお手のものだったから――それでも決して深入りはせず、さしたる理由もなく、一瞬のうちに態度を豹変させることもできた。この世界をなんとか生き抜くにはそれしか方法はなく、人間関係を利用して金を稼ぐにもそれしか方法がなかった。だが、たとえペルマルが枠からはずれてしまったとしても、犯罪者の世界の重要な掟は揺るがないと信じていた――つまり、警察に密告したりはしない、ということだ。自分の投獄の原因がダン・タンにあり、ダン・タンがタン・シンを派遣したのだと知ったとき、ペルマルは態度をひるがえした。ペルマルは組織の裏事情を語りはじめ、警察と検察――そしてイートン――は、その供述を足がかりに八百長との闘いを進めていくことになる。

ペルマルは、シンガポール組織の構造と利益の概略について話しはじめた。組織は作戦ごとに数十万ユーロを稼ぎだすが、額が大きいときは一試合で一五〇〇万ユーロ、二〇〇〇万ユーロになることもある。ペルマルはゆっくりと、小出しに情報を提供していった。フィンランドで供述する時間が長ければ長いほど、それだけシンガポール国外にとどまっていられる時間が長くなるのだから。ペルマルはフィンランド警察に、次のように語った。

組織の構造は会社と同じだといっていい。トップにはシンガポール人のボスがおり、どの試合に八百長を仕組むか、賄賂にどれくらいの金を使うか、工作員やエージェントをどこに派遣するか、どんな賭けをするかを決める。賭けがおこなわれるのは、おもに中国だ。ボスの下には六人の資金提供者がいて、出身地はブルガリア、スロベニア（二人）、クロアチア、ハンガリー、シンガポールである。

また、〝国際八百長試合のシンジケート〟と題した組織の概略図も描いた。五つの長方形は資金提供者をあらわし、それぞれ連絡員を意味する線でつながれている。図のいちばん上には、〝稼ぎは送金エージェントを介して、中国からシンガポールへ送られる〟、〝資金提供者は自分が直接かかわっていない場合でも、利益の何パーセントかを受け取ることができる〟、図の下には〝送金は現金。試合の分析。試合の内容の報告。選手のパフォーマンスについての報告〟と書いた。

しかしそれ以上のことになると、ペルマルは口を閉ざした。そしてペルマルが描いた図は、特段の意味を持たなかった。それは伝統的な国際犯罪組織グループの構造と同じで、パートナー同士がつながりを保ちながら影響力を発揮し、一定の比率で投資をおこない、利益を回収していることを示しているにすぎない。フィンランド警察（とイートン）は、ペルマルがたえず言及するボスの正体を知りたかった。そのたびにペルマルは、組織のボスはアジア賭博業界の中心人物で、アー・ケンという名前だと答えた。警察は、ペルマルが知っていることのすべてを白状しているのかどうか、あやしんだ。なにしろこの男は、長年にわたって精緻な策略をめぐらし、それを選手やコーチ、サッカー協会に売り歩いてきたのだ。その策略のあまりの複雑さに自分自身も混乱している可能性があるとはいえ、彼がそのなかで生きてきた人物であることはまちがいない。

じつは、ペルマルを追いつめて考えを変えさせたストレスのいくつかは、意図的に作りだされたものだった。ほんとうのところは、たとえシンガポール当局がペルマルの送還を要求したとしても、それがかなえられる望みはなかったのである。シンガポールには死刑が存在するため、ヨーロッパの国の大半はシンガポールと犯罪者の送還条約をむすんでいなかった。フィンランドも締結していない。それを調べるのに、さほどの手間はかからないはずだった。この単純な事実さえわかっていなかったということが、シンガポール犯罪組織の驚くべきアマチュア性を露呈していた。

ペルマルをフィンランド警察に売ったダン・タンは、最終的になにをねらっていたのだろう？ペルマルが五年の実刑判決を受けていることを、ダン・タンは知っていた。これは願ってもない現実だった。服役を余儀なくされれば、ペルマルは否応なく八百長市場から締めだされることになる。ペルマルを五年間塀のなかに閉じこめておいてくれるシンガポールへの送還が最終的なねらいだったとすれば、ダン・タンはおそろしいまちがいを犯した。ダン・タンは、フィンランド警察がペルマルの八百長活動をあばく可能性を考慮していなかったのである。しかも、これほどまでに早くかぎつけるとは。偽造パスポートの一件があれば、さっさとペルマルを国外に追い出すだろうと考えていたのだ。ダン・タンは、クリス・イートンの存在を計算に入れていなかった。

とはいえ、ダン・タンを愚かだとは言えないだろう。これまでずっと、サッカー機構も警察も、八百長組織に対して、先手を打つような対策を取ってこなかったのだから。しかし、イートンが一気に八百長への理解を深めていったため、流れが変わったのである。ペルマルを裏切ったことで、組織はみずからの破滅をまねいた。警察に情報源を渡したばかりか、その情報源に内部の者しか知らない、複雑な、有罪を決定づけるような証拠を話す動機を与えてしまった。

ペルマル逮捕の知らせは、故郷の地にも届いた。シンガポールの著名なジャーナリスト、ザイハン・モハメド・ユーソフは「ニューペーパー」紙に記事を書き、ペルマルを〝ケロン・キング〟と呼んだ。ケロンとはマレー語で、釣り人が糸を投げる釣り場のことである。シンガポールで〝ケロン・キング〟といえば、八百長を仕組む人物という意味だった。刑務所からユーソフとやりとりした手紙のなかで、この新しい〝ケロン・キング〟は辛辣な言葉を連ね、自分が演じている――現実の――ドラマの山場についてこう表現した。「警察の助けを借りることは、いかなる違法ビジネスであれ、もっとも忌むべき反則だ」とペルマルは書いた。「ダン・タンはこの掟を破り、スズメバチの巣をかきまわした。だから、今度はやつがその結果を引き受ける番だ……おれはパンドラの箱を開ける鍵を持っている。それを使うことにためらいはない……」

第25章

極東での捜査

二〇一一年　シンガポール

ペルマルがフィンランドで復讐の炎を燃やしている頃、イートンは調査員を極東に派遣した。この地が国際的な八百長犯罪の中枢だとわかったからである。イートンのチームは、シンガポール組織内に情報源を得ることに力を入れ、あせらずに関係を構築しながら、フィクサーの心臓部に迫ろうとした。やがて少しずつ親しくなってくると、彼らとともに左側通行のシンガポールの道をドライブし、ゆったりとくつろぎながら、世界を股にかけたフィクサーたちの冒険譚に耳を傾けてやって、そのエゴを満足させた。この方法を続けていくうちに、しだいに中心となって働く人物たちの身元が割れはじめた。調査員たちはさらに彼らの行動を追い、電子メールや電話の通話記録を入手しては、八百長ビジネスの展開方法や、八百長を防ぐ方法などへの理解を深めていった。あるとき、組織の下っ端の男と会う約束を取りつけたところ、男は溶接工のマスクをつけてあらわれ、それを取ることを拒否して、つけたまま話をした。チームの調査員は酒場やクラブ、いかがわしい路地裏のカフェなどにも情報源を得た。また、ペルマルの行きつけの場所である風俗ビルのオーチャードタワーにも通ったが、そこに情報源を持つことに意味があるかどうかよりも、目の前のステージにいる女たちを信用できるかどうかの判断ができかねた。アジアには、西洋とは異なる独特のやり方があった。イートンの調査員がシンガポール八百長組織のトップに、組織を動かしているボスたちに、なかなかたどり着けなかったのも無理はない。「彼らがなにをしているのか、誰と一緒に働いているのかはわかるんだ」と調査員の一人は言う。「ただ、彼らが誰なのかがわからないのさ」

苦労を重ねた末、イートンたちはダン・タンを頂点とするボスたちの身元を突きとめた。彼らの背後にいるのは中国マフィア三合会のグループで、つい最近参入したばかりのブックメーカーをコントロールしていた。「アジアのブックメーカーは、一週間に二〇億ドルの収益をあげる」とイートンは言う。「コカコーラと同程度の規模だ。しかも、なにも生産しない。札束が動くだけだ」

新たに発足したＦＩＦＡセキュリティチームは、世界中の多くの地域で、競技場のレンタル料さえ払えば国際親善試合が開催できることを知った。必要なのはそれだけで、契約書もなければ、きちんとした認可手続きもなく、ＦＩＦＡの公式親善試合であることを保証するものは、なにもなかった。職務怠慢だったわけではない。担当者が存在しないだけだった。ある国際親善試合を調べていた調査員は、その試合を仕切っていた興行会社の事務所を訪ねた。事務所はがらんとして人気《ひとけ》がなく、ドアに《輸入／輸出》の文字が書かれていた。調査員がドアにあった電話番号にかけてみると女が出たが、背後で泣《な》き喚《わめ》く子供たちの声にかき消され、彼女の声はほとんど聞きとれないありさまだった。別の調査員は、トルコとモルジブのあいだで組まれている親善試合を調べていた。アジアの大手ブックメーカーの一つ、ＳＢＯのリストに載っていたものである。試合は、マレーシアのブキットジャリルにあるＭＳＮ競技場でおこなわれる予定だった。だが突然、クアラルンプールのペトロナス競技場に変更された。しかし、調査員がトルコとモルジブのサッカー協会に連絡を入れたところ、どちらの組織もそんな試合があることを把握していなかった。

第26章

イートンのＦＩＦＡ改革案

二〇一一年　チューリヒ

ペルマルから入手した情報に基づき、二〇一一年三月二六日におこなわれるクウェート対ヨルダン戦を監視するため、イートンは調査員をアラブ首長国連邦のシャールジャに向かわせた。違法賭博組織が監視に気づいて後半に賭けを引きあげたので、この試合は、シンガポールのボスたちに対するＦＩＦＡの記念すべき初勝利となった（第1章参照）。「われわれは、彼らが反目しあうようにしむけたんだ」とイートンは言う。「互いに対して疑心暗鬼になるようにね」。精力的に調査を進めるにつれ、フィクサーたちが非常に優秀であることをＦＩＦＡのチームは認識するようになった。「彼らは並の犯罪組織じゃない。携帯電話を八つも九つも使って、仕事がすめばすぐに廃棄してしまう」

シンガポールは静まりかえった。自宅マンションの玄関に姿を見せたダン・タンの若く美しい妻はおびえた表情で、夫はいない、と調査員に告げた。ダン・タンの相棒の一人が参拝に訪れるというヒンドゥー教の寺院では、その周囲を一〇八回[30]まわる熱心な信者が何人もいたが、パスポートの不鮮明な写真だけでは、この男を見たことがあるかどうかわからないと答えた。リトルインディアの中心にあるモナミ・カフェは、月曜日の夜にダン・タンの仲間が稼ぎの支払いに使う場所だったが、今はむなしくメニューが置いてあるだけだった。アンソニー・ラジ・サンティアのアパートではかすかな物音が聞こえたが、ドアは開かなかった。シンガポール組織が鳴りをひそめたことに、クリス・イートンとFIFAセキュリティチームは危機感を抱いた。

一度は成功をおさめたものの、この方法では長続きしないことがイートンにはわかっていた。全世界の疑惑試合のすべてに調査員が出向けるわけがない。そうである以上、各国の政府やサッカー管理者側が八百長という犯罪に対処できるように、制度を根本的に変革するしかない。八百長は「政治とは無関係」な問題なのだから、積極的な「テロ対策」をする必要がある。起訴して有罪に持ちこむ方式は、アフリカの村とか、ギャングのたまり場のような薄暗いヨーロッパのスタジアムでおこなわれる陰謀には役立たないだろう。イートンによれば、「やつらは親切ごかしの態度で標的を丸めこんだら、あとは脅しにかかる。弱い人間はかならずどこかにいるからな。学校のいじめを国際規模で展開しているようなものさ。もう、立ち上がってならず者どもをやっつける時期だ」

イートンたちが現場での活動を続けるうち、一部から彼らの活動を疑問視する声があがった。

[30] ヒンドゥー教や仏教では、108は煩悩の数とされる。

イートンはどんな権限があってこうした調査をおこなっているのか？　もう警察官でもないのに。シンガポールにおもむいたとき、イートンは地元警察が自分たちを監視し、携帯電話で写真を撮っていることに気づいた。二〇一一年五月には、ペルマルの資料をシンガポール警察に渡したが、彼らはＦＩＦＡと連絡を取りあうことを拒否した。なぜそんなことをする必要がある？　イートンはインターポールの職員でもなんでもないのだから。

イートンは、雇用主に対しても苛立《いらだ》ちをおぼえるようになっていた。ＦＩＦＡがセキュリティ関連の予算として配分したのは、二〇〇万ドル弱だった。ところが、次期ワールドカップの開催を祝うためにリオデジャネイロで開かれるＶＩＰパーティーには、その数倍の予算がつけられていた。イートンが公式発言をするたびに、そうしたことへの不満がにじんだ。またＦＩＦＡとインターポールは、シンガポールのアメリカ大使館のすぐそばに〝八百長対策教育センター〟を新設することで合意した。建前上は、八百長への対処法を警察に教える施設である。だが、シンガポール警察とのやりとりで相当にうんざりしていたイートンは、失望した。そして、シンガポールは「八百長アカデミー」だと言ってのけた。それは——おそらく——気の利いたコメントだったが、いかんせん口にした場所が悪かった。「クリスはときどき、たいていの最高経営責任者だったらクビにするような発言をしました」とインターポールのロナルド・ノーブル事務総長は言う。「直截《ちょくせつ》にすぎるし、発言の余波が当の組織に跳ね返ってくるし。まあ、どんな経営者でも『いいかげんにしろ』と言ったでしょうな」。しだいにＦＩＦＡ上層部は、自分たちがどんな人物を雇用したのか悟りはじめ、イートンは頭の痛い、なんとかしなければならない問題の一つになっていった。

彼の好戦的な態度はインターポールにも跳ね返り、双方の関係がぎくしゃくしてきたため、ノーブル事務総長は、もう銃もバッジも携行していない自分の元部下が、一市民としての分をわきまえない行動をとっているのだろうか、と憂慮した。「クリスの手法の問題点は、こうした事例を法執行機関と同じように捜査しようとしたことです。だが、FIFAにその権限はない」とノーブル。「クリスは、FIFA証人保護プログラム、FIFA落下傘部隊を作りたがった。だが、それは不可能なのです」。ノーブルはこうなることを予想しておくべきだったのだろう。どんな仕事仲間よりも、イートンのことをよく知っていたのだから。「警官であることは、クリスの仕事のなかにふくまれていません」とイートンの現在の妻ジョイスは言う。「でも、彼はその世界の人間なんですわ」

イートンの信念からすれば、従来の長期的な捜査や、法廷で延々と繰り広げられる裁判では、八百長を撲滅するのは不可能だった。テロリズムと戦うように、八百長組織をたたかねばならない。国境を越えた八百長を支える、資金調達ネットワークを摘発せねばならない。警官であれば、国境を越えて活動することはできないかもしれない。しかし、自分にならできる。「クリスにはわかっていたのです。世界規模でおこなわれる犯罪は、逮捕につなげられるほどの国際的注目を集めないということをね」とノーブルは言う。

イートンは内部に圧力をかけることにした。事務局長のジェローム・バルクに手紙を書き、FIFAは「増加の一途をたどる国際的な八百長試合に、ただちに対処しなければなりません……

試合の信頼性をそこねる企てがこれほど広範囲でおこなわれている現在、従来の管理手法のみで対応を続けることは、もはや不可能であると強く申し入れます」と要請した。

また、インターポール時代からの知人であるマイケル・ハーシュマンにも連絡した。ハーシュマンはアメリカのバージニア州にあるフェアファクス社の社長兼最高経営責任者で、労使間の紛争を解決したり、電子情報の科学捜査《デジタル・フォレンジック》を提供したり、テロ対策業務を請け負ったりしていた。しかし世間一般には、ハーシュマンが一九九三年に共同設立した、ベルリンに本部を置く市民監視団体トランスペアレンシー・インターナショナルとの関係で知られることのほうが多いだろう。ハーシュマンは、ゼネラルエレクトリック社やシーメンス社をはじめとする数多くの企業で、内部の不正を監視する機構の構築を補佐している。フェアファクス社は北中米カリブ海サッカー連盟（CONCACAF）の代理人も務めており、アメリカ大陸における八百長事件の調査を担当していた。

二〇一一年、イートンとハーシュマンは八百長がサッカー界を蝕《むしば》む手法を綿密に研究し、FIFAが効果的に八百長を阻止しうる事前の対策について、数か月間の検討を重ねた。なによりも選手の動向に着目すべきであるとして、最終的に三つの具体案をまとめた。この八百長阻止計画の要となるのが、内部告発用のホットラインである。選手やコーチ、審判の耳には、たえず八百長の情報が入ってくる。ホットラインがあれば、報告する手段となるにちがいない。外部業者に委託して専用の回線を開設し、一日二四時間態勢で稼働させ、電子メールでも電話でも連絡できるようにして、なおかつ一八〇の言語に対応する。報告は匿名でもかまわない。

報告者が身元をあきらかにすることを選んだ場合、プログラムは次の段階に進む。イートンとハーシュマンは、八百長に加担したとしても、自発的に報告しようとする選手や審判、職員は許してやる必要がある、という見解で一致した。ただし、ＦＩＦＡから情状酌量してもらえるのは一回かぎりである。そして、プログラムの第三段階では、八百長の情報を提供した選手を立ち直らせるため、カウンセリングをおこなう。報告者が八百長と無関係だった場合は、ＦＩＦＡから報奨金を出す。こうしたすべてを統括する新部門の名称は、〝ＦＩＦＡ八百長管理調査対策室〟。イートンとその部下たちは、競技場で会った情報源が話をためらう場面に幾度も遭遇し、そのたびにＦＩＦＡという組織自体の内部汚職の噂を思いだした。この改革が新風をもたらすきっかけになることを、ハーシュマンとイートンは願った。

イートンが改革プログラムの草稿を書いていると、自宅から心配な知らせが届いた。彼の妻でインターポール職員のジョイスが、絶対安静になったという。イートンより二〇歳若いジョイスは妊娠しており、さまざまな合併症を併発していた。ここ数か月、胎児の命は危険な状態だった。平日はチューリヒで改革のための仕事にたずさわっているイートンは、週末しかリヨンの妻のもとへ帰れない。フランスの医師団は、早期に分娩させることも考えはじめていた。一家はつい最近、死に見舞われたばかりだった。昨年、イートンの両親が亡くなったのである。新しい命に生き残るチャンスはないかもしれない、とイートンは危ぶんだ。

第27章

ブラッター会長の約束

二〇一一年八月　コロンビア

二〇一一年六月一六日、イートンは、ウィルソン・ペルマルのフィンランド人弁護士に電子メールを送った。ペルマルに改革プログラムへの参加を求めたのである。フィクサーの誘惑に屈しない方法を選手に教えるための講義に協力してもらいたかったのだ。イートンはそれを八百長撲滅対策の一環に位置づけていた。数日後、刑務所では紙と鉛筆しかもらえないため、ペルマルは手書きで返事をしたためた。「返事が遅れた」ことの謝罪からはじまる手紙は、世界一篤実な人物が書いたような雰囲気だった。「若い選手を不正から守るためのＦＩＦＡのご活動への参加を呼びかけてくださり、ありがとうございました」とペルマルは書いた。「裁判が完了しましたら、あなたのご要望におこたえする環境も整ってくるでしょう」

文面からは、今後も手紙のやりとりが可能なような気配が漂ってきた。イートンは力づけられた。国際的な八百長試合の調査を続けていくうちに、八百長の表裏を知り尽くしたペルマルが片腕になってくれたら、という思いがふくらんできていたからだ。混沌とした犯罪の世界には、価値あるものも信頼しうるものも少ない。長年の経験から、それは身にしみている。七月一九日、フィンランドの法廷はペルマルにビジネス詐欺で有罪の判決を下し、二年間の服役を言い渡した。しかし実際には、刑期は一年ですむことになるだろう。

二〇一一年八月、イートンはコロンビアの首都ボゴタにあるクラウンプラザ・ホテルのカフェで、ベーコン・アンド・エッグの朝食をすませた。何十年にもわたって麻薬密売組織に蹂躙《じゅうりん》されたコロンビアは、国際的なイメージを回復させるための努力を続けており、その一環でFIFAのU－20ワールドカップを開催することになった。たいてい、どの都市でもこの大会の開催は許可される。入念に準備を整えて実行する必要はあるが、地元経済に及ぼす影響は少ないからだ。もちろん、FIFAにとって重要な大会であることに変わりはなく、ゼップ・ブラッターもチューリヒからボゴタにやってきていた。じつはイートンは、自分の上に君臨するボスに直接会ったことは一度もなかった。ところが今、そのブラッター会長がすぐ近くに座っている。イートンは自己紹介をした。二人はカフェのラウンジスペースに席を移し、彼らだけで話をした。

ブラッターが側近に囲まれておらず——そういう機会は滅多になかったが——私的な環境でくつろいでいるとき、彼はふだんの政治家の顔を見せず、とても楽しい会話の相手となる。イートンはその求心力に驚いた。上品な魅力をたたえたブラッターがＦＩＦＡの企業風土、あるいはＦＩＦＡの目的そのものを象徴していることが、肌でわかるような気がした。八百長試合の現状について概説するイートンの話に、ブラッターは熱心に耳を傾けた。「皆が考えているよりも、状況はもっと深刻です」とイートンは述べた。「強力かつ迅速に対処しなければなりません」。そして、これまで練ってきた改革案についてくわしく説明した。ブラッターは全面的な協力を約束した。

このとき、実務家のイートンは八百長問題の重要性を説くのに夢中になっていたため、自分が政治の領域に足を踏み入れたことに気づかなかった。そこは、真摯な考えというものが通用しない世界だった。結局のところ、ブラッター個人になにができるだろう？　外部の人間はブラッターを組織の顔だと考えるが、組織は会長のブラッターよりも巨大なのだ。ブラッターは疲れているように見えた。もはや目一杯のようだった。近いうちにＦＩＦＡ執行委員会が独立統治委員会を発足させ、世界規模の八百長についての調査にあたらせる。その委員会がなにを発見するか、誰が知ろう？

やがてブラッターは椅子に座りなおし、深いため息をついた。物思いにとらわれているようだった。そして口を開くと、ブラジルサッカー界の巨人で、ブラッターの前にＦＩＦＡ会長職を務めたジョアン・アベランジェの話をはじめた。アベランジェは、四半世紀近くにわたってＦＩＦＡを率いた。就任当初の一九七〇年半ばは、サッカーの国際試合の世界はまだ洗練されてもいなければ、未来の予測もつかない時代だった。しかし、彼が会長職を退く一九九〇年代後半になると、企業がサッカービジネスに興味を寄せはじめ、スポーツ界全体が巨大な利益を生む産業に転換していこうとしていた。アベランジェが会長を退任した一九九八年には、サッカーはまだ世界の金脈になってはいなかった。しかし、アベランジェはその日が来ることを見越していた。試合に寄生し続けてきた悪党や謀略家がこの巨万の富にどれほど群がってくるかも、世界規模の人気の高まりによってサッカー界が利益を得る一方で試合を統御できなくなっていくことも、彼にはよくわかっていた。

ブラッターはイートンを見た。「初めて一〇億ドルのテレビ放映権の契約書に署名したとき、アベランジェはわたしがまちがいを犯したと言った。『きみは餓狼の群れを招き入れようとしている』とね」

ブラッターの秘書がカフェに入ってきた。スタジアムに向かう時間だった。ブラッターはその声が聞こえないかのように、身じろぎもせず座っていた。「わたしは幸福な会長ではないよ」とブラッターはつぶやいた。

第28章

FIFAとの別れ

二〇一二年一月　チューリヒ

二〇一二年一月一〇日、クリス・イートンはチューリヒのFIFA本部会議室に報道関係の代表者を集め、会見を開いた。ハーシュマンとともに作りあげた改革案を発表するときが来たのである。会場の前方に据えられた発表者席に座り、イートンは準備しておいた原稿を読みあげた。

「もはや、どれほど楽観的なひとであろうと、われわれの相手が世界に暗躍する犯罪組織であることは理解しているでしょう。彼らは国境を越え、あらゆるレベルにおいて多くのスポーツ種目に悪しき影響を及ぼしています。金儲けさえできれば相手を選ばない集団であることは、言うまでもありません」

発言の根拠として、イートンは背後のスクリーンにいくつかの文書を映してみせた。ペルマルがサッカー連盟関係者に送付した、電子メールや手紙の写しである。イートンは〝組織として取るべき長期的対策〟として以下の概要を述べていった。

・試合ならびに競技全体に対して、きびしい規制を設けること。
・それぞれのスポーツ組織の母体において、責任と説明義務を負う担当者をあきらかにすること。
・資金調達に関しては例外なく精査をおこない、健全な商取引を徹底すること。
・人事、とくに試合関係者ならびに選手の代理人については、適切で優良な人物であるか否かを考査すること。
・試合ならびにその運営を厳格に管理監督すること。
・防止措置が功を奏さなかった場合は、高い捜査能力を発揮して対処にあたること。

イートンは、新たな改革案の原理原則や内容を紹介して会見を終えた。第一歩として、二〇一二年二月一日に、世界中の競技場のロッカールームにポスターが貼られることになっていた。これで問題を解決に導けるわけではない。だが、ＦＩＦＡが八百長対策で実際になんらかの手を打ったのは、これが初めてだった。イートンは、稀《まれ》に見る偉業を成し遂げたのである。ＦＩＦＡの組織風土が自分と相容れなかったため、イートンはＦＩＦＡのほうを自分向きに変えようとしていた。さらにもう一つ、イートンは驚くような成果をあげた。腐敗しているという評判が消えなかったＦＩＦＡを、この改革案を示すことによって――少なくとも次のニュースが発表されるまでの一日のあいだは――品行方正の鑑《かがみ》というべき組織に見せたのだった。新たに任命された独立統治委員会が組織に影を落とすなか、この記者会見はＦＩＦＡに束《つか》の間の輝きを与えたのである。イートンは問題を逆手にとって、ＦＩＦＡの前向きな姿を印象づけた。ついにＦＩＦＡが、試合の不正操作撲滅に向けて、みずから動きはじめたということを。

記者会見翌日の一月一一日、イートンのオフィスの内線電話が鳴った。マルコ・ビリガーだった。

挨拶を交わしたあと、ビリガーは声を落とした。「クリス、悪い知らせがある。ブラッターとバルクは、きみの改革案の実行を先延ばしすることに決めた」。イートンは耳を疑った。記者会見をおこなったばかりではないか。その日の新聞には、改革について報じる記事も掲載されていた。八百長の内部告発を二四時間受けつけるホットラインも、二、三日のうちには設置される。「ほら、独立統治委員会を作っている最中だろう?」ビリガーは話を続けた。「こうした問題は、委員会で検討する分野になる。順序としてはそうするしかないんだ」

「がっかりだな」とイートンは言った。「どれだけ苦労したのか知っているだろう。決定は理解できる。だが、それでも落胆することに変わりはない。この改革は重要だからね」

イートンは、上層部の決定にもっともな理由があるのかどうかを探った。独立統治委員会のメンバーとして残ることになるマイケル・ハーシュマンにも、心あたりはなかった。「わたしの判断では、あのとき改革案を実行に移さない正当な理由はありませんでした」とハーシュマンは述べている。最後にはイートンも、ＦＩＦＡが内部の不正関与への懸念をつのらせたために、八百長撲滅の号令に待ったがかかったのだと理解した。最初から飛ばしすぎたのだろうか？

イートンはかつて学んだ教訓を再認識した。いくら自分が正しいとしても、重要な決定を支配するのはいつも政治なのである。警官であれば、自分の管轄内では状況に応じて、自分がもっともよいと判断したことを実行する権限がある。だが一般社会では、そうはいかない。たしかに、組織に属することで得られる恩恵があるとはいえ、その組織の利益を優先させる体質はイートンになじまないものだった。そこでは、なにが正しいかは問題ではなくなる。なにが得策かが問題になるのだ。自分の画期的な成功に気をよくしていたが、もはやそれは過去のものになっていた。選択を迫られて、ＦＩＦＡはきわめて逃げ腰の凡庸な選択をした。「心配だったのは、ＦＩＦＡの内部とは比較にならないほどの腐敗が外部に蔓延していて、サッカー界にマイナスになることだった」とイートンは話す。「サッカーにとっては、ＦＩＦＡ内部の問題よりも、外の腐敗のほうが危険だった。サッカー界は、ＦＩＦＡという組織よりも大きいからね」

この一月一一日、ビリガーとの電話を終えたすぐあと、イートンは一通の手紙を下書きした。ジェローム・バルクに宛てた手紙には、こんな一文があった。「雇用契約の条項にしたがい、この書面をもって辞職させてください」

イートンはそれから二か月間ＦＩＦＡにとどまって、調査中の案件を後任に引き継いだ。ＦＩＦＡの次の保安部長は長年警察にいたラルフ・ムチュケというドイツ人で、彼もまたインターポールの一員だった。イートンと同じく、ロナルド・ノーブル事務総長がＦＩＦＡへの異動を手配した。だが、両者が似ているのはここまでだった。堅実で組織第一のムチュケは、八百長よりも警備に重点を置いた。イートンとは異なり、ムチュケは熱狂的なサッカーファンだった。そしてまた、ドイツ人であるムチュケは、職権を越えた仕事をするようなそぶりはまるで見せなかった。

ＦＩＦＡでの日々が終わりに近づくにつれ、イートンはあれこれ考えるようになった。辞職から二週間後に、ジョイスが健康な男の赤ん坊を出産した。その子は、イートンの父親の名をとってロイと名付けられた。六〇歳にして、イートンは六人目の子の父親になった。父親業に専念するのが、これからの自分が歩むべき道のようにも思えてきた。父親になるのと退職が一度にやってきたのだ。ちょうどいいではないか。

イートンは相変わらずあちこちの会議に顔を出し、真剣に八百長撲滅の警鐘を鳴らし続け、この問題には莫大な金がからみ、世界中を巻きこんでいるのだと強く訴えた。だが、大言壮語と政治が好きなサッカー界の大物たちは、イートンを冷たくあしらった。彼らは自分たちのなかにまぎれこんだよそ者、このオーストラリア人のカウボーイを観察し、仲間内でこっそり笑いあっていた。ＦＩＦＡでしてきた仕事を発展させたいというイートンの望みは打ち砕かれ、彼は部外者になっていった。

もはや彼には警官としての権威はなく、ＦＩＦＡを代表する権限もなかった。手に入ったのは、独立した立場だけだった。ＦＩＦＡが内部のしがらみや、団体のイメージを維持しようと躍起になっているこが理由で、八百長試合の対策に全力を傾けられないのだったら、いったい誰が試合の公正さを保証するのだろう。欧州サッカー連盟か？　イングランドサッカー協会なのか？　試合の水準を維持すべき団体は、こぞってこの問題を避けてきた。各国の政府と警察は、国内での起訴に重点を置いていた。権限と影響力を持ちながら、八百長犯罪組織の国境を越えた広がりと、それを阻止する方法を積極的に理解しようとしている者は皆無だった。

クリス・イートンは、サッカーを好きでさえなかった。しかし、これがちがいを生んでいたのかもしれない。彼の感情も金もアイデンティティも、いささかもサッカーとむすびついてはいなかった。サッカーにはなんの関与もしていなかった。彼が関与していたのは法だった。ほかの人たちはサッカーに生涯をかけ、それゆえ、まるで無作法な親戚にそうするように、欠点には目をつぶりがちだったが、イートンにはそれができなかった。FIFAに所属していたのはたった二年ではあったが、イートンはサッカー界の道徳の権威になっていた。

調査員たちとシンガポール八百長犯罪組織の実態を調べていくうちに、目に見えているのは表面だけであり、表の顔とか、八百長会社のマーケティング部といったものにすぎないことがわかった。八百長を発生させる原動力は、それが合法であれ違法であれ、世界中のスポーツ賭博を不正に操作することなのである。とはいえ、インドネシア、香港、マレーシア、フィリピンを中心にして、ライバルを蹴落とした地域はすべて中国の組織犯罪が牛耳っているから、その舞台はおもにアジアだった。

「これはもう、スポーツ競技の問題ではなかった」とイートンは言う。「組織犯罪そのものだった。スポーツ競技は、たまたまその手段に使われたにすぎない。わたしは初めて、国際的な犯罪組織にとって、八百長がまったく新しい金儲けのチャンスとなっていることを理解した」。既存の犯罪組織にとって、八百長には独特のうまみがある。たとえば麻薬や売春婦を移動させる場合、しばしば摘発の危険をおかして国境を越えなければならない。ところが、八百長にリスクはほとんどない。金のやりとりはインターネット上でなされるので、その経路を追うのはほぼ不可能だ。「現代の歴史上、犯罪組織へのもっとも危険な資金流入源になるおそれがあった」とイートン。「犯罪組織が、このような資金源をもったことはかつて一度もない。しかも、テロ組織はいつでも犯罪組織を参考にしてきたし、資金調達のやり方についても手本にしてきた。彼らが『八百長試合は悪くない』と言いだすのは、時間の問題じゃないか?」

二〇一二年三月、FIFAでの任務が終わりに近づいた頃、イートンはカタールのドーハにおもむいた。二〇二二年のワールドカップに向けての下準備が進みだしたからである。サッカー界は、この中東初のワールドカップ開催国のことをようやく知りはじめたところだった。カタール社会のさまざまな団体が、正しいメッセージを発信しようと懸命になっていた。カタール陸軍の元中佐モハメド・ハンザブが新たに創設した、国際スポーツ安全会議(ICSS)もその一つである。ICSSは非政府かつ非営利の組織で、大規模なスポーツ大会でのセキュリティを専門に扱うことを目的とする。ハンザブは組織の運営のために、長年ドイツ警察に勤務していたヘルムート・シュパーンを雇っていた。

三月一四日、イートンはICSSで、八百長問題に関する非公開の会議を主導した。その会議が終わると、ハンザブはドーハのカタラ文化村にあるシーフードレストラン、ルイザールでの昼食会にイートンを招いた。数十名が参加したが、ハンザブはイートンの席を自分の近くに指定した。食事をしながらイートンは、八百長をした選手を捕まえるよりも、賭博市場の不正操作を見つけだすことに集中するほうが効率的だと説いた。真っ白なアラブの民族衣装に身を包んだハンザブは、熱心に耳を傾けた。昼食を終える頃、イートンは自分がまもなくＦＩＦＡを去ることを静かに告げた。

ハンザブは驚いたようだった。昼食後、彼は店を出るイートンのあとに続いた。穏やかな天気で、夏のうだるような暑さが嘘のようだった。ハンザブはイートンに訊いた。「ＦＩＦＡを辞めたら、ＩＣＳＳで一緒に仕事をする気はありませんか？」

イートンはよく考えた。ハンザブからの仕事のオファーが、カタールの豊富な天然ガス資源に支えられていることは気にならなかった。ＩＣＳＳで役職に就けば、ＦＩＦＡで着手した仕事に決着をつけられるだけでなく、今度は八百長の背後にある賭博と金の流れの解明に力を注ぐことができる。二〇一二年五月、ＦＩＦＡを辞めた一週間後、イートンはスポーツ保全部長としてＩＣＳＳに加わった。イートンが部下を選定しているときに、フィンランドでは新たな動きが起こりはじめていた。

第29章

当局との取引

二〇一二年　ハンガリー

ウィルソン・ペルマルの刑期は終わりに近づいていた。フィンランド当局が標準的な法的措置を取れば、ペルマルは入国前に滞在していた国に送還されることになる。それはイギリスで、イギリスはシンガポールと犯罪者引渡条約をむすんでいるヨーロッパでは数少ない国の一つだった。たしかにペルマルはこのルートで五年の刑期を務める可能性もあったわけだが、ダン・タンはそこまでの考えがあってペルマルを売ったわけではあるまい。いずれにしろ、やむを得ずペルマルは取引をした。

ＥＵの犯罪情報機関ユーロポール（欧州刑事警察機構）の監視のもと、ペルマルはフィンランドの刑務所からハンガリーに送還されることに合意した。ペルマルはハンガリーの犯罪組織とは深いかかわりがあった。八百長を仕組むために、ハンガリー人の仲間としばしば行動をともにした。ちょうど、ブダペスト当局は大規模な捜査を展開している最中で、これによって最終的には、ハンガリーの国内リーグの数百人がなんらかの形で八百長に関与していることが明るみに出た。イタリア、ドイツ、フランスをはじめ、ヨーロッパ各国から警察や検察当局がブダペストにいるペルマルを取り調べにやってきた。イートンが聞いたところによると、ペルマルはきびしい監視下におかれ、護衛もつけられていた。ペルマルはしばらくヨーロッパにいることになりそうだった。

イートンはFIFAを去ったが、八百長試合の問題はその後もFIFAを悩ませ続けた。イートンの辞職から一か月後、FIFAはよりによってブダペストで第六二回総会を開催した。ブラッターとバルクが主催者だった。ロナルド・ノーブルもいた。彼らはこの会議で、組織としての優先事項を見直した。そして会議が終わったあとは、都市を二分して流れるドナウ川沿いのカフェに移動した。だが、そこからほんの数ブロック離れた場所で、彼らの安全と生活を脅かす男がユーロポールに情報を与えているという現実を理解している人間が、はたして彼らのなかにいただろうか。

スポーツ界と警察のお偉方が初夏の風に吹かれながら安穏としている一方で、ペルマルは身を危険にさらしながら、ヨーロッパ当局に情報を提供していた。その頃シンガポールでは、暗黒街の男たちが、ペルマルの元相棒であるダニー・ジェイ・プラケシュに接触していたという。「ペルマルを保護拘置しないとだめだ」とプラケシュは言う。「本気でしっかりとあいつをかくまったほうがいい。やつらはハンガリーの刑務所内でも、あいつを探していた。ハンガリーに行ってあいつを探す手伝いをするだけで、三〇万ドル払うと言われたよ。狙撃手といっしょに屋根に上がってくれっていうんだ。簡単なことさ。一五分あれば、あいつがトイレに立って、目につくところにあらわれた隙に殺すだろう。ロシア人はこの種の仕事で、去年三億五〇〇〇万ドル稼いだ。イタリア人、ブルガリア人、ハンガリア人、クロアチア人もだ。ウィルソンは、ひとのビジネスの邪魔をしているんだ」

第30章

国際スポーツ安全会議（ICSS）へ

二〇一二～一三年　カタール

カタールにあるWドーハホテルのバーのテラスで、クリス・イートンは右手のビールグラスを掲げた。「この一杯はステーキ一枚に相当する」。それに栄養があるとでも言いたげに、彼は周囲に立っていた四人と乾杯した。どれも見慣れた顔だった。顔ぶれが以前と変わっていないからである。FIFAでのイートン配下の調査チームが、そっくり国際スポーツ安全会議（ICSS）に異動していた。

焼けるようなアラブの風がテラスに吹きつけていた。周囲にそびえ立つのは、突然富を手にした国が、それに煽《あお》られるように野心と性急さをもって作りあげた建築群だった。ドーハは、建築家たちの絵筆のおもむくままに彩られていた。どんな形態も、どんな素材も、どんな色彩も、ここでは許されている。たとえば、香水の瓶を思わせるタワーがある。ホワイトゴールドで上塗りされているような超高層ビルもある。どこを見まわしても、周囲の砂ばかりの自然と調和しているものはなさそうだったし、建築物にはなんの一貫性もなかった。まるで、どこかほかの場所から高層ビルを引き抜いて集めてきたような光景が広がっていた。

ここが、二〇二二年のワールドカップ開催地である。カタール半島は、ペルシア湾に一六〇キロほど突き出している砂漠の地であり、国境はサウジアラビアとしか接していない。地図を見ると、サウジアラビアの背中にしがみついている小さな虫のようだ。だが、カタールは寄生虫などではなく、天然ガス資源の埋蔵量は世界第三位である。この国には、実質的に失業はない。税金もない。

カタールの人口の、およそ八分の一がカタール国民である。残りの人々は労働のためにここに住み、故国に仕送りをしている。ここには、カタール人よりも多くのインド人がいる。ネパール人にしてもそうだ。六、七月の午後、ドーハの気温は（サッカーファンならすでに知っているように）摂氏四〇度以上にもなる。エアコンのきいた快適な車に乗って市内を移動すれば、建築現場でじりじりと太陽に焼かれながら日々の仕事に従事する外国人労働者の姿を目にするだろう。この都市には高層ビルを建てねばならず、そしてまた今度はスタジアムも建築しなければならないのだ。

スポーツの高潔性と透明性を維持するための団体ＩＣＳＳが、この国で組織されたというのは受け入れがたいことかもしれない。なんといっても、この国では政党の存在は許されておらず、選挙による立法府がなく、裁判所で女性の証言はほとんど顧《かえり》みられることがない。この地は、サッカーの規則を定めたケンブリッジ・ルールが一八四八年にトリニティカレッジで作成されるずっと前から、アル・サーニー一族が統治しているのだ。とはいえ、現在のサッカー界にはリーダーシップを発揮する人々はおらず、リーダーとなりえた人々もまた、現状に異を唱えて改革をする権利を放棄している。サッカーを崇高なスポーツにするという大仕事は、その責務を引き受けようとする者たちの肩にかかっていた。

二〇一二年五月、ＩＣＳＳに職を得たとたんに、イートンは疑問にぶつかった。プロとして高潔さを求める自分のような人間が、はたして白とも黒ともつかない組織で働けるだろうか？　世間一般は従来の考え方に基づき、カタール人は腐敗していて、抑圧的で、時代遅れで、ワールドカップ開催も賄賂で勝ちとったと思っている。考えた末に、イートンは一歩進んで「あれこれ言われていることではなく、事実だけを問題にする」という立場をとることにした。ワールドカップ・スキャンダルの発端となったカタール人の内部告発者から、宣誓供述書を取ることもできた。その女性は、自分の話はすべて捏造だったと証言した。「いいかね、こうした申し立てが出てきたとき、わたしはＦＩＦＡの保安部長だったんだ」。誰かに質問されるたびに、イートンはこう答えた。「証拠はなにもなかった。わたしの判断では、カタール人は潔白だった」。長年インターポールで働き、世界各国の文化と接触してきたため、普通の西洋人だったら裏で不正がおこなわれているにちがいないと考える地域にも、偏見を持ちこむことはなかった。

それでも、こうした質問はイートンの気持ちを滅入らせた。そこで、カタールと自分をひとくくりにするような問いかけは、チャンスを得るための対価なのだと割り切ることにした。ＦＩＦＡに野心を打ち砕かれた今、ほかの誰が自分を雇ってくれるだろう。「ＩＣＳＳは、やりはじめたことを終わりまでやり遂げるチャンスをくれたんだ」と、彼は自分に言い聞かせた。ＩＣＳＳで高い地位についている西洋人は、イートンだけではなかった。カタール政府が所有する国際テレビニュース網アルジャジーラが、世界的に影響力を発揮しているように、ＩＣＳＳもまた、国家資金を活用して世界中の専門知識を融合させ、世界の役に立つ新たな組織になるだろう。少なくとも、目指しているものはそれだった。

　ＩＣＳＳの事務所は、ドーハのウェストベイ地区にあるアルファルダン・タワーの三三階を占めていた。このツインタワーは鋼鉄とガラスでできた上品な外観で、おもに居住用として建てられた高層ビルである。イートンのオフィスは、もともと寝室だった部屋を改装して大きなデスクを置いたものだったが、彼はそこを使わず、いつも隣の居間で打ち合わせをした。窓からは、人工都市ザ・パールを臨む街が一望できた。

　この人工の島が、彼がチューリヒを離れて住むことになった場所だった。ザ・パールは、かつてのカタールの潜水スポットに人工的につくられた、約四〇〇〇平方キロメートルの島である。石油中心の経済になる以前は、真珠《パール》産業がこの国の中心だったのだ。島はヴェネツィアを模していて、縦横に運河が走っている。水路に面した住居棟は、明るい青色や赤色、黄色に塗られていた。美しい場所だが、人気《ひとけ》がなく、がらんとしていた。イートンがジョイスとロイとともに住んでいるのは、三階建ての邸宅だった。三人が住むザ・パールの区画、カナット・カルティエはあまりに閑散としているため、運河に置き去りにされたジェットスキーを目にして、ようやく、この水の砂漠にいるのは自分たちだけではないと思いだすほどだった。

ヴェネツィア風のゴーストタウン、ザ・パールの静けさのなかで、イートンは八百長撲滅への対応策を再構築した。今の彼は、ＦＩＦＡという組織の縛りから解放されていた。クリーンな試合と引き換えに、このサッカー団体のイメージを守る必要はなかった。さらに目指す先は、サッカーを超えたところにあった。ＩＣＳＳにおける立場上、イートンはあらゆるスポーツを対象に捜査を進めなければならなかった。程度の差こそあれ、すべてのスポーツが不正操作に悩まされていたからである。競馬、ラグビー、クリケット、テニス、バレーボール、野球。「どれがすごいかわかるかい？」と、イートンがにやりとする。「バドミントンさ。桁《けた》がちがう」

どの種目を扱うかは問題ではなかった。もう、個別の試合やフィクサーを捜査しているのではない。現在のイートンが興味を持っているのは、フィクサーを動かしている人物、スポーツ賭博を経営し、不正操作をおこなっている黒幕だった。すべてのスポーツの八百長は、同じ場所が起点であり終点だった。つまるところ、金は東南アジアの犯罪組織から流れ出て、そこに還流する。八百長を撲滅するには、アジアとヨーロッパの犯罪者がどのように手を組んで賭博操作をしているのか、突きとめなければならない。「これほどまでに犯罪組織を惹きつけるものはなんなのか？」とイートンは自問した。「賭博詐欺だ。捕まえるべきは、八百長試合を煽り、資金を提供している賭博詐欺の元締めだ。これは、一九六〇年代から七〇年代の国際的な資金洗浄と同じだ。アジアの賭博に制約はない。やつらの手口を知りたい。そして、何者なのかを知りたい。八百長試合における組織犯罪の利権のただなかに切り込んでいくだけだ」

これからの方針を考えてハンザブや部下たちに説明する日々を送っていると、かつて接触した、ある男についての情報が入ってきた。ヨーロッパの警察関係者から、命が脅かされているにもかかわらず、ウィルソン・ペルマルはブダペストで拘留されているわけでもなければ、隠れ家でひっそりと暮らしているわけでもないと聞かされたのだ。しかも、ペルマルの行動はとくに制限されているわけでもないらしい。「ブダペストのナイトクラブで浮かれ騒いで、楽しくやっているんだと聞いたよ」とイートン。「不公平だな」

ヨーロッパの警察はペルマルから得た情報を使って、不正に手を染めた選手、審判、サッカー関係者を逮捕していたが、こうした手法で八百長犯罪組織の幹部連にダメージを与えられるとは思えなかった。八百長に欠かせないとはいえ、選手はつまるところ偶然手にした駒であり、交換可能、補充可能なものだった。意味のあるやり方で八百長をたたこうと思うなら、犯罪の構造を明確にして、その頂点にいる者たちを攻撃しなければならない。それに必要なのは、関係各国の警察や政府当局が協力しあって戦略を練り、遂行することだ。しかしフィンランドをはじめとして、ヨーロッパの当局はペルマルの情報を使って、その国で八百長を働き、その国で裁ける者たちだけを逮捕していた。ヨーロッパ諸国の検察や判事がどれほど不屈の精神や熱意を持っていても、国境でその効力を減じてしまうのだが、違法賭博組織にとってそんな国境はないも同然なのだ。

「戦略には、世界規模の視点が抜け落ちていた」とイートンは言う。「世界を股にかけているフィクサーが大笑いしている姿が、目に見えるようだったよ。われわれが探しているのは、すべてをまとめあげ、一手におさめている人物だ。そして、その黒幕だけが厳罰を受けないでいる。すばらしいじゃないか」

こうした状況に苛立ちをおさえかねたが、自分が介入できるわけでもない。イートンは独自に、東方での作戦を展開させることにした。東南アジアに派遣した調査員たちに与えた指示はただ一つ。「世界中の賭博監視機関スポートレーダーを動員しても、犯罪者がなにをしているかはわからない。犯罪者の行動を同時進行で知る唯一の方法は、そいつとじかに話をすることだけだ」

第31章

ペルマルとイートンの接触

二〇一二年　ハンガリー　カタール

二〇一二年七月、ペルマルは、スイスの裁判所がＦＩＦＡ前会長のジョアン・アベランジェに巨額の収賄疑惑をかけていることを知った。裁判所によるとアベランジェは、経営破綻したマーケティング会社がＦＩＦＡや国際オリンピック委員会と取引していた頃、その会社から一五三万ドルを受け取ったという。アベランジェの元義理の息子にあたるリカルド・テイシェイラにも同様の疑いがかけられており、彼はブラジルで開催される二〇一四年ワールドカップ組織委員会の責任者を務めていた。テイシェイラは辞任した。ペルマルは、故郷シンガポールの「ニューペーパー」紙の記者ザイハン・モハメド・ユーソフに電子メールを送り、それをイートンに転送してくれるように頼んだ。

ＦＩＦＡは公式な組織というよりは、犯罪企業のようだ。同じ穴のむじなだ。あいつらは刑務所にぶち込まれるべき犯罪者であって、倫理委員会なんかに裁かれるべきではない。それは、正義の裁きから逃れる方便にすぎない。腐敗はいけないと世界中に触れまわっているペテン師だ。ＦＩＦＡはとんだお笑い草だ。

たしかに、ＦＩＦＡの行動は疑問を残すもので、有罪判決を受けたフィクサーが批判するのも当然のように思われた。ペルマルの言葉に反論することは不可能だった。イートンはすぐにそのことに気づいた。そして、相手と直接対話を再開するきっかけをのがさず、ペルマルに返事を書いた。

ウィルソン、動機や状況がどうであれ、きみがサッカーの世界でやってきたことには感心できない。ほかの人たちはきみから話を聞こうと、ご機嫌取りをやってきたことだろうが、わたしはそうするつもりはない。しかし、今きみがやっていることはたいしたものだ。世界中にはびこる拝金主義や、何事であれたんなるビジネスだと割りきる文化が多くの腐敗を生んできたが、きみのおかげで、サッカーが、いやすべてのスポーツが、現実と向きあうことになった。この世界的なスポーツの現実と向き合い、醜《みにく》い過去を直視することこそ、喫緊《きっきん》に必要とされていることだ。直接的、間接的に、きみはその役目を果たしている。

きみよりも、もっとひどいことをした人が大勢いることはわかっている。それこそ数えきれないほどいるだろう。そいつらがきみと同様の気骨をみせてくれるなら、どんなにいいか。だが、たいていは良心もなく、まだ隠れて金儲けをしている。きみはこそこそ隠れていなかった。だからおそらく破滅したのだろう。そしてきみには良心がある——ありがたいことに。

ウィルソン、わたしはいろいろな事情から、たった二年でＦＩＦＡを辞めた。といっても、おもな理由は、スポーツ全般を相手に仕事ができるチャンスが訪れたからだ。わたしの力の及ぶかぎり、サッカー界の不名誉をほかのスポーツにまでは広げさせないつもりだし、腐敗に陥りやすい人たちの抵抗力も強めたい。きみが、わたしが金のためにＦＩＦＡを辞めたと考えるのなら——それはわたしという人間を見くびっているのだ。もしきみがわたしを知れば、考えは変わるだろう。

わたしは国際的なスポーツに必要不可欠な高潔さをもたらそうと、優秀な人たちと懸命に仕事をしている。どうしても高潔さが必要なのだ。それはたいていの人よりも、きみのほうがよく知っていることだろうが。

ウィルソン、身の安全に気をつけたまえ。いつかきみと会って、もっときみを理解できたらうれしい。そして、きみもわたしのことを理解してくれたらと思っている。

ペルマルは気づかなかったかもしれないが、イートンはいつか来るべき日にそなえて、彼を啓発していた。これには、しばらく時間がかかるとわかっていた。そのあいだ、イートンは東南アジアのＩＣＳＳの調査員たちと密に連絡を取りあった。自国がワールドカップを開催するにふさわしい国だと世界に示したい新たな雇用主のために、具体的な成果をあげなければならない時期にきていた。

第32章

三合会とマカオのカジノ

二〇一三年　インドネシア　マカオ

約束の時間になっても、そのブックメーカーの男はあらわれなかった。無理もない。ブックメーカーが気にするのは、サッカーの試合の残り時間を表示する時計だけなのだから。ジャカルタの表通りで、車列のあいだを縫うように走っていくバイクやスクーターの騒音が、カフェのなかまで聞こえてきた。イートンが派遣したICSSの二名の調査員にとって、インドネシアは当然押さえるべき場所だった。彼らはフィリピン、香港、マカオ、ベトナム、シンガポールをめぐったあと、インドネシアに到着した。ブックメーカーの捜査は、すでに進行中だった。会う手はずを整えた中国系インドネシア人の男が来るのを待つあいだ、二人は状況の危険度について話しあった。インドネシアリーグには、悲惨な運命をたどった選手が大勢いる——少なくともそう噂されていた。「この国で八百長を阻止しようとする者は消されます」と調査員は言う。

インドネシアでは、スポーツ賭博は禁じられている。だが、数十年前、中国系インドネシア人がこの国に違法賭博の市場をもたらした。進行中の試合に対する賭け、つまりライブベッティングがはじまる前、中国が好景気に沸くよりも以前のことだ。当時、インドネシアの二億五〇〇〇万人の国民の多くが保有していた余裕資金は、ほどなくして中国人の懐《ふところ》に入ることになった。賭博市場は、中国のあらゆる悪行の総元締め、冷酷非道な三合会の犯罪グループが取りしきっていた。

三合会は胴元の企業への出資にはじまり、その開業、閉鎖、移転、名義変更といった段取りをすみやかに進行する。一方、現場で働くブックメーカーには、重大な責任がのしかかる。なかには、組織に売られて逮捕されるブックメーカーもいれば、損失をこうむって廃業に追いこまれるリスクを承知で、八百長試合の賭けに応じるブックメーカーもいる。なぜそんなことをするのか？「命を守るためでしょうね」と調査員。「賭博市場はまっとうな世界じゃありませんから」

長期にわたる捜査を通じて二人の調査員は、犯罪組織がスポートレーダーのソフトウェアに酷似したシステムを開発し、賭博市場の脆弱性を監視していることを突きとめた。組織は金の流れを注視しながら、賭けに出る絶好のタイミングを見はからっていたのである。「たしかにスポートレーダーは大企業で、売上も大きいです」と調査員の一人が説明する。「それでも、犯罪組織から見れば、取るに足りない存在です。どこかの企業が技術開発に四〇〇〇万ドルをつぎこめば、犯罪組織は四億ドルをつぎこむ。連中が投じる金額は、相手の資金や買収しようとしている技術の値段に応じて決まります」。スポートレーダーなどが賭博市場をより深く解析していくのを横目で見ながら、違法賭博組織は彼らを引き離し、より高度な技術を開発して、市況や銘柄情報をリアルタイムに把握する金融市場のツールさながらに、瞬時に賭けをおこなう仕組みを整えていた。

あるとき調査員たちは、違法賭博組織が大がかりな八百長に向けてチームを組み、莫大な資金を市場に投入するチャンスをうかがっていることを察知した。組織は、一人につき三秒間に一二七回賭けられるシステムを考案していた。一回の賭け金は、五〇〇ドルから五〇〇〇ドル。重要なのは賭けのタイミングだ。試合終了の五分前にレッドカードが出た瞬間、組織のチームが三秒間に数千回の賭けをおこなって資金を市場につぎこめば、ブックメーカーはなにも反応できない。スポートレーダーのシステムはその異常な動きをキャッチするだろうが、手を打とうとしたところで、すでに手遅れだ。

ロシアの犯罪組織の実態とその拡大の方法についても、情報源を通じて調査ができた。ロシアの犯罪組織のリーダーは、世界各国の犯罪者を組織に取りこみ、金、麻薬、女、武器などを提供して手厚く世話をしてやることによって、それまで閉鎖的だったロシア組織に国際的な視野を取り入れた。国境を越えて連帯感を強めることによって、ロシア組織は勢力範囲を国外に広げ、三合会と覇権を争うようになった。現在、違法賭博組織のボスは、中国人かロシア人のいずれかだ。また、この世界では、厳格な規律にのっとって犯罪をおこなう韓国人は、一目置かれる存在である。インドの闇社会でもっとも危険な犯罪者として知られるダウード・イブラヒムは、自身の犯罪組織Ｄカンパニーを率い、バングラデシュ、インド、パキスタンで、クリケットの八百長を牛耳った。政府の出入国記録によると、シンガポールのタミル人フィクサーたちが、しばしばインドを訪れている。その事実を知った調査員たちは、彼らの訪問はたんなる偶然ではなく、ビジネスが目的だったにちがいないと考えた。また、調査員たちはマニラに渡り、政府の規制の緩さがもたらすうまみについて調べた。「隠れみのさえ確保すれば、合法的なビジネスをはじめることができますし、犯罪組織からも利益を得られます」と調査員。「数多くの企業が三合会の後ろ盾を得ていますが、その黒幕にたどりつくのは不可能です」

調査員たちは香港から一時間フェリーに揺られて、世界のカジノの中心地、マカオに向かった。ウィン・マカオのカジノを調査し、さらにサンズ・マカオのメインフロアに足を踏み入れた。そこは、ラスベガスのカジノとは別世界だった。酒を飲んでいる者は一人もいない。テーブルによっては、賭け金の下限が上限かと錯覚するほど高く設定されており、いちばん低い席で五〇ドル。室内には、浮わついた雰囲気はなかった。そこでおこなわれるギャンブルは娯楽ではなく、世界最高レベルとは言わないまでも、まさしく真剣勝負だ。上階のすりガラスの向こう側では、ジャンケット▼31が手厚く上客の世話をしていた。

マカオのジャンケットは、三合会の配下にある。中国人のギャンブラーはあらかじめ本国の三合会の口座に送金し、ハイローラー（大金を賭けるギャンブラー）限定のマカオ・ツアーに参加する。マカオのカジノの収益の七〇パーセントは、この手のハイローラーによるものだ。ジャンケットが仕切る密室のなかで、カジノは客のあらゆるニーズと要望に応え、ギャンブルは途切れる

▼31　高額な賭け金でプレーする重要顧客の世話をする仲介業者。

ことなく続いていく。カジノはギャンブラーに高額のチップを渡す。チップの額は、ギャンブラーが中国本土で送金した金額に応じて決まる。夜が明ける頃、あるいはその週末の終わり、あるいは一週間後にギャンブラーが勝っていれば、カジノはその総額の小切手を切る。ギャンブラーが負けていれば、三合会が丁重に借金の支払いをうながす。

八百長組織の場合なら、ウィルソン・ペルマルの仕事の最後の仕上げをするのがジャンケットだ。マカオのカジノのジャンケットは、資金洗浄《マネーロンダリング》にも一役買っている。犯罪者が八百長をして中国の違法スポーツ賭博で勝ったら、その儲けを合法な金にしなければならない。犯罪者は、ジャンケットのいるマカオに向かう。チップを手にしたあとは、ギャンブルをしなくてもかまわないが、妙な客だと思われたくなければ、ルーレットの前に座ってもいい。チップの半分を赤に、残り半分を黒に置き、ルーレットが回ってボールが止まったら、カジノは支払いをおこない、自分たちの取り分も取る。犯罪者はチップを換金し、合法的なカジノの口座からクリーンな小切手を受け取る。

違法賭博に参加するには、潜入する以外に方法はない。ＩＣＳＳの調査員たちは、八百長試合を探しているギャンブラーのふりをすることにした。元手は二万五〇〇〇ドル。どのような計画かというと、まずはＦＩＦＡ時代につちかった犯罪組織のコネを通じて、八百長情報を事前にキャッチする。その情報をもとに、彼らはしかるべき試合にしかるべき方法で二万五〇〇〇ドルを賭ける。それを数回繰り返せば、大金が転がりこむ。巨額の儲けをだした彼らは、やがて有力な賭け屋との対面を果たせるだろう。その賭け屋とは、ようやくジャカルタのカフェにあらわれた、大酒飲みらしき男とは比較にならないほど重要な人物にちがいなかった。

第33章

ユーロポールの思惑

二〇一二〜一三年 ジンバブエ オランダ

二〇一二年六月一日、ジンバブエサッカー協会の元最高経営責任者ラシュワヤのもとに、ペルマルからの電子メールが届いた。「あなたが散々な目にあったことは聞いています。ですが、報復は時間をおいて冷静になってからのほうが効果的です……ＦＩＦＡも倫理委員会もくそくらえだ。あなたのチームに信頼できる選手はどれくらいいますか。今度ギニア戦がありますが、勝算はありますか。詳細を知らせてください」。ラシュワヤは、そのメールをイートンに転送した。

イートンは調査員と話しあった。「この裏にはユーロポールがいるな」。このメールは、ラシュワヤを罠にかけて新しい八百長に引きずりこむための〝餌〟にちがいない、とイートンは断定した。ジンバブエとギニアの対戦は、メール受信の翌々日である。ブダペストでペルマルを担当しているユーロポールの捜査官が、収賄疑惑で窮地に陥っているラシュワヤに同情しているかのようなメールをペルマルに書かせ、彼女を操ろうとしているのだ。「ユーロポールのまぬけども」が弄した小細工に、イートンは興ざめした。

彼には、ペルマルのやり口がわかっていた。ペルマルは昔の関係者に接触しはじめており、シンガポールの知人や、八百長に使っていた審判に電子メールを送っていた。フェイスブックへの投稿も再開し、以前の人脈を呼びもどそうとしていた。しかし、それが新たな逮捕と捜査につなげるための見え透いた戦略だと判断したイートンは、術中にはまったふりをしようと考え、調査員に連絡した。「このつまらん連中——犯罪者、捜査官、サッカー関係者——にしばらくつきあうことにしよう。せいぜいからかってやろうじゃないか」

イートンはラシュワヤに、返事を書くよう勧めた。六月六日、ラシュワヤは返信した。

こんにちは、ウィルソン

あなたからのメールはうれしい驚きでした。たしかにわたしはひどい目にあいましたが、それはあなたも同じでしょう。彼らが当然の報いを受ける日を心待ちにしています。

新聞ではあなたは刑務所にいることになっていますが、今どこにいるのですか？　近いうちにアフリカで直接話ができますか？　ジンバブエのチームには、今でも懇意にしている選手が大勢います。キーパー、センターバック、サイドバック、ミッドフィルダー。彼らに何か伝えたいことがありますか？

ホームのギニア戦は一対〇で負けました。返事が遅くなってごめんなさい……今週末、モザンビークの首都マプトで、対モザンビーク戦があります。どうすればいいかしら？

するとペルマルからすぐに返信がきた。

あなたのチームの選手はほんとうにあてになりますか？　よけいな人間を巻きこむのはもうごめんです。マプトでの試合は勝ち目がないでしょう。選手たちもそうわきまえるべきです。マプトにいる選手の携帯番号がわかれば、説得してみます。あとはあなたがマプトに行って、ご自身で手を打てるでしょう。

マプトにはわたしの仲間がいます。あなたのモザンビークでの連絡先がわかり次第、教えてください。

今日中に、ジンバブエのあなたの電話に連絡を入れます。

さようなら。お元気で。

わたしが刑務所の外にいることは誰も知りません。このことは他言無用です。わたしが信頼しているのはあなただけです。

やがて、ペルマルからのメールは途絶えてしまったので、ペルマルとユーロポールの捜査官がなにをもくろんでいたのかは、結局わからなかった。イートンは部下たちに、犯罪者の目的を知る唯一の方法は、本人とじかに話をすることだと述べた。二〇一二年後半、イートンはペルマルに電子メールを送った。ペルマルとの接点を維持しておけば、捜査を進める上でプラスになると考えてのことだった。当時は、ワールドカップ南アフリカ大会での八百長試合に関する詳細な情報を収集しているところだった。

南アフリカの税関からは、すでに必要な情報を入手していた。それによって、ペルマルがラジャ・モーガン・シェリアー名義のパスポートで南アフリカに渡航し、ワールドカップ期間中の大半をそこで過ごしていたことがわかっていた。それ以外にも、ペルマルが南アフリカにいたことを示す証拠があった。たとえば、フェイスブックに載せた写真などである。だが、イートンはそれについては黙っていた。メールではたんに、当時南アフリカに滞在して試合の不正操作ができる立場にいたのではないか、と尋ねるにとどめた。

「パスポートはシンガポール警察に没収されていましたからね、当然、外国に行ける状況ではありませんでした」とペルマルは返信してよこした。そして、サンティアの行動を調べるよう、イートンに助言した。さらに、南アフリカ対コロンビア戦、グアテマラ戦のときには、ダン・タンがガーデンコート・ホテルに滞在していたと指摘した。「その時期、このウィルソン・ラジはシンガポールで裁判の最中でした。わたしがフットボール4UのCEOだからといって、それらの試合で八百長を仕組んでいたことにはなりませんよ」

イートンは返信のなかで、ペルマルが南アフリカのサッカー協会の職員に電子メールを送っていたことを知っている、とにおわせた。「きみが慎重になる気持ちはわかる。南アフリカでのきみの行動が明るみに出たとき、なるべく有利になるよう力になりたい。遠からずその日が来ることを肝《きも》に銘《めい》じるべきだ。ダン・タンやサンティアに関する有益な情報があれば教えてほしい。きみが、ほかの多数の事件に深く関与しているのはわかっている。わたしは今後、きみと協力していきたいと願っている」

だが、ペルマルは協力をこばみ、あくまでもサンティアとダン・タンを非難し、自分は南アフリカにはいなかったし、八百長にも関与していないと主張した。ペルマルの言葉にイートンは苛立ちをつのらせ、こう返信した。

重要なのは、われわれができるかぎり信頼しあうことだ……ヨーロッパでなにがあろうと、八百長は国家の恥と考える世界各国の政治的圧力が遠からず高まり、スケープゴートを探しまわるようになるだろう。

ウィルソン、きみは自分の置かれた立場を真剣に考えるべきだ。わたしの意見には、きみが耳を傾ける価値があると思う。きみは、これまでヨーロッパで暴露したよりも多くのことをあきらかにする必要がある……。

これはわたしからの率直なアドバイスだ。わたしは最善を尽くして、きみに迫りくる嵐に立ち向かいたいと考えている。そう、きみと一緒にサッカー界の不正を根絶していくために。

二〇一三年二月四日は、八百長との闘いにおける節目となり、世間の注目を集めた。オランダのハーグで開かれたユーロポールの記者会見で、ロブ・ウェインライト局長が、過去一年半にわたるヨーロッパでの八百長捜査――VETO作戦――の結果を発表したのだ。それによると、八百長の疑いがあるとされた試合は一五か国で四〇〇件近くにのぼり、そこには選手、審判、運営関係者、八百長組織の犯罪者をふくむ四二五名が関与したとみられている。とくにドイツ、スイス、トルコの各リーグ戦のほか、アフリカ、アジア、中南米での試合にいちじるしい。UEFAチャンピオンズリーグの一試合、ワールドカップ予選の二試合についても、八百長組織が関与した疑いがある、とウェインライトは述べた。

ただ、この問題にくわしい人間にとっては、今回の発表に目新しい情報はほとんどなかった。ウェインライトが指摘した試合の大半は、捜査が進行中の事件の一部にすぎず、新しいニュースではなかった。むしろ、この記者会見によって露呈したのは、多数の事件について緊密な連携を取りながらも、名声と評判を競い合っているユーロポールとインターポールのあいだに流れる、微妙な緊張感だった。すでに公になった情報を使って派手な会見を開くことにより、ウェインライトは、ユーロポールが八百長捜査の主導権を握る公的機関であることを示そうとしていた。

こうした政治的な内紛、小物の逮捕、終わりの見えない調査と裁判が続くなかで、八百長は依然として世界中に横行していた。八百長を撲滅するために、はたして意味のある策が講じられていただろうか？　イタリア当局がダン・タンの逮捕状を出してから一年以上になる。ダン・タンはシンガポール当局の任意の事情聴取に応じているが、いまだに彼の身柄は拘束されていない。ウェインライトは、主要な情報提供者であるウィルソン・ペルマルの証言がVETO作戦に多大な貢献をしたことを、記者会見でひと言もふれようとしなかった。一方、ペルマルはあらゆる手段を使って、みずからが知り尽くしているシンガポールの独房に、ダン・タンをぶちこもうと画策していた。

第34章

ブダペストのペルマル 1

二〇一三年夏　ハンガリー

おお、ブダペスト――なんというすばらしさ。夏の宵《よい》にドナウ川がきらめく。中世ヨーロッパの威容と優美を今に伝えるブダ城がライトアップされ、さざめく水面《みなも》に映える。市内の広場はおしゃべりとビールでいっぱい、自由な時間を満喫する人々で賑わっている。一九世紀に建設された麗《うるわ》しの鎖橋がドナウ川にかかり、人々の行き来を支える。なんとすてきな交通手段だろう。ほら、売春婦たちがやってきた。散歩道にたむろしている若い女の子たちは、遊んでいるわけではない。驚くほどたくさんいて、こちらの心構えもできないうちに、競うような勢いで近づいてくる。こちらに数人ずつ、あちらには数十人ずつ、まるでハンガリーの首都は、売春婦以外の誰の都でもないというかのような雰囲気だ。これがブダペスト、傷ましくも美しく、ほかの土地のように偏狭な道徳に縛られることもなく、古《いにしえ》の歴史に彩られ、心のおもむくままの行動を許す。ギャンブルがしたい？　ああ、いいとも、やってこいよ。ここではみんな、人生というやつは、そう、そんなものだとわかっているから。ラスベガス・カジノではけっこう楽しめる。ヨージェフ・アッティラ通りの近く、ドナウ川沿いに建つソフティル・ホテルの一階にある店だ。カジノのそばをタクシーが飛ぶような勢いで走り、川岸から市内の歓楽街へ人々を運んでいく。客を求めるタクシーや女たちで、夏の街路はごった返している。酔っぱらいもいれば、これからなにをしようかと思案顔の人々もいる。そうした雑踏のなか、カジノの赤いネオンに照らされながら、一人の男が立っていた。

その男、ウィルソン・ラジ・ペルマルが口を開いた。「ちょっと飯でも食いに行こうか」。ペルマルは一八〇センチ以上もある長身で、がっしりした体軀を赤いラグビーシャツに包んでいたが、優しげな握手をした。年齢は四七歳。両鬢《りょうびん》の毛が白くなりかけている。しかし、年齢を示すところといえばそのくらいで、目はきらきらと輝いていた。それはそうだろう、ブダペストの夏はほんとうにすてきなのだから。

ペルマルが、取材に訪れたわたしを連れていってくれたレストランの名前はスプーンといい、ペスト地区の川岸に停泊した船上にある。デートスポットになっており、サービスも申し分ない。席に着き、軽めの料理を注文するあいだも、ペルマルは愛想よく、礼儀正しく、魅力的で、注意深かった。彼の英語にはインド風のアクセントがあり、なぜかそれが古風に優しく耳に響いて、悪事を働くことなど不可能な人物のように感じさせる。「ブダペストは初めてかい？」と、ペルマルは地元の人間のような調子で尋ねた。

二〇一二年初頭にペルマルがブダペストに来てまもなく、警察はハンガリー国内リーグの選手数十人を逮捕した。その大半は、ブダペスト北東部に本拠地を置くクラブ、ラーコシュパロタイEACの選手だった。地元の消息筋によると、彼らは下っ端の連中にすぎないが、政府はハンガリーの八百長組織の首謀者たちを捕まえる意志はないらしい。ペルマルは、次の裁判で証言をする予定になっていた。ペルマルの話では、毎年五月に更新される一年間有効の条件付きビザを、何年分か獲得できるはずだという。「お役御免になったときが問題なのさ」とペルマル。「やつらはおれのことなど、これっぽっちも気にしないだろうからな、なんといっても、ここはハンガリーだからな。次の五月も、どうなるか知れたもんじゃない」

身分保証はいっさいしなかったものの、ハンガリー当局はこの客人に、好きなように行動する自由を与えた。「ここに来たばかりの年は、毎晩のようにクラブに通ったよ」とペルマルは、当時を思いだして笑う。「ハンガリーの女性はそりゃあ親切でね」。ペルマルを取り巻く状況はその頃から変わったとはいえ、今もそれなりに楽しい日々を過ごしている。現在は地元の二二歳の女性と暮らしており、子供を作ろうとしているが、なかなか妊娠にいたらない。「体外受精をするつもりだよ」。ハンガリーの法律では、国内で子供をもうけた場合、その父親は一定の年月が過ぎたあとに国籍取得の請求ができるのだという。それが実現すれば、シンガポールでの刑期を永久に葬り去れるかもしれない。

その一方、ブダペストで暮らしながら、長年作りあげてきた八百長ネットワークと手を切ったというペルマルは、新しい仕事をはじめるつもりでいた。「ちょっとしたレストランを開こうと思っているんだ。インド料理さ。ブダペストには、これという店は一軒もないんだ。あとはギャンブルかな、オンラインで賭けられるところがいくつかあるからね」。ペルマルの話では、現在の生活費はそれで稼いでいるらしい。IBCに保有しているアカウントで、サッカーの試合に賭けているのだという。「慎重にやれば、そして図に乗ってやりすぎなければ、一日に一〇〇〇ドルから五〇〇〇ドルは稼げる。でもうっかりしていたら、それ以上の額をすっちまう」。ペルマルは新しい生活に順応しており、ぼろ儲けできる計略も国境を越えた陰謀も、すべては過去に消え去ったようにみえた。昔の付き合いもなくなったという。「おれとかかわりを持とうなんてやつは誰もいないよ。おれは今、やばすぎるからな」

スプーンの店内にはあいている席も多く、なんだか場違いなところに来てしまったような気分になる。ブダペストにいるペルマル自身の立場も、これと似たようなものだった。地元の人々と親しくなるのは難しい――少なくとも自分にとっては難しいが、あまり気にならない、とペルマルは言う。「この世に友人は二人しかいない。でも、おれにとっては、信用できる人間には一〇〇万ドルの値打ちがある。それだけでじゅうぶんさ」

その二人がいれば昔のビジネスを再開できるか、あるいはいくつかの八百長試合を遠くからコントロールできるか、と訊いてみた。ペルマルは、やるつもりはいっさいないと答えた。「ここの警察当局との関係を危険にさらす気はない。それに、とにかく、おれにとってはみんな終わったことだ。おれはここにつながれている。翼はないのさ」

ペルマルは椅子にもたれ、膝に手を置いた。レストランの窓から、ブダ城に続く水面をじっと眺めている。「おれにはあと一五年か、せいぜい二〇年しか残っていないと思うんだ。おれはここでやっていけるよ」

その夜はそれからドナウ川の対岸に渡り、テラス席のあるバー、ロムケルトに場所を移した。ここはどの都会にもあるような、若い男女がなんとなく出会いを求めて集まる店で、判読しがたい文字がプリントされた、体にぴったりしたTシャツを着た若者たちがいた。音楽が鳴っているものの、雰囲気はおとなしい。いつもはもっと活気があるんだ、とペルマルが弁解するように言った。そして「かならず賭けに勝つとはかぎらないからな」とつけ加えると、バーのカウンターに肘をもたせかけ、酒を注文した。

一緒の時間を過ごしているうちに、ペルマルは会話が途切れると落ち着かなくなり、なんとか話をつなげようとするタイプの人間だとわかってきた。ペルマルの好きな話題の一つが、シンガポールの司法制度である。そのせいで、どれほどひどい目に遭ってきたか、とペルマルは語気を強めた。「なにもしていないのに、五年の実刑判決を受けたんだぜ。腹が立って、眠れないときもあるよ」。シンガポールの通常の判例に照らすと、警備員への暴行に対する五年もの実刑は論外のきびしさであり、そんな前科を持たせれば、不運な刑期を務めた人間への偏見を助長するだけだという。しかし、空港事件の容疑では無実を主張する一方で、八百長の話になるとペルマルは驚くほど率直になった。あれこれとくわしく話しながら、こうして新たに地道な生活を送っている今、過去の出来事が信じられないような心地になると言った。ペルマルによれば、自分がしてきたことはおよそ犯罪の範疇には入らないという。

「手を広げるのなんか簡単だった。たとえば、あるとき、バーレーンが一文無しなのがわかった。やつらは言ったよ、『ウィルソン、きみがチームを雇うと、航空運賃も払ってくれるし、ホテル代も払ってくれる。そのおかげでわれわれは試合の準備ができる。うれしいなんてものではない。ほんとうにありがとう』ってね。審判交換プログラムの件で話をつけるときも同じことさ。こう言えばいいんだ。『おたくの審判はこっちで引き受けて、彼をどこかに派遣する。かわりに別の審判を連れてくる。きたない仕事はこっちの審判が全部やる。おたくの審判は、なに一つ手を汚す必要はない』。やつらはご満悦さ。誰がいやだと言うかい？　連中の大多数は金を持っていない。ＦＩＦＡがけちってじゅうぶんな金を払わないからな」。ペルマルは酒を一口すすって、話を続けた。どんどん熱がこもってくる。「サッカー界は金欠のまま運営されている。金があるのは、ヨーロッパのトップリーグだけだ。二部リーグに行ってみろ、金なんかありゃしない。ポルトガルでも、スペインでも、火の車さ。八百長はなくならないよ」

ペルマルをいちばん熱くさせる話題は、ＦＩＦＡについてだった。このサッカー機構の汚職疑惑は格好の話の種になったが、ペルマルのようにサッカー界の方向性を誤らせた人物にさえ、それなりに言いたいことがあった。「ＦＩＦＡはまるでマフィア組織だ。聞く耳持たずで、自分のことしか考えていない。なにが我慢できないかって、本気で六月のカタールでワールドカップを開催できると考えるやつがいると思うか？　おれは、六月のカタールにいたことがある。Ｔシャツでも歩けやしないね。なにかが決定的におかしい。盲人だってこんなバカなまねはしないさ」ペルマルは、自分を試合の経理担当者になぞらえる。「八百長は誰も傷つけない。被害者もいない。おれはみんなの生活をよくしてきた。アフリカの選手たちは、一万だの一万五〇〇〇ドルだのをポケットに入れて、試合から家に帰ったもんだ。一九歳。ああいった一時金で彼らの生活は変わる。おれは、選手が病気の家族の面倒を見る手助けをしてきた。みんなに住む場所を与えてきた」ペルマルは彼のお気に入りだったFIFA公認の、現在は引退したニジェール人の審判を例にあげた。一緒に組んで仕事をしていたあいだ、イブラヒム・シャイブにおよそ五〇万ドルを支払ったという。「シャイブは今、ニジェールで四人の妻と暮らしている。王侯貴族の生活さ」

若い女性四人のグループが、バーのほうにやってきた。そのうちの一人が、ダンスフロアの青年にちらっと目で合図をした。このナイトクラブには大勢のスパイがいるはずだし、ブダペスト全体にはもっといるだろう。自分が捜査官に話せば話すほど、敵が増えることくらい百も承知だ。だが、人生とは危険なものであり、暗がりにいたいとは思わない。隠れてみたところではじまらない。「おそろしくはないよ」。フロアを見まわしながらペルマルは言った。「いろんなことを見てきた。自分の人生を生きるだけさ。行動するほうがずっといい」

ペルマルはバーのカウンターに身を乗りだし、手を振ってバーテンダーを呼ぶと、シャンパンのボトルを注文した。その用意ができるのを待っているあいだ、ペルマルは言葉を続けた。誰かを籠絡するのがどれほど簡単なことかは、よくわかっている。なぜなら、実際に長年にわたって人々を籠絡してきたからだ。「できないときなんてない」とペルマルは言った。「人間は弱い。おれたちはみんな弱いんだ」

バーテンダーがシャンパン・ボトルのコルクを抜いた。そしてカウンター越しにボトルをペルマルに渡し、グラスをいくつかならべた。ペルマルは、正面にいる女性四人のグループに近づいた。賭けだ。「お嬢さんたち」と、ペルマルは微笑《ほほえ》みながら声をかけた。「シャンパンをいかがかな？」無言のまま、女たちは散っていった。

第35章

ブダペストのペルマル　2

二〇一三年夏　ハンガリー

　タクシーを降り、別のナイトクラブに向かって歩いていく途中、ペルマルはとっておきの戦略について話してくれた。「一部リーグ所属の優秀な選手を手に入れて、二部のクラブに移籍させるんだ。そいつらは二部のどんな選手よりも出来がいい。競馬と同じだ。ジョッキーには、ラストスパートの瞬間まで馬をおさえておけと指示をする。そして、ここぞという時が来たら、全力疾走させる。試合のコントロールなぞ簡単さ」。自分がどれほどやすやすと八百長を実行してきたかを話すとき、ペルマルはほんとうに悔しそうな、まるで財布をどこかに置き忘れてきたかのような顔をする。「中国人の賭けサイトができたのは、つい最近の二〇一〇年頃だ」とペルマル。「やつらがもっと前にはじめていたら、おれは大金を稼げただろうに。二〇〇九年にはたくさんの試合を組んだが、金の持って行き場がなかった」。ペルマルによると、八百長でおよそ六〇〇万ドル稼いだという。「ギャンブルに手を出さなかったら、軽く二五〇〇万ドルはいっただろうな」

ブダペストのナイトクラブ、モリソンズ2で楽しむのにそれほど金はかからない。ここは中庭付きの建物を改装したところで、ワンルームのダンスフロアがあり、照明も薄暗い。ペルマルは入口でふと立ち止まった。「ここには毎晩のように通ってたのさ」。ペルマルはバーテンダーたちと握手を交わした。彼らはペルマルを名前で呼び、どこに行っていたのかと訊いた。それから一時間が過ぎるうち、何人かの人々がダンスフロアの暗がりからあらわれては、ペルマルを抱きしめたり、握手をしたりした。ペルマルは彼らに酒をおごった。顔には笑みが浮かび、すっかりリラックスしている。根っからのクラブ・ガイなのだ。影響を受けやすい、まだ若いサッカー選手が、おそらくは故郷から遠く離れて、楽しんでみたいものの、どうしていいかわからないでいるとき、夜の都会で遊びなれ、金の使い方をわきまえた男がそばで手ほどきをしてくれたら、どれほど安心するかは想像にかたくない。ここにいるのは、未来のインド料理店の主人ではなかった。この男はケロン・キング、今はブダペストに囚われた八百長の王だった。ペルマルはバーを離れ、ダンスフロアの喧噪に向かって歩いていった。

その後、ブダペストの街路がすっかり静まりかえった頃、ペルマルはタクシーを拾った。インターネットカフェには数人の客しかいない。彼らはゲームで遊んでいた。ペルマルはギャンブルをはじめた。コンピュータにURLをタイプする。IBCの画面が開くと、自分のユーザーネームと、アルファベットと数字を組み合わせた長いパスワードを入力する。そして、ブックメーカーが掲載している国内リーグ戦、親善試合、ユースの試合をチェックしていく。インターネットカフェのちらつく電灯の下で、ペルマルは賭けを続けた。

「おれはギャンブラーさ」とペルマルは言う。「フィンランドで捕まらなくても、どこかよその場所で捕まっていただろう」。翌晩のブダペスト。ヴルシマルティ広場の空には、不思議な物体が点々と浮かんでいる。カフェの観光客目当てのみやげ物だ。そこかしこの露天商が、小さな物体を七メートルほどの上空に投げこんでいく。ナイロンとタフタで作られていて、手のひらにおさまるほどの大きさしかない。明るい光を発し、きらきらと輝き、ふるふると震えながら、地上に向かって落ちてくる。小さな子供たち、街路をうろつく子供たちが広場を走りまわっては、手でそれを受けとめようとする。

こうした光景にペルマルは目もくれず、カフェに座って、悠然とコカコーラを飲んでいる。「ヨーロッパの警察でクリス・イートンの評判はよくないぜ」とペルマルは言った。「ちょっとばかりうるさすぎるんだ。ドイツ警察は彼をばかにしているよ。プロじゃないってね」

露天商人がペルマルのほうにやってきた。くるくる回るスピナーをいくつか、広場の上空へ投げ上げる。そして、近くの客に売りこみをはじめた。誰に雇われているわけでもなく、自分一人の才覚で考え、商売をしている。突然、ペルマルの頭にアイデアがひらめいた。

「なあ、カメルーンの国内チームを手に入れろよ。そして外国で代表チームとして試合をさせるんだ。おれはアメリカでエジプト対コロンビア戦を組む。きみはテキサスか、カリフォルニアで動け。試合の切符は全部メキシコ人に売ればいい」。ペルマルは、この思いつきで元気を取りもどしたようである。長いあいだここに留め置かれ、監視され、束縛され、不自由な思いに耐えるしかないペルマルは、我を忘れてギャンブルにのめり込んでいったときのことをこんなふうに語った。「ギャンブラーは危険をかえりみない。ルーレットやポーカーをするためのチップがなくなったら、別の手を考える。嘘に嘘を重ねる。ギャンブラーは麻薬中毒患者と同じだ。どこまでも堕ちていく。他人のポケットから一〇ドル札をかすめ取る。なぜって、中毒だからだ」

　ギャンブル依存症が頭をもたげてくるのを抑えるかのように、ペルマルはじっと広場の敷石を見つめた。それを撃退するのは、容易なことではないのだ。ふたたび口を開いたとき、ペルマルの声にはどうにかやり過ごしたような響きがあった。「たぶんおれは、サッカーのためにならない。サッカー界にとって、好ましくない人物《ペルソナ・ノン・グラータ》だ。いてもらったら困る人間だ。歓迎されない人間だ。おれがサッカーをだめにしていると考えるひとは大勢いるだろうよ」。ペルマルはふと沈黙した。「とにかく、もう今のおれには関係ない。翼がないんだからな」

　スピナーの一つが空から落ちてきた。ピンク色の光を発しながら、右に、左に、不規則に揺れつつ、ペルマルの足元に着地した。一瞬、ペルマルはこの命のない、無価値のおもちゃを見つめ、興味なさそうに視線をそらした。

　誰かがペルマルに近づいてきた。ロマの女の子である。身長は一メートルにも満たないだろう。どこか普通ではない雰囲気をまとっていた。栄養状態もよくない。

女の子はスピナーに手をのばした。しかしペルマルのほうが速かった。体をかがめ、女の子がスピナーをつかむ前にさっと拾い上げた。女の子がそれをほしがったとたん、ただのおもちゃに価値が生じた。ペルマルはスピナーを握り、指でくるくるとまわした。ピンク色の光がこぼれ、ペルマルの瞳に映った。

女の子がちょうだいと手を広げた。ペルマルが差し出す。女の子が手をのばす。しかしペルマルがひょいと引っこめたので、女の子は虚空をつかんだだけだった。彼女は、どうしていいかわからなくなったらしい。顔をゆがめながら、なにが起きたのか懸命に理解しようとしている。

ペルマルがスピナーを女の子の頭の上にかざした。女の子が飛びあがるのにあわせ、すっと手の届かないところに持ち上げる。ふいに、女の子の様子が変わった。全身に怒りがみなぎっていた。しかし、ペルマルが頭上でスピナーをひらひらさせ、もう一度やってみろと誘うと、ふたたび飛びあがった。女の子はペルマルをにらみつけた。片足で地面を踏みならした。ペルマルは折れた。そして、おもちゃを差し出した。彼の顔にはなんの表情もなく、感情は読みとれなかった。

やっとおもちゃを手に入れた女の子は、ペルマルに背を向けた。二、三歩行ったところで、いいことを思いついたらしかった。立ち止まり、くるりと向きなおった。そして、ペルマルに向かって唾を吐いた。

第36章

「なにかがあそこで起きている」

二〇一三年　香港

オスカー・ブロドキンは、ロンドンから香港のスポートレーダーにやってきた。ブロドキン自身は、この配置換えを〝FILTH[32]：ロンドンで大失敗、香港で再出発〟の一例だという。とはいえ、アジアの賭博産業は、この業界の二番手に甘んじるつもりは毛頭ない。ブロドキンはひょろりと痩せた、二八歳の青年である。容貌も雰囲気もまだロンドン風で、この港町に染まりきっていない。賭博監視機関スポートレーダーのオフィスにデスクをかまえ、八百長を示唆する細かな情報をゆだんなくチェックしている。周囲にはブロドキンとよく似た青年たちが数人おり、やはり膨大なデータと試合の生中継が映る大型コンピュータ・スクリーンを前にした仕事に余念がない。

▼32　FILTHには「汚泥」や「道徳的堕落」などの意味がある。

スポートレーダーの香港支所は、香港島のワンチャイという区画にある。ここは売春婦とナイトクラブがひしめき、日が暮れれば不夜城となるところだ。西洋人が好む地域に比べると道徳観念が低く、金が大きく物を言う。スポートレーダーの調査には、うってつけの場所である。アジアでもっとも国際色豊かな、掟《おきて》のない金融中心地の奥深くにあるのだから。違法賭博を突きとめるには最適だ。

オフィスの二方の壁にはホワイトボードがかかっており、さまざまな違法賭博組織の役割と関係を示す図表が書かれている。また、名前の割れた中心人物や容疑者たちのつながりも示されている。この略図を見ると、ここは最先端のテクノロジーを提供する会社が新たにかまえたオフィスではなく、警察署の部屋のような気がしてくる。八百長市場は流動的で、ひっきりなしにデータや方式が変わる複雑なビジネスのため、いくつかの情報は、たんにテープで留められているだけだった。

ホワイトボードの中央に貼ってあるのは、ウィルソン・ペルマルの白黒写真だ。写真のペルマルはごま塩のやぎひげをたくわえ、頭を少し斜めにかしげ、なにかの物思い——ひょっとしたら先の見えない自分の将来のことだろうか——にふけっているような表情を浮かべている。ペルマルの近くには、ダン・タンのパスポート写真がある。髪を真ん中でわけ、額の両側にたらしている。どうやらダン・タンは、中年になっても老けずに童顔のままでいるタイプの人間らしい。

ボードの図表は色分けがしてある。緑が選手と審判、青がフィクサーと連絡係《ランナー》、黒が資金提供者と犯罪組織の人物だ。ペルマルとサンティアのトンネル会社の名前が片隅に列挙してあり、その下の囲みのなかには不正に手を染めた審判たちの名前がならんでいる。中国マフィアの〝三合会〟、イタリアマフィアの〝カモッラ〟、〝ロシア〟の枠もある。そこかしこに書かれた文章が、さまざまな色の線でむすばれている。不規則な図表の向こうには、世界各国――イタリア、ハンガリー、クロアチア、ベルギー、ベトナム、フィンランド、グアテマラ、エルサルバドル、トーゴ、ベリーズ、マリ、スペイン、ブルガリア、日本、ジンバブエ、リベリア共和国、南アフリカ、ボリビア、コロンビア、タイ、マレーシア、ベネズエラ、モルドバ共和国、バーレーン――での八百長活動が記されている。ボードは壁全体を覆うくらい大きいのだが、表面を埋め尽くしている文字や線などを見ていくうちに、実際のところ、ひどく小さいように思われてくる。青のインクで書かれた名前には〝関係あり？〟と疑問符がつけられていた。

ダニー・ジェイ・プラケシュとジェイソン・ジョー・ルルドは青で〝中国の連絡係〟に分類されており、クリストファー・ムソンダは緑だ。にこやかに微笑んでいるアンテ・サピナの写真に、現在は釈放されているラジェンドラン・クルサミーの写真もある。どうも、ふたたび八百長に手を染めているらしい。汚染されたクラブ、汚染された試合、有名な八百長スキャンダルのリストもある。図表のいちばん上に書かれているのは、〝セルゲイ・ウソルツェフ▼33のかかわりは？〟という言葉。ボードの文字は消せても、試合に押された刻印は消えない。

イートンの調査員たちが東南アジアの賭博界に潜入しているあいだも、イートンの心はたえずハンガリーに飛んでいた。どうしても知りたいことがあった。ペルマルは、ワールドカップの試

▼33　エストニア出身のゴールキーパー。

合でほんとうに八百長を仕組んだのか？　ほかになにを知っているのか？　ほかの人々とは話をするペルマルだが――どうすれば、自分に過去のことを話すように仕向けられるだろう？　二〇一二年後半に電子メールを交わして以来、二人は連絡を取っていなかった。二〇一三年四月、イートンはふたたび接触を試み、電子メールで南アフリカでの活動について尋ねてみた。しかし、ペルマルの返信は次のようなものだった。

ミスター・イートン、無礼を働く気はないんだが、今あなたが雇われているのは、二〇二二年ワールドカップ開催国の権利を金で買った国だよ……あなたもきっと賛成してくれると思うが、六月の気温が摂氏四〇度以上にもなるところなのに、正気でカタールに投票する人間など一人もいるはずがないだろう。それに加えて、なんでＦＩＦＡの大物たちは軽いお仕置きですむんだ。司法で裁かれるかわりに、あの悪党どもは倫理委員会とやらに出席して、いつも結論が出る前に辞任しちまう……おれはけちな歯車にすぎないよ……あいつらこそ、司法が追いかけるべき本物の悪党だ。自分の地位を利用して私腹を肥やす輩《やから》こそ、本物の泥棒だ。もっとましなところと契約してエネルギーを費やすほうがいい。新しい場所に移ってから、八百長を撲滅するために自分のできることをしろよ。少なくとも、賄賂を受け取ったらどうなるかについて、選手をきちんと教育してくれ。

イートンはただちに返事を書いた。

親愛なるウィルソン

結論に飛びつく前に、やっておいたほうがいいことはいっぱいあるぞ……。思うに、きみは八百長と賭博詐欺に関して、全体像を見てもいなければ、自分がなにをしてきたかについても深く考えていないのではなかろうか。おそらく、このところきびしい監視下で、隔離された生活を余儀なくされているからだろう。心の安まるひまもないのでは、と思う。

ウィルソン、わたしも無礼を働く気はないんだが、まず、全体像の話をしよう。そもそも国際スポーツが危機に瀕しているのは、きみのような犯罪者が存在するせいなのだ。とくにサッカーは、真実を究明するためのなんらかの委員会を立ちあげ、早急にサッカー界を浄化し、そこに寄生する貪欲で無節操な捕食者たちを減らす必要に迫られている。次に、きみ個人に対して言いたいのは、アフリカや中米や東南アジアの若い選手に、きみたち犯罪者の集団が彼らの夢や希望や、憧れのヒーローたちになにをしてきたかを話して聞かせたのは、きみではない、ということだ。

わたしの考えは甘すぎると思うかもしれない。だが、この困難な世界で希望を抱けるのは、若々しく純粋な感受性があるからであり、一部の選手たちのそうした心を、きみは踏みにじった。そのうちの何人かに対しては、徹底的に。たぶん、きみ自身には、純な憧れに心をときめかせた経験が一度もないのだろう。きみは若者たちに、金と見返りをちらつかせて腐敗しろと説いた。わたしはきみのような人間を阻止するために、彼らと話しあう。それがわたしたちの相違点だ。

わたしには、きみが心の底から悔いて、本気で自分の過去をつぐなう機会を望んでいるように思える。それもたんに復讐をしたいからだとか、逮捕後の監視下の生活でつのらせた破滅願望などからではなく。……きみが与えた損害、きみが現在に残した遺産はおぞましいものだ。それをそのまま残したいのであれば、撤去されるのを見るに耐えないのであれば、そうするがいい。

いや、ウィルソン。わたしはきみの好きにはさせないだろう。また、二度とメールをすることもないだろう。それはたしかだ。

だが、覚えておいてくれたまえ。わたしは次のうちのどちらかのために、全力を尽くすだろう。まずは、どれほど苦労しようと、きみがしてきたことすべて、つまり、若い選手に対してやってきたこと、サッカー界の信頼性を損ねるためにやってきたことを、ありのままに語ってもらう。さもなければ、きみがヨーロッパ以上に破壊し尽くしてきた国々の司法の場で、きちんと裁かれるきみの姿をこの目で見る。

いつか、わたしの向こうに座っているきみと会う日が来ると思う。裁判所の法廷で会おう。

この頃アジアでは、イートンの調査員たちが壁にぶつかっていた。彼らはもう、FIFAの一員ではなかった。また、口のうまいフィクサーでもなかった。彼らは現在、中国マフィアの三合会が仕切る数十億ドル規模の賭博集団に入りこもうとしていたが――これが並大抵のことではなかった。ある程度のところまで進んで、頓挫していた。なにしろ、彼らはアジア人ではない。周囲に溶けこんでまぎれることができない。必要な情報は、遅々として手に入らなかった。

「いやはや、組織に食いこむのは大変だよ」と、イートンはため息をつく。「われわれは、金がどこにあるのか突きとめようとしている。どこにあるかがわかったら、次の段階は誰がコントロールしているかだ。フィクサーは最前線に出て、世間に顔をさらさなければならない。彼らの仕事の本質は企業活動だ。八百長には絶対必要な要素となる。ただ、賭博詐欺は表に出る必要はない。こちらは闇の活動の領分だからな」

あるとき、調査員がインドネシアでスキャンダルを引き起こした。インドネシアの政財界の大物一族のうち、あらゆる分野で敵対している両家があったが、ことにサッカーでの対立が激しかった。両家とも、複数のリーグで自分たちのクラブを所有している。相手のクラブに恥をかかせるため、どちらの一族も以前から八百長を仕組んでいる疑いがあった。ある調査員が疑わしい人物名と試合をリストアップし、資料をインドネシアサッカー協会の幹部に渡したところ、その幹部はリストの存在を地元メディアに漏らし、メディアはその内容ばかりか、情報提供者がイートンの調査員であることまで放送してしまった。彼の身元はばれた。数週間のうちに、彼は調査からはずされた。

「悪いやつらが、何層にも分かれて存在している」とイートンは言う。「八百長の実行部隊が多種多様なギャング集団だとしたら、賭博詐欺は多角的におこなわれている。しかも、はるかに秩序だっており、八百長とは比較にならないほどの規模で世界中に広がっている。テクノロジーを駆使し、合法とグレーゾーンの両方のブックメーカーを使ってね。重層的で、高度に統制のとれた犯罪事業だ」

調査チームが犯罪組織の八百長部門に食いこむのがしだいに困難になっていくにつれ、ふたたびイートンに迷いがきざした。イートンはカタールの〝ヴェネツィア運河〟にいた。運河の向こうを眺めれば、自分が住んでいるのと寸分たがわぬ邸宅《ヴィラ》が見える——誰もいない空き家だということを除いては。イートンは孤独だった。骨身にしみるほどそれを感じた。もう、旅をするのに疲れていた。八百長の重要性に関する理解を共有しようとしない警察とやり合うのに疲れていた。その場しのぎのやり口に、選手と審判を逮捕するだけの作戦に疲れていた。もっと効果的な仕事をする機会が、はたしてやってくるのだろうか。二〇一三年九月六日、イートンは自身のツイートでこうつぶやいた。「〝ゼロ容認[34]〟——有言実行してこそ意味がある。軽度の疑惑にばかばかしい法律論争。ペルマルはブダペストでパーティーだ！　なんでこうなるのだ？」自分一人で〝ヴェネツィア〟を独占するのがそんなに悪いことだろうか？——たしかに、本物を欲しているのであれば。

ある日、オスカー・ブロドキンは言った。「今日はむちゃくちゃ忙しいんですよ。昨晩、八百長試合の報告が四つもあって。これがスロバキアからのものです。結局、ブックメーカーのSBOとシングベットは試合を引き上げました。ＩＢＣは試合の掲載を拒否しました」。ブロドキン

▼34　些細な違反にも罰則を適用すること。

の前のスクリーンに映っているのは、スロバキアのサッカークラブ、FKセニカ対ドゥナイスカー・ストレダ戦である。すぐに不正検出システムによって、証拠のグラフが作成される。疑惑試合は赤にリストされる。だが、それはこのシステムの能力の一端にすぎない。不正検出システムは、無数のリストを編纂する。たとえば、八百長試合が発生しやすい国のリストというのがある。ブロドキンが東ヨーロッパのアルバニアをクリックすると、一三五の疑惑試合が赤字であらわれた。

「選手でも検索できます」とブロドキン。スクリーン上に、システムに登録されたもっとも疑わしい選手の名前がずらりとならんだ。それぞれの選手には〝累積不正スコア〟の点数がついている。輝く第一位はニコラ・フェラーリ、イタリアのセリエBの選手だ。

システムはこれらの疑惑選手の行動を追跡する。ブロドキンは、八百長で悪名高かったラトビアのチーム、ディナブルグを例にあげた。二〇〇九年一〇月、FIFAはこのクラブを解散させている。「選手の何人かは、別のチームに加わりました。そして、そこで八百長を再開しました」システムの機能を使えば、疑惑クラブを個別に指定し、その登録選手名簿をスキャンして、所属していた選手の誰かがどこかに移籍していないかどうか、全員の動きを監視できる。「疑惑選手が別のチームや外国に移ったりすると、警戒態勢に入ります」

ブロドキンは画面を指さした。何人かのジンバブエの選手が、最近はキプロスでプレーしている。「疑わしいですね」とブロドキン。スクリーン上のいくつもの画面の一つに、イングランドの下部リーグ、カンファレンス・サウスに所属しているダートフォードというチームについての報告があった。画面には、スポートレーダーが追跡している数百ものブックメーカーのデータがびっしりとならんでおり、それらすべてに〝誰が八百長をしているか〟〝どこでしているか〟が明確に付記されている。スクリーンの右下には、オーストラリアの小規模な地域リーグ、ビクトリア州リーグに所属しているサザンスターズというクラブのデータが集められていた。「なにかがあそこで起きています」とブロドキンは言いながら、指で画面上のサザンスターズを示した。「このクラブの名前は、一度も聞いたことがありません」。見逃していいほど価値のないチームは、一つもない。スポーツ賭博業界にとっても、犯罪組織にとっても、したがってスポートレーダーにとっても。ブロドキンの仕事は、現場のフィクサーを特定すること、このデータの海に隠れている詐欺師を見つけだすことだ。ひとたび姿をあらわせば、決してまぎれることはできない。「それがフィクサーを追跡する側の強みです」とブロドキンは言う。「彼らは欲にかられて、とんでもないことをしでかしますからね」

第37章

オーストラリア――サザンスターズ事件1

二〇一三年九月　ビクトリア州

九月の初め、いつものドーハの暑い夜、クリス・イートンの電話が鳴った。オーストラリアから、誰かが電話をかけてきたようである。妻と幼い息子を起こしたくなかったので、イートンはバルコニーに出た。目の前に広がる〝ヴェネツィア〟を眺めながら、電話にこたえた。かけてきたのは、イートンの古巣であるビクトリア州警察の警官二人だった。しかし、彼らは昔話をしたかったわけではない。ビクトリア州警察は、メルボルンで起きた八百長サッカーの捜査に着手したところなのだという。どの疑惑試合にも、オーストラリアの二部リーグに所属するクラブが関係していた。

これまでに得た情報の概要を説明する警官たちの話に、イートンはじっと耳を傾けた。電信送金。選手とあやしい男たちとの接触。驚くような通話記録。そして、この疑惑クラブのおそるべき勝敗記録。どれもみんな、よくある話だった。これまで自分が積み重ねてきた経験から、ビクトリア州警察の取っている路線は正しいと、イートンは伝えた。だが、警官たちの質問から、彼らが国際的な八百長の仕組みを理解していないことがわかった。とはいえ、なぜビクトリア州警察にそれがわかろう？　八百長犯罪が、どれほどそのシステムに不案内な者をまどわすものなのか、イートンは身にしみて知っていた。そう、ワールドカップ南アフリカ大会の頃の自分がそうだったように。数時間かけてイートンは、世界規模の視点から詳細な説明を加えていった。八百長と賭博詐欺がどれほど表裏一体か、裏で糸を引いているのは誰なのか。いつものように、イートンが厚く閉ざされていた犯罪界のカーテンを開けていくにつれ、自分たちの目の前にあらわれた泥沼に、警官たちがとまどっている気配が伝わってきた。

話し合いは終わりにさしかかった。捜査官の一人がイートンに最後の質問をした。いきなり立場が逆転した。今度は、イートンがショックを受ける番だった。イートンは即座に理解した。メルボルンの出来事はありふれた事件ではなく、これまでの八百長捜査史上もっとも重要なものになるだろう。ひょっとしたら、ついに政府が行動を起こすかもしれない。

二〇一二～一三年シーズンが終了すると、ロンドン東部に本拠地を置くホーンチャーチは、イスミアンリーグ・プレミアディビジョン（イングランドの七部リーグ）への降格が決まった。通算成績は、一一勝二〇敗一一分け。ホーンチャーチの試合のいくつかに疑わしい賭けパターンを認めていたため、イングランドサッカー協会と契約をむすんでいるスポートトレーダーは、クラブの動きを注視していた。

二〇一三年六月二二日、ホーンチャーチのストライカー、ルイス・スミスが、五部リーグのカンファレンス・プレミア[35]所属のダートフォードに移籍した。ホーンチャーチの活動全般を監視していたスポートトレーダーの技術者は、注意深くスミスの行動を追った。すると、それから二週間しかたっていないにもかかわらず、不可解にもスミスはふたたび移籍した。七月八日、ダートフォードを辞めたスミスはオーストラリアへ向かい、サザンスターズに移ったのである。

メルボルン南東部の郊外を本拠地とするサザンスターズは、オーストラリアの州リーグの一つ、ビクトリア州サッカーリーグの一部に所属するクラブである。オーストラリア国内のサッカー事情を勘案すると、この州リーグは、イングランドの三部か四部以下に相当する。ビクトリア州リーグの選手たちはアマチュアであり、固定給はない。うらぶれた競技場で、一〇代の若者が目立つまばらな観客を前に試合をするのがつねである[36]。

それにもかかわらず、サザンスターズでプレーするためならオーストラリアへ移住してもかまわない、と決意するほどの魅力を感じたイギリス人選手が、何人もいるようだった。昨シーズンには、数人の選手がサザンスターズの登録選手名簿に名前を連ねた。だが、彼らはクラブの成績にほとんど貢献していなかった。スミスが合流するまでにチームは一二試合を戦っていたが、その結果は一〇敗二分けである。サザンスターズに到着したスミスは、元ホーンチャーチのチームメイトの二人、ディフェンダーのライス・ノエルとゴールキーパーのジョー・ウーリーとふたた

▼35　日本ではカンファレンス・ナショナルとも表記する。
▼36　オーストラリアのプロリーグは「Aリーグ」のみで、州リーグの選手は年俸制ではなく、給料は試合の出場給だけの場合がほとんどである。

び一緒になった。その後の五試合の結果は、引き分けが一回、負けが四回。そのうちの三試合は、四対〇で負けていた。全一七試合の成績は、〇勝一四敗三分けだった。

サザンスターズに興味を持つ人などいなくて当然のような状況のなか、スポートレーダーは彼らの監視を続けた。やがて、サザンスターズの試合に設定されたアジアンハンディキャップの市場で、オッズとハンディキャップの変動パターンに疑わしい点が見つかった。賭博市場に残された、不正操作の痕跡である。オーストラリアサッカー連盟とも契約をむすんだスポートレーダーは、スミスが到着してほどなく、新たな顧客にさっそくこの疑惑を報告した。詐欺の疑いに警告を発するのは、これまでにもスポートレーダーがしてきたことである。ほぼ例外なく、顧客のサッカー協会はスキャンダルの発覚を避けるため、寄せられた情報を内部で処理するほうを選んだ。ところが今回、オーストラリアサッカー連盟上層部はビクトリア州警察に通報したのである。

ビクトリア州は八百長と戦うための法律を整備した、世界でも数少ない地域の一つだった。南半球に浮かぶ単一国家の大陸という地理上の特異性に加え、国内でのサッカー人気がまだそれほど高くないことから、業界の専門家が知る範囲では、これまでオーストラリアは試合の不正操作に汚染されるのをまぬがれてきた。しかし、世界各地のおびただしい報道から考えれば、八百長は急激に勢力を拡大している現象であり、上陸するのは時間の問題だ、とオーストラリア警察と検察当局は判断した。ビクトリア州政府は八百長を重罪とする法案を成立させ、最高一〇年の実刑を科せるとした。世界中の司法当局が、八百長にどのような罪を適用すればいいか——資金洗浄《マネーロンダリング》なのかビジネス詐欺なのか——右往左往しているあいだに、ビクトリア州はあっさりと方針を決めた。そして、量刑ガイドラインのきびしさによって、警察が盗聴などの特別な捜査手法をとる際、裁判所に示さなければならない〝相当の理由〟の条件が自動的に緩和された。そのため、証拠の収集はぐっとやりやすくなる。ところが、イギリス選手はなにも知らずに、自分たちを捕らえる罠をみずから仕掛けに南へ飛んできたのだった。

まずはサッカー連盟と話し合い、次にスポートレーダーの意見を求めたあと、ビクトリア州警察の捜査官は、サザンスターズの選手の出入国記録を徹底的に調べた。その結果、イギリス人選手がシーズン中にオーストラリアを出たり入ったりし、バリ島だの、アジアの観光地だのに遊びに行った記録をそろえることができた。証拠写真も簡単に手に入った。ナイトクラブや浜辺で撮った写真を、選手が自分たちのフェイスブックやインスタグラムに投稿していたからである。スポートレーダーの資料のほかにこれがあったので、サザンスターズの選手とスタッフの会話を盗聴する法的承認はなんなくおりた。

イギリス人選手が、監督のほか、チーム周辺に姿を見せる身元不明の東南アジア系の男たち数人と交わす電話の内容を聞いているうちに、これは自分たちの手に負える状況ではないことに捜査官は気づいた。どうもこれは、なにか大きなことにつながっているらしい。ビクトリア州の新たな八百長防止法のもとで初めて立件に成功した警官であれば、見当がついたのかもしれない。しかしサザンスターズ事件を担当している捜査官は、どのように八百長が仕組まれるか、どのように賭博市場が不正操作されるのかについて、じゅうぶんな知識を持ちあわせていなかった。はたして自分たちが追っている情報は正しいのだろうか。より大きな視点から理解する必要に迫られ、彼らは専門家の見解を求めることにしたのである。

イートンは自分にできるかぎりの話をした。だが、彼らはもっと知りたがった。捜査官の一人が訊いてきた。「〝キング〟という人物をご存じですか？」監督や選手、周辺の男たちの電話を盗聴していると、しょっちゅう〝キング〟という人物が話題に出てくるのだという。

イートンがじっと考えていると、一人が言葉を続けた。「それに、頻繁にハンガリーの局番とやりとりをしているんです」

いきなり雲が晴れた。その答えはただ一つだ。「キング？」イートンは心につぶやいた。「ケロン・キングか？　ペルマルだ。まちがいない。ほかに誰がいる？　やつはいまだに八百長をしているのか。もう袋のねずみだ」


ビクトリア州警察の副本部長グレアム・アシュトンは、のっそりとした大柄な男で、頭は禿《は》げ、いかめしい雰囲気をたたえている。アシュトンは二〇〇二年に二〇二名の命を奪った、インドネシアのバリ島爆弾テロ事件の捜査で名前をあげた。起爆装置の一つに使われたＳＩＭカード▼37の残骸を再構成する指揮をとったのである。そこから得られた情報が加害者の特定につながった。アシュトンは、サザンスターズの捜査にも同じ細心さで取り組んだ。

送金状況を調べた結果、サザンスターズの選手が電信送金で受け取っていたのは、総額六万ドル弱だった。伝統的に、下部リーグの選手のコントロールに金はかからない。電話の盗聴記録からすると、八百長が成功するたびに監督のジア・ユーナンが払っていたらしい。調査によって、

▼37　携帯電話に挿入するICカードで、契約情報が記録されている。

ユーナンがサザンスターズの経営陣に接触したのは二〇一二年一〇月であることがわかった。プロサッカー選手としてオーストラリアでプレーしたあと、監督業に転身した人物である。ユーナンの申し出は、給料はいらないから、そのかわりに登録選手の決定権を自分にくれ、というものだった。財政困難にあえぐ世界中のサッカークラブや協会の例にもれず、サザンスターズの経営陣はすぐにそのうさんくさい提案を受け入れた。

アシュトンは試合を――つまり八百長を――そのまま続けさせ、裁判官が心おきなく有罪判決を出せるような証拠を集めることにした。捜査官たちはファンのふりをしてフィールドの近くをうろつき、指向性マイクで選手たちの会話を録音した。また、フィールドの土のなかにマイクロフォンを埋め込んだ。ゴールポストにも、複数のマイクロフォンを仕掛けた。試合中、あるディフェンダーがゴールキーパーのジョー・ウーリーに「次のを入れさせようぜ」と言うのが、そのマイクを通して聞こえた。クラブは順調に負けを重ねていったが、警察が自分たちの動きを逐一記録していることに、選手たちはまったく気づいていなかった。「おもしろい光景も見られましたよ」と、ある捜査官は言う。「ふつう、負けたときにハイタッチするバカはいないでしょう?」

八百長の中身は、そのときの賭博市場の状況によっていろいろだった。録音された通話記録によれば、いくつかの試合では引き分けの指示が出されていた。また、前半は無得点で終了し、後半に四点献上して負けろという指示もあった。それがもくろみどおりにいかず、三対〇で終了すると、電話でのやりとりがあわただしくなった。その震源地は、捜査官によれば、ハンガリーだった。

ウィルソン・ペルマルが怒って雷を落とすのも無理はなかったのかもしれない。捜査官によると、ペルマルはこの試合に五〇万ドルは賭けていたのだという。アシュトンの試算では、サザンスターズを利用した一連の作戦で、八百長一味はおよそ二〇〇万ドルの利益をあげたという。

八月一八日にも、配当で稼ぐ機会が訪れた。この日、サザンスターズはメルボルン郊外ソーンブリーのクラブ、ノースコート・シティと対戦した。ソーンブリーのジョン・ケイン記念公園の競技場で顔を合わせた両チームの成績は、まったく対照的だった。ホームチームであるノースコート・シティの通算成績は一〇勝二敗五分け、ビクトリア州リーグの一位につけていた。最終的には一三勝二敗六分けでシーズンを終え、リーグ優勝することになる。もちろん、サザンスターズがこの試合に勝つ見込みはなかった。

試合開始時、アジアのブックメーカーSBOは、ノースコート・シティが三点以上あげる確率がもっとも高いという予想を示した。両チームの合計得点数で賭けるアジアントータルでは、オーバーアンダーが四・五に設定された。前半の進行にしたがって、SBOはハンディキャップ、オッズ、オーバーアンダーを変更しながら、いつものように賭けの注文を受け付けた。

前半がはじまってから、両チームとも無得点のまま時間が過ぎた。当然ながら、ノースコート・シティが三点以上で勝つ予想のオッズは上昇した。得点するための時間がしだいに減っていくからである。同様に、ハンディキャップも変化した。だが、ハンディキャップもオッズも、普通では考えられない速さで上昇していった。

二六分経過の時点でSBOは、サザンスターズが二点差以上で負けることはない、という強い予想を前面に打ちだした。つまり、サザンスターズが一点差で負けるか、あるいは引き分ければ、ギャンブラーはこの賭けに勝つことになる。同時に、オーバーアンダーも四・五から三・五に下がったが、それに設定されたオッズは疑わしいほど低かった。〝アンダー〟のオッズは、論理的には一・九六（五一パーセントの可能性）になるはずなのに、一・三四（七四・六パーセント）の低さで取引されている。これはなにを意味するのか？　つまり、誰かが両チーム合計三ゴール以下の予想に巨額の金を賭けているため、SBOはオッズを変更し、ギャンブラーが〝アンダー〟の賭けに勝っても、一ドルにつき三四セントの利益しか得られないようにしたのである。

この矛盾した傾向は、前半中ずっと続いた。最大の瞬間は前半終了の直前、四五分が経過したときに訪れた。SBOはオーバーアンダーを二・〇に下げた。〝アンダー〟のオッズは一・二五（八〇パーセントの可能性）になったが、論理的には三・〇九（三二・四パーセント）になるはずだった。SBOはアンダーに殺到する注文から賭けを守るために、オッズを下げ続けたのである。オッズが一・二五なら、一ドルにつき二五セントしか儲からない。

ハーフタイムには、SBOのオッズ変動を誘発した注文は止まり、後半のハンディキャップとオッズは普通に推移した。試合は両チーム無得点の引き分けで終了し、前半がはじまったばかりのオッズの高いときに賭けた客には、その時点での配当金が支払われた。

サザンスターズの八百長は、つねに成功したわけではない。ビクトリア州警察の警官のなかには、ペルマルが電話で選手をどなりつけているのを聞いた者もいるという。捜査官によれば、ペルマルは地元のプロジェクト・マネージャーとされるマレーシア人、セガラン・〝ゲリー〟・グスブラマニアンに頻繁に電話をかけては、しょっちゅう八百長の不手際を叱り飛ばしていた。また、監督のユーナンにもたえず連絡を取り、八百長試合の予定や、具体的な指示や戦略を伝えた。警察は、ペルマルの旧友ジェイソン・ジョー・ルルドや、シンガポール組織の幹部クリシュナ・ガネーシャンとの電話も追跡した。また、移民国境警備省からの情報によって、サザンスターズのシーズン中、この二人の男が何回かオーストラリアへの出入国を繰り返していたことがわかった。クリス・イートンは、ガネーシャンがボルネオ島北部の王国ブルネイに長期間滞在して、アルムタデー・ビラ皇太子と会っていたことを知った。皇太子はかつて自国のサッカークラブ、ブルネイDPMMのゴールキーパーをしていた時期があり、現在はこのクラブの所有者である。その事実を知ったイートンは、シンガポール組織とブルネイ王族のつながりを調べるため、部下を派遣した。

だがイートンには、最優先の課題が見えていた。なによりも重要なことはただ一つ、ユーロポールとハンガリー政府の監視下に置かれているにもかかわらず、ペルマルが八百長一味を遠隔操作しているのを証明することだった。これが事実であると立証できれば、八百長撲滅の戦いに大きな影響を与えることはまちがいなかった。

第38章

オーストラリア――サザンスターズ事件2

二〇一三年九月　メルボルン

メルボルンのさわやかな朝、イートンは電話を手にコリンズ通りを歩いていた。インターポールのノーブル事務総長に、今朝の顚末を知らせるメールを打っているのである。その逮捕劇は早朝五時半からはじまった。グレアム・アシュトンの部下たちは、市内の七か所を急襲した。逮捕したのは、ユーナン監督、マネージャーのグスブラマニアン、選手六人。また、昨晩バーで女を引っかけて、女の家にしけこんだ選手がいた。まだ警察は、その選手の足取りをつかみきれていなかった。しかし、今回の捜査の眼目だったルイス・スミスはクラブを辞め、まんまとイギリスへもどってしまっていた。

イートンはメールを送信すると、上着のポケットに電話をしまった。「ウェインライトに意気揚々と伝えるノーブルの姿が見えるようだな」。イートンは、ユーロポール長官のロブ・ウェインライトを思い浮かべながら言った。「ノーブルはおそらくこう言うよ、『やあ、ペルマルを手に入れたぞ』ってね」

その夜、タクシーはイートンの思い出の地、彼が警官として初めて勤務したセントキルダを走っていた。イートンは、兄が死んでまもなく、一七歳で入学した警察学校を指さした。「見習いの頃はあそこで勉強したのさ」。イートンも待つ態勢に入った。やがて、道の向こうから警察のワゴン車がやってきた。「昔、ああいうやつに一八人押しこめたことがあったよ」とイートン。「一九七二年のことだ。そいつら、どんちゃん騒ぎをしていたんだ。全員ニュージーランド人だった。音楽のボリュームを落とそうとしないから、逮捕したのさ。制服の襟がびりびりになったよ。大乱闘だったからね」

アシュトンの部下たちは、逮捕した九人の取り調べに一八時間を費やした。もう深夜にさしかかっており、大半の選手はサザンスターズの八百長に加担したことを認めた。グスブラマニアンは否認を続けている。ユーナンも関与を否定したが、警察が反論の余地のない証拠を突きつけると、わっと泣き出した。そして約一五分間、ユーナンは体をふるわせながら泣き続けた。

緊急の保釈査問会を開くため、裁判官も招集されていた。査問は、警察署の二階の簡素な会議室でおこなわれた。傍聴しているのは数人の記者だけである。警官が、ノエルとウーリーを順番に会議室へ連れてきた。どちらの選手も裁判官の前の椅子に座り、落ちついて質問に答えた。彼らが裁判と犯罪組織のどちらをおそれているのか、外からはうかがい知れない。保釈が決定すると、選手たちはすぐに自分の部屋に身を隠した。

サザンスターズの八百長一味にペルマルが関与しているのではないかという疑惑が発覚したせいで、選手よりもフィクサーに甘く、彼らを野放しにしている国際司法の現状が浮き彫りになった。フィクサーや資金提供者を逮捕して起訴するのは、彼らの駒となって働いた選手たちをそうするよりもむずかしい。しかし、ペルマルが加担していたかもしれないというニュースは、無視するにはあまりに大きかった。フィクサーという人種は、司法当局の監視下におかれながらも堂々と犯罪を続けるおそれがある、ということの証明なのだから。メルボルンでの逮捕劇のわずか三日後、そのニュースに呼応するかのように、シンガポール当局がついに重い腰を上げた。

シンガポール警察は、強制捜査で一四名を逮捕した。捜査官たちによれば、この八百長集団は二〇〇八年から二〇一一年のあいだに約七〇〇試合の不正操作をおこなった。犯罪の舞台はおもにヨーロッパで、ワールドカップの予選やチャンピオンズリーグの試合もふくまれているという。逮捕者のなかには、かつてペルマルと組んでいたアンソニー・ラジ・サンティアとゲイ・アラサンもいた。シンガポール当局は、彼らの獲物について多くを語らなかった。とはいえ、世界中で吹き荒れた八百長事件を追ってきた者であれば、すべての事件の背後にいた〝黒幕〟を捕らえたとシンガポール警察が発表したとき、それが誰を意味しているかはすぐにわかったにちがいない。

ダン・タンがフィンランドのロバニエミ市ではじめた作戦は、とうとう自分の身に跳ね返ってきた。現在ダン・タンは獄中におり、いつ出られるのかはわからない。シンガポール当局は逮捕した一四名のうち、一〇名をすぐに釈放した。だがダン・タンとアンソニー・ラジ・サンティアは、麻薬密売、資金洗浄《マネーロンダリング》、不道徳行為、組織犯罪の嫌疑の場合、有罪判決がなくても容疑者を拘束し続けられるシンガポール刑法の条項に照らして拘留された四人のなかに入っていた。シンガポール当局がダン・タンの起訴の準備をしているのか、イタリアへ送還するのか、あるいはたんに無期限に拘留し続けるつもりなのか――この国の法律では可能である――は不明だった。シンガポールがどのような方針をとるのであれ、これは八百長との戦いにおいて重要な意味を持つ日々だった。流れは変わろうとしていた。

一連の逮捕劇が終わった夜、クリス・イートンはメルボルンのイタリア料理店に出かけた。イートンの三人の娘が一緒で、彼女たちの二人の夫も同席していた。成長すると父親に対してぎこちなくとげとげしい態度をとる娘もいるが、イートンの娘たちは父親が発散する活力を享受し、心から一緒に過ごす時間を楽しんでいた。娘たちが論戦を仕掛け、イートンが機嫌よく応じる。それでも、まじめな話題に移ったり、イートンが熱く語りはじめたりすると、全員が冗談を言うのをやめて、じっと耳を傾ける。

レストランは大勢の人で賑わい、イートンたちの前にも料理の皿がならんでいる。たいていはパスタだ。アコーディオンを肩にかけた男が店内をまわり、チップをもらっては音楽を奏でている。イートンはサザンスターズ事件の調査について熱心に論じた。「今回の犯罪組織との戦いは、じつにうまくいった」。イートンは身を乗り出し、自信にあふれた声で、大事なところでは手ぶりをまじえながら、言葉を続けた。「従来どおりの手法をとっていたら、今回の情報を得るのには何か月もかかっただろう。そのあいだにやつらはイギリスへもどって、別のチームで同じことを繰り返したにちがいない。それでも、まだたりない点がある。それが根本的な問題だ。つまり、どうしても彼らは、国内の事件にしか目が向かないんだな。警察の勇敢さが発揮される舞台は、自国内にとどまっている」

オーストラリア当局が逮捕をはじめると、ジェイソン・ジョー・ルルドとクリシュナ・ガネーシャン——サザンスターズ八百長事件での、ペルマルの相棒と目される男たち——はいち早く国外へ逃れた。この二人が手元にいない以上、実刑判決の可能性をちらつかせながら逮捕者に詳細な供述をうながしても、ブダペストのペルマルに縄を投げて捕まえるのはむずかしく、結局はやりたい放題にさせてしまうのではないか、とイートンは危惧していた。

「これがいちばんの屈辱だ」とイートンは言った。「やつは中指を立てて笑っている。その指をへし折ってやりたいよ。やつは驚くほど不注意だ。それで勝ちをおさめたこともあった。だが、ギャンブルをやめられない性癖とあわせて、ダン・タンはその軽率さをおそれ、やつを塀のなかに閉じこめようとした。やつは今、シンガポールに送り返されないですむ程度の話を、小出しにしゃべっている。しかし、ほんとうにまぬけだ。あいつは残りの人生を刑務所で過ごすことになるだろう。今度ばかりは年貢のおさめどきだと思うと、うれしくてたまらないよ」

アコーディオン弾きが朗々と歌いながら近づいてきた。しまった、こっちに来た、というざわめきが席で起きた。しかし、イートンは気にしなかった。椅子の背にもたれると、身を乗りだしながら『ケ・セラ・セラ』を演奏するアコーディオン弾きの姿を見つめた。そう、この歌の歌詞なら知っている。イートンは一緒に歌いだした。「何事もなるようになるもの」。イートンは大きな声で和した。「先のことなどわからない」

第39章

速度を上げる追跡

二〇一三年　ベルギー　ニューヨーク

FIFAの新保安部長ラルフ・ムチュケは、報道陣を相手にするのが不得意だった。とくに、前任者に比べるとそうだった。ムチュケはチューリヒで波乱のスタートを切ることになった。着任して一か月後、ムチュケは公式に次のようなコメントをした。「すべての犯罪行為を撲滅するのは不可能であり、八百長はあきらかにその範疇に入る。われわれとしては、この問題を最小限におさえたいと思っている。しかし、根絶することはできないだろう」。ムチュケの発言は、大勢の人々がFIFAに抱いている懸念――つまり、結局のところこの組織は、世界のどこかで八百長が起きてもしかたがない、八百長はサッカービジネスに発生した新たな痼疾《こしつ》のようなものだと考えているのではないか、という懸念を裏付けてしまったように思われた。

議論が再燃した。サッカー界から八百長を駆逐できそうな人物はいるだろうか？　もしいるとしたら、それは誰だ？　「FIFAには果たすべき役割があります」とフェアファクス・グループのマイケル・ハーシュマンは言う。「すなわち、リーダーシップを発揮して物事の優先順位を決めることです。八百長はもちろん優先されてしかるべき課題ですし、スポーツの品位を守るために、FIFAのような組織であれば、率先してこの問題に取り組まなければなりません。クリス・イートンが去ってからというもの、正直に言って、この問題に取り組もうという熱意はFIFAに感じられません。残念ながら、勢いは失せています。ある意味、主導権は国際スポーツ会議（ICSS）に移っています」

イートンは、世界各地で開かれるスポーツ安全会議に出席し、たびたび特別講演をおこなっては、八百長を撲滅するための新たな戦略を提案した。イートンは、スポーツ界、警察、ギャンブル業界が国際的に協力する必要性を訴えた。関連情報を収集して解析する機関を創設し、多国的かつ多角的な存在として、政府やスポーツ組織に適切な助言を提供できるようにするのである。つまり、試合やスポーツ賭博市場の不正操作をたくらむ犯罪組織を阻止するために、作業部会を設立しよう、というわけだ。インターポールが管理する国際的な基金を新設して、運営に必要な資金にあてればいい。

スポーツ界であれ、セキュリティや行政機関の関係者であれ、大半の人々は、とても実現できそうにない計画だと感じた。イートン自身、挑戦であることを認めた。しかし、絵空事を主張したのではない。イートンがこの新組織のモデルとしたのは、先進七か国首脳会議（G7）が一九八九年に発足させた、資金洗浄《マネーロンダリング》を規制するための金融活動作業部会（ＦＡＴＦ）である。パリの経済協力開発機構（ＯＥＣＤ）内に事務局を置くＦＴＡＦは、組織犯罪やテロリズムの資金源対策として国際的な基準を作り、各国政府が協調して動くための調整役となっている。世界アンチドーピング機構を推進してきたユネスコを介して、八百長撲滅のための新作業部会を設立しよう、とイートンは提案した。

刺激的で、説得力があり、聴衆の心をつかむのがうまいことで定評のあるイートンは、ブリュッセルに招かれ、欧州連合で講演をした。イートンが招待されたということは、各国政府が八百長の危険性と重大性を認識しはじめたというサインだった。ブリュッセルでイートンは、現在の警察機構では八百長に対抗できない根本的な理由を示してみせた。「スポーツは世界規模です。スポーツ賭博も世界規模です。八百長も世界規模です。違法賭博も世界規模です。多国間組織犯罪も、世界規模と定義されます。しかし、ほとんどの警察活動は国内に限定されます。ここにこの問題の限界が、つまりは広範な解決をはばむ要因があるのです。世界規模のスポーツは、世界規模でギャンブルの対象となり、世界規模で多発する犯罪行為に蝕《むしば》まれています。ところが、その実態に匹敵する、世界規模の防止対策や調査機関は存在していないのです」

イートンが提案する新組織は、これまでにない種類や規模で生じる犯罪活動に対抗するための連携機関という点で、初期のＦＢＩに非常によく似ていた。雄弁で説得力のある講演者イートンは、根本的な改革の熱烈な信奉者、理想に燃えた若き日のジョン・エドガー・フーヴァーのようだった。

そして、フーヴァーと同じく、イートンも明確に自分の標的を捉えていた。その筆頭がペルマルである。サザンスターズの逮捕劇の余韻が残るなか、イートンは幾度となく報道陣に会見した。オーストラリアでの八百長とペルマルの関係について、ビクトリア州警察当局はいっさいコメントしなかった。その特権はイートンに一任され、会見のたびにイートンはペルマルを指弾した。物事はこうあるべきという彼の信条に照らすと、ペルマルが自由にハンガリーで暮らしていることは、言語道断だったのである。「ペルマルが関与しているという事実を、われわれはしっかり認識しなければなりません」と公の場で表明した。「あまりにも衝撃的です。この事実は、ああした連中がどれほど傲慢でおそれを知らないかを、如実にあらわしています」。しかし内輪で話すときには、イートンはもっと大胆に言い放ったものだ。「あの悪党を刑務所にたたきこまなきゃならん。ただそれだけだ」

積極的にメディアに出演するイートンは、ニューヨークへやってきた。アメリカではまだサッカーの人気はそれほど高くないが、八百長との関連は大きく取りあげられるようになっていた。その日、まずはCNNのインタビューをこなし、その後は大手ケーブルテレビHBOの番組「ブライアン・ガンベルとリアルスポーツ」に出演して、ガンベルと数時間のトークをおこなった。このあとは、自由な時間を過ごせる。

タクシーでイーストヴィレッジに向かった。気持ちよく晴れあがり、この季節のニューヨークで過ごすには絶好の午後である。東七番街を歩きながらイートンは、自分が達成してきたことや、八百長の重大性について世界の意志決定機関と意見を交わしながら、この問題をクローズアップさせるために根気よく続けてきた努力について、語ってくれた。「われわれは、ようやく席をもらえたんだよ」とイートン。一人の人間がやり遂げたこととしては、もうじゅうぶんなのではないか、とわたしは質問した。きびきびと歩道を進んでいきながら、イートンはしばし自分の考えに沈み、やがて、世界中を飛びまわることにも、ここ数年の重圧にも、少々飽きがきたと認めた。そして、たしかに自分でもそろそろ引退の時期なのだと思う、と言った。「だから最後の賭けに出ているところなのさ、相棒」

ウクライナ雑貨店で息子への土産にマトリョーシカ人形を買ったあと、イートンは老舗《しにせ》のアイリッシュ系パブ、マクソリーズの敷居をまたいだ。ニューヨークでもっとも古いこのパブで一息つき、汗を吹き飛ばすにはいい時間である。バーテンダーが、イートンの前にビールを置いた。平日の午後、とくに天気がこんなにいい日、マクソリーズは混みあっている。ざわめく店内で、客たちは声をはりあげながら会話をしている。喧噪のなか、あちらこちらでビアマグがふれあう高い音が響く。

あまりに賑やかだったので、イートンは携帯電話の着信音に気づかなかった。しばらくしてから、いつもの習慣でポケットから電話を取りだし、緊急のメッセージを見逃していないかどうかをたしかめた。そして事実、とりわけ重要な人物からの電子メールが届いていたのである。メールを読んでいくうちに、イートンの顔がほころんだ。

やあ！

なんだってあらゆるところにしゃしゃり出てくるんだ。

あんたは〝元〟で〝現〟ＦＩＦＡ保安部長じゃないだろう。

今のあんたは、無意味な組織で給料のただ取りをしているだけだ。

オーストラリアの八百長におれが関係しているとほのめかしたり非難したりする権利があるやつがいるとすれば、それはメルボルンの警察であってあんたじゃない。

ＦＩＦＡがカタールからワールドカップを取りあげて、あんたがお払い箱になることを願うよ。

教えておくが、あんたはヨーロッパの司法当局に好かれちゃいないよ。

あんたは有名になりたくて、秘密だったはずのだいじな情報を売りまくっている。

あんたがおれの最後を見たがっているのと同じくらい、おれもあんたがクビになるところを見たいね。

ウィルソン・ラジ・ペルマル

イートンは頭をのけぞらせた。あまりにも大声で笑いだしたので、一瞬、バーカウンターの話し声がやんだ。やがてマクソリーズの店内には、なにかで自分をこらえきれなくなった男の笑い声だけが響き渡った。「相棒、これはもう、なにをか言わんやだ。やつは口を閉じていられないたちなんだ。あいつが超一流の犯罪者になれない理由がこれだよ。運のいい悪党だ」。イートンはビアマグをカウンターに置いた。「こうした最後のあがきは大好きさ」

そして返事のメールを打った。「ウィルソン、きみは怖いんだ。当然だな！」

携帯電話をポケットにしまい、マグを掲げる。「追跡の楽しみに」とイートンは乾杯した。

第40章

イングランドでの八百長

二〇一三年一一月　イギリス　マンチェスター

追跡はその後も続いた。一一月、チャン・サンカランという名前の三二歳のシンガポール人が、イギリスのマンチェスターのパブに姿を見せた。サンカランがジョー・マッカーサーと名乗るイギリス人に呼ばれてこの国に来るのは、これが三度目だった。

サンカランと初めて顔を合わせたとき、自分は八百長に興味のあるインドネシア鉱業界の大物の代理人を務めている、とマッカーサーは自己紹介をした。その大物は、イギリスに八百長の基地を作りたがっているという。マッカーサーはフェイスブックを通じてサンカランに接触し、イギリスで会う段取りを整えて、詳細を詰めることにしたのだった。三つのクラブで八百長を仕組める、とサンカランはマッカーサーに告げた。前半は二対〇か一対一、最終的なスコアは三対二か四対〇で調整できる、そちらの賭け方しだいでね。それでよければ、アジアの違法賭博市場で賭けられるようにしてやるよ。それから、とサンカランは言葉を続けた。選手一人につき五〇〇〇ポンド払ってくれれば、特定の時間にレッドカードをもらってやる。典型的な定点八百長《スポットフィックス》さ。

この八百長計画にはいくつかおかしな点があった。雇い主は六万ユーロを出す用意があるとマッカーサーは言ったが、イングランドで八百長をするには、これではとてもたりなかった。ここで仕事をするには、最低でも一〇万ユーロはかかるはずだった。だが、サンカランはシンガポール組織の一員とはいえ、末端の存在にすぎず、八百長を仕組んだ経験はほとんどなかった。もう一つ、隠匿されている要素があった。ジョー・マッカーサーというのは偽名で、じつは彼はクリス・イートンの部下の元ＦＩＦＡ調査員だったのである。彼は今、フリーでおとり調査をしていた。

〝マッカーサー〟は自分が調べた内容を「テレグラフ」紙に売る契約をむすんでおり、このイギリスの新聞のウェブサイト上に、サンカランとの会合を録画したビデオが流された。それによって、イギリスの国家犯罪対策庁が捜査を開始し、サンカランをふくむ六名が逮捕された。逮捕者のなかには、現役当時はプレミアリーグのボルトン・ワンダラーズのほか、一四のクラブでプレーしたストライカーで、引退後は選手の代理人を務めていたデルロイ・フェイラーの名前もあった。これはこの数十年のうち、イングランドで摘発された初の八百長事件となった。八百長の魔の手は、とうとうサッカーの故郷にも忍びよっていたのである。

ほかにも暴露された事実があったが、それはもはや衝撃ではないだろう。マンチェスターでの会合の途中、サンカランは〝マッカーサー〟に、ヤフーで検索してみろと勧めた。「ウィルソン・ラジ・ペルマルで検索すればいい」とサンカランは言った。「ケ、ケ、ケロン・キ、キ、キング……八百長王だよ……彼がぼくのボスだ。この世界の人間なら、誰でも彼を知ってるぜ」

第41章

冬の再会

二〇一三年一二月　ブダペスト

ブダペストのアンドラーシ通り。ミューヴェーズ・カフェは、ユネスコの世界遺産に登録された、この美しい大通りの一角にある。店内は静かで、カタカタと皿がふれあう音や、カプチーノ・マシンが泡を作る音がときおり響くだけだ。こうした音はウィルソン・ペルマルの心を乱さない。いや、心を乱すものなど、なに一つ存在していないように見える。現在、オーストラリア当局は、ペルマルをサザンスターズの八百長一味の首魁とみなしている。イギリス当局は、サンカランの行動とペルマルをつなぐ証拠を着々と集めている。しかしペルマルはいつものようにリラックスしていて、機嫌よく話をした。

「このチャンてやつか」とペルマル。「こいつはな、刑務所にいたときからの知り合いさ」。ペルマルは、クレジットカード詐欺での服役中にサンカランと知り合ったのだという。ペルマルはサンカランに、八百長と、銀行をだます手口の初歩を教えた。二人は刑期を終えたあとも、ずっと連絡を取り続けていた。サンカランは八百長に手を出してみたものの、うまくいかなかったらしい。去年の四月、運に見放されて失敗を重ねたサンカランは、キプロスで身動きが取れなくなってしまった。八百長は簡単に成功しないという生きた見本である。「そこで、あいつはおれに電話をかけてきた。『ウィルソン、一文なしになっちまった。ポケットにはもう一五ユーロしかない。会いに行っていいかい?』ってね」。二人はブダペストのナイトライフを満喫した。サンカランと一緒にダンスクラブで撮った写真を、ペルマルは自分のフェイスブックに載せた。

細いメタルフレームの眼鏡をかけたウェイターがあらわれ、ペルマルはカプチーノを注文した。そして話を続けた。

去年の秋、サンカランはふたたびペルマルに連絡をよこした。マッカーサーからの接触があったあとである。サンカランは、マッカーサーが飛行機代を負担して、自分をシンガポールからマンチェスターに呼びよせた顛末を説明した。うまい儲け話にすっかり乗り気になっており、どう思うかと助言を求めた。だが、その金額にペルマルは納得がいかなかった。たったの六万ユーロで八百長だと?

「おれは言ったよ、『チャン、おまえ、そいつとできてんのかい?　本気で八百長するつもりだとは、とても思えないぜ』」。二回目の会合のとき、金を渡す前に、八百長をする選手たちと直接会いたい、とマッカーサーは要求した。サンカランはふたたびペルマルに電話をかけた。「おれはうんざりしてきた。『チャン、いちいちくだらないことを訊いてくるなよ。選手に会わせないかぎり、そのくそったれはおまえに一ペニーだって払うもんか』」。選手との顔合わせは三回目の会合での必須条件となり、サンカランはパニックに陥ってイギリスから電話をかけてきた。マッカーサーに会わせる選手を一人も見つけられなかったからである。

昔なじみのデルロイ・フェイシーに連絡をとれ、とペルマルはサンカランに知恵をつけた。フェイシーの母親は、カリブ海の島国グレナダの出身である。フェイシーは北中米カリブ海サッカー連盟が主催するゴールドカップ（大陸選手権大会）で、二〇一二年のグレナダ代表選手に選ばれた。いつもどおり、フィクサーたちはその大会を食いものにした。シンガポール組織がフェイシーとつながったのはその時だったのだろう、と捜査官たちは考えている。ペルマルはフェイシーを知っているが、あてにならない男だという。「おれはデルロイ・フェイシーを信用しない。あいつの話はころころ変わって、これができると言ったかと思えば、次の瞬間にはあれができると言う。自分の言葉を守ったためしがないんだ。だからおれは、あいつを見かぎった」。それでも、フェイシーにはまだ多少の使い道があるかもしれない、とペルマルは考えた。「本物の選手らしく見えるにせ物を手に入れたいなら、デルロイ・フェイシーにあたれ、と言ったのさ。あいつならおまえを助けてくれるだろうってね。それでチャンは、デルロイに連絡したんだ」

マッカーサーと最後の会合を終えたあと、サンカランはペルマルに電話をかけた。マッカーサーが六万ユーロを渡したと聞いたとき、ペルマルは耳を疑った。「チャンはおれに自慢しはじめた、これで自分もフィクサーだとね。『ぼくの試合だ、ぼくのチームだ、三チームもあるんだ』

ってね。おれは言ったよ、『チャン、このバカ、たったの三日で三チーム手に入れたって？』そんなことはありえない」。助言に対する謝礼として、サンカランは送金会社のウエスタンユニオンから、ブダペストのペルマルに二〇〇〇ポンドを送った。

最初の八百長試合の夜、サンカランはペルマルに電話をよこし、自分がどんな賭けをしたか興奮してまくしたてたという。しかし終わってみれば、試合はサンカランのもくろみどおりにはいかなかった。そして、電話は二度とかかってこなかった。翌朝、ペルマルはシンガポールの仲間から、サンカランの逮捕を知らされた。「おれは言った、『くそっ、これは罠だ』」

いつものとおり、ペルマルは説得力のある話をした。今回の事件と自分のかかわり――興味はないけれども、友人としてしかたなく――について必要最小限のことをあきらかにし、決して有罪と目されるようなことを口にしない。「ウィルソンの主張は、いつ溺れるかとおびえながら立ち泳ぎをしている男の作り話です」と、サンカラン事件を担当している捜査官は言う。「彼がチャンと交わした会話は、すべて録音されています。彼は仲間としてチャンと話していました。事件が発覚したから言い逃れようとしているんでしょう。当時は、どっぷりつかっていました。この事実を消し去ることはできません。もうおしまいですよ」

ペルマルは現在、ブダペストから真東に二四〇キロほど離れた、ハンガリー第二の都市デブレツェンに住んでいる。今度もやはり、ペルマルがどこに住もうと、どこに行こうと、そうした情報は厳重に管理されているわけではなかった。二人の男がカフェに入ってきた。少し離れた席に座り、会話をするでもなく、じっとしたまま、気配を消そうとしている。

ブダペストに来たのは弁護士に会うためだ、とペルマルは言った。しかし、今回の事件に不安は感じていないという。「やつらにはウィルソン・ラジの跡を追うことはできない。おれも気にしていない。名前をたどることができなけりゃ、疑わしいってだけの話さ。チャンが『はい、彼がぼくのボスです』と言ったとしても、伝聞だ。じゅうぶんじゃない。これはとても複雑な話なんだよ」

一方、オーストラリアの一件はかなり単純化されているようだった。今はペルマルも、自分とサザンスターズ八百長事件の容疑者たちとの通話記録がビクトリア州警察の手元にある、という事実を受け入れている。この事実を前に、ペルマルはまたも小出し作戦を準備していた。

「よし、いいか、あいつらはおれにどうすればうまくいくか、どんなふうに試合を組めばいいか訊いてきたんだ」とペルマル。「意見だよ、意見。おれはいつも意見を与える。みんな、おれにアイデアをくれと頼んでくるのさ。『アマチュアのリーグに何人かぶちこめ。いつも試合に負ける必要はない』とおれは言った。つまり、みんなにばれちまうからな。シーズン中に負けるにしても、限度ってものがあるだろ？　サザンスターズに優秀な選手を五人入れたら……おれはあいつらにそう言ったのさ。アイデアはパーフェクトだった。ところが、選手がろくなもんじゃなかった。向こうで舞台を仕切ってたやつは、あのガキどもには負けさせるしか使い道がない、と判断した。そんなわけで、途中から向こうは向こうで勝手にやりはじめたのさ。おれは、手数料をくれたらアドバイスはするとだけ言った」。ペルマルはいったん言葉を切り、カプチーノをすすった。「ところが、試合がはじまると、そいつは電話をかけてくるのさ。『どう思う？　どうすればいい？』ってね」

サザンスターズ計画への関与を認めたかに思えた瞬間、ペルマルはすっと引っこんだ。「だが、おれはあの選手たちを一人も知らない。顔を見たこともない。あいつらと顔を合わせたこともない。このガキは、ゲリーっていうのかい、これまでに会ったことは一度もないね」。ペルマルは、マレーシアの組織がサザンスターズの八百長を手配し、資金を提供して采配をふるったのだという。本心ではどう思っているかはわからないが、他人の目にこの八百長事件全体がどう映るか、ペルマルはよく承知していた。

「こう考えているやつが大勢いるよ、『ざまあみろ、今度こそウィルソン・ラジはおしまいだ。やつは能なしだ』とね。ところがおれはここに座って、あんたとカプチーノを飲んでいる。はっきり言うが、おれはちっとも気にしちゃいないぜ、だって関係ないんだからな。一〇人全員が『ウィルソン・ラジが自分のボスです』と言えるだろうよ。でも、ウィルソン・ラジがあいつらのボスだと、どうやって証明する？　オーストラリアで会話を盗み聞きしたやつがいたとしても、その電話番号は？　誰と話していたのかわかるのか？　オーストラリアの連中が手をのばしてくるためには、確実な証拠がなきゃならん。録音テープなんてだめだ。『この声を聞くと、どうもウィルソン・ラジのようだな』なんて笑わせるぜ。連中はなにも持ってないんだよ。さもなければ、今頃はうちの玄関前までやってきているだろうよ。イギリスでなにかが起これば、イギリスはおれの送還を要求できる。オーストラリアだってそうだ、おれはなにも心配していないぜ。おれは誰にもびた一文送らなかった。おれを巻きこむのは無理ってものだ。ウィルソン・ラジが関与していると言うのは勝手だが、どこに関係しているんだい？　ひょっとしたら、数パーセントくらいはかかわっていると言えるのかもしれない。でも、おれを逮捕できるのかどうかは疑問だね」

しかし、ほかにもペルマルの容疑を固める事例があるかもしれない。サンカラン事件が発覚して一週間しかたたないうちに、別の事件がイングランドサッカー界をゆるがした。元ポーツマスの選手であるサム・ソッジが「サン」紙の記者に、試合中にわざとイエローカードかレッドカードをもらう選手を用意できる、と話したのだ。報酬は五万ポンド。続いて起こった国家犯罪対策庁の一斉検挙では、D・J・キャンベルも拘束された。キャンベルは、過去にはプレミアリーグのバーミンガム・シティとブラックプールでフォワードとして活躍し、逮捕当時は二部のフットボールリーグ・チャンピオンシップのブラックバーン・ローヴァーズに登録されていた選手だった。また、ソッジという名字でフェイスブックを開設している人物が、ナイジェリア人のオディラ・エゼーと交流していることも判明した。エゼーは当局がシンガポール組織の一員と考えている男で、かつてペルマルと一緒に働いていた。

二〇一三年の夏から、ペルマルの身には大きな変化があった。あの頃は世間から忘れ去られていたが、今ふたたび、ペルマルはヨーロッパとアジアの司法当局から一身に注目を浴びる存在となった。ペルマルによれば、彼の頭のなかは地元のビジネスのことでいっぱいだという。恋人は妊娠中だ。おなかのなかには双子がおり、来春に出産予定である。「三月にはパパになってるぜ」

とペルマル。「おれはここが気に入っている。動く必要はない。どこにも行きたくない。だが、市民権をくれはしないだろうな。おれみたいな評判の人間を国民にしたいとは思わないだろうからな」。ペルマルはどこを終焉の地とするのだろう？

ペルマルは街路に出た。ミューヴェーズ・カフェの扉が後ろで閉まった。ペルマルには知る由《よし》もなかったが、水面下ではあわただしい動きがあった。数日もすれば、ビクトリア州警察の捜査官がリヨンに来ることになっている。インターポールの本部で、彼らはコロンビア、フィンランド、ドイツ、シンガポール、イギリスの司法当局者と会議を開く予定だ。オーストラリアの捜査官たちは、八百長容疑でペルマルをオーストラリアへ送還するよう、強く要求している（香港ジョッキークラブのパトリック・ジェイも一二月にリヨンを訪れ、インターポールの警察官にアジア賭博産業の講義をした。やっと、世界中の警察機関が八百長の重大性を認識しはじめたのだ）。会議に集まる面々のいちばんの関心は、それぞれの自国の事件で録音した通話の声が、はたしてほんとうにペルマルのものであると証明できるか、ということだった。すでにフィンランド警察は、ロバニエミ事件の取り調べのときに録音したペルマルの声を、資料として提出することに同意していた。

オーストラリアのビクトリア州では、八百長への量刑は最高一〇年間の実刑である。シンガポールでは五年の実刑判決が待っている。そして今ではイギリスが、このケロン・キングを手中におさめたいと考える、強い動機を持っている。リヨンに集合する警察機関はペルマル対策で一致し、逃走経路を遮断するつもりでいた。インターポール、ユーロポール、そしてヨーロッパとアジアで強い影響力を持つ国家が、足並みをそろえてハンガリー政府に相当な政治的圧力をかけたことは、想像にかたくない。ペルマルが享受している保護は失われる。イギリスとオーストラリアで刑期を務めたあと、おそらくペルマルは故郷のシンガポールへ送り返され、最終的には獄中で生涯を終えることになるだろう。それも、たった数試合の八百長を仕組んだという罪で。

しかし、ウィルソン・ペルマルにそれ以外の終わり方があるだろうか？　オーストラリア捜査当局は、サザンスターズ事件では二〇〇万ドル以上の違法な賭博利益があがったと見ている。その金がどこにあるのかは、わかっていない。違法賭博の世界は、いまだに灰色の霧に包まれている。それだけの金額があれば、ブダペストから脱出するのは容易だろう。とくに、国境を越える知識を持ちあわせている人間の助けがあれば。これまでも各国の政府や警察が示してきたように、いったんフィクサーが司法の手をかいくぐってしまえば、彼らは杳《よう》として消息を絶ってしまうことが多いのだ。

ハンガリーの冬、昼の時間は短い。もう大気は冷えてきた。陽はすとんと落ち、街路にはわびしい闇がわだかまっている。歩道の人々は冬服にしっかりと身を包みながら、それぞれの行き先に向かって足早に歩いてゆく。交差点の信号が赤に変わり、車が次々に止まって列を作った。ペルマルはジッパーを上げてコートの前を閉め、手を差し出した。「じゃあな。さよなら」とペルマルが言う。わたしたちは握手をした。わたしは彼の手を強く握った。「ウィルソン」とわたしは呼びかけた。「町の向こうできみを待っている人がいるんだけど」

「誰だい？」

「イートン」

ペルマルが呆気《あっけ》にとられた顔をした。「イートン？」驚いたように訊いてきた。

「彼に会いたいかい？」

「クリス・イートン」。それですべてが氷解したとでもいうように、ペルマルはその名前を唱えた。た。イートンがここに、自分のすぐ後ろに迫っているのに、気づいておくべきだったとでもいうように。

「彼はブッダ・バーにいる。ここからすぐにタクシーを拾っていけばいい」

ほのかな笑みがペルマルの顔をかすめた。「クリス・イートン」。ペルマルはもう一度繰り返した。息をつき、しばらく考える。そして口を開いた。「なあ、『ヒート』って映画を見たことあるか？」交差点の信号が青に変わり、車が勢いよく音を立てて通り過ぎていく。「アル・パチーノとロバート・デ・ニーロのやり取りで、すごくおもしろい場面があるんだよ。顔と顔を突きあわせてな。そのとき、アル・パチーノがこんな台詞《せりふ》を言うのさ。『おまえはおまえの仕事をする。おれはおれのすべきことをする』。そういうことだ。おれたちは、どちらもやらなきゃならんことを背負っている。クリス・イートンには、義務がある。おれは、制度をぶっ壊そうとする。おれがいちばん得意なのはそれだからな」。ペルマルは口をつぐんだ。やがて、丁寧な口調でこう言った。「クリス・イートンによろしく伝えてくれ」。そして背を向けると、冬のなかへ歩み去っていった。

謝辞

まず、誰よりも先に、わたしにこの重要な問題の意義を知らしめ、本書を完成させるための助力を惜しまなかったクリス・イートンに感謝を捧げたい。また、フレッド・ロードとハビエル・メナにもお礼を申し上げる。ウィルソン・ペルマルは、率直に自分の体験を語ってくれた。オスカー・ブロドキンとダレン・スモールの助けがなければ、〝ハンチェン（アジアンハンディキャップ）〟の仕組みを理解しきれなかったにちがいない。ザイ・モハメドは、スポーツ賭博一般について丁寧に教えてくれた。

本書は、「ESPNマガジン」[38]への寄稿から生まれた。コネチカット州ブリストルのESPN本社で交わした有意義なディスカッションが、当初の原稿を一冊の本にまとめる原動力となった。チャド・ミルマン編集長、J・B・モリス、ドニー・クワックにお礼を申し上げる。

優秀なエージェントであるジョー・ヴェルトレは、あらゆる面にわたって補佐してくれた。ともに仕事を手伝ってくれたアリス・ローソン、ほんとうにありがとう。

ニューヨークのウィリアム・モロー社のアダム・コーン、ロンドンのハーパー・コリンズ社のロリー・スカーフェの二人は草稿にくまなく目をとおし、真摯な意見を述べてくれた。

▼38　アメリカのスポーツ専門チャンネル「ESPN」が隔週で発行しているスポーツ雑誌。

ロバート・クーニックはいつものように、適切な助言と指針を与えてくれた。メーガン・アボット、ニール・バスコーム、デイヴィッド・フレンド、ルーファス・フルート、トニー・ロマンド、クリストファー・ストゥアートからは、専門的な意見をいただいた。

アンガスとジェームズ・ローヴェン、そしてトゥルースデイルズもありがとう。また、つねに最高の読者となってくれる父とクレイグに、心から感謝する。そして、いつも肝心なときにじゃまをするダーシェンカにも、愛を。

訳者あとがき

八百長という言葉を聞いて、「どんな意味?」と首をひねる人は、まずいまい。自分がいつこの言葉を知ったのか、もはや記憶にないが、学校で習ったとは思えないから、初めてこの言葉に接したときに、親か誰か、そばにいる大人に意味を尋ねたのであろう。そして、どういう答えを得たのか、得なかったのかはわからないが、いつのまにか認識して今日にいたる。ちなみに『大辞林』第三版の「八百長」の項には、「〔八百屋の長兵衛(通称八百長)という人が相撲の年寄某とよく碁を打ち、適当に勝ったり負けたりするように手かげんをしたことから出た語という〕勝負事で、真剣に争っているように見せながら、前もって示し合わせたとおりに勝負をつけること。なれあい。いんちき」とある。八百屋の長兵衛さんは明治時代の人だったというから、八百長という言葉の誕生自体は、それほど古いわけではない。しかし、その種の行為は洋の東西を問わず、おそらく遠い昔からあったはずだ。

もちろん、現在でいうところの八百長は、日常的な碁の勝負で勝ちを譲るとか譲らないとかのレベルではなく、大金のからんだ犯罪行為に直結している。そして、それは今、わたしたちの想像をはるかに超えた範囲で広がっているのだ。世界でもっとも人気のあるスポーツとされるサッカーもまた、例外ではない。本書『サッカー界の巨大な闇――八百長試合と違法賭博市場』（原題 *The Big Fix*）は、八百長に蝕《むしば》まれた現代サッカー界の実態に迫った一冊である。

近年出版されたサッカーと八百長に関連した書籍のうち、もっとも有名なのは、デクラン・ヒル著『黒いワールドカップ』（山田敏弘訳、講談社、二〇一〇年）だろう。その続編となる『あなたの見ている多くの試合に台本が存在する』（山田敏弘訳、カンゼン）も、二〇一四年六月に刊行されている。サッカー専門誌にも、八百長の蔓延に警鐘を鳴らすヒルの論評が幾度か掲載されているから、それらを読んだサッカーファンも多いにちがいない。その告発は衝撃的だった。ほんとうに、ほんとうにサッカー界は、これほどまでに八百長に侵食されているのだろうか？ 残念ながら、それは事実だったのである。二〇〇〇年代初頭から現在にいたるまで、ヨーロッパやアフリカをはじめ、世界各地で八百長に関する捜査や裁判が続けられており、さまざまな事実があきらかになってきた。

ヒルの著作が、世界各地の膨大な関係者からの綿密な取材と、それらに基づいた学術的な検証という方向性でサッカー界の闇に切りこんでいくのに対し、本書は別の角度から、立体的に現代サッカー界と八百長の軌跡を浮かびあがらせていく。中心となる人物は二人。一人は、シンガポールの違法賭博組織と手を組み、世界中でサッカーの試合を不正に操作して、「八百長王《ケロン・キング》」と呼ばれたウィルソン・ラジ・ペルマル。もう一人は、FIFAの初代保安部長となり、八百長撲滅のために奔走する元インターポールの警察官クリス・イートン。そこにシンガポール組織の黒幕とされるダン・タンや、インターネット上のスポーツ賭博サイトの動向を監視して不正操作が疑われる試合を特定するスポートレーダーなどがからみ、追う者と追われる者の駆け引きや生々しい八百長の様子が、ページをめくるにしたがってあざやかな実像をむすんでいく。この立体感こそ、本書の最大の魅力といえよう。

ある意味、まるで小説のようなサスペンスを感じさせる本書だが、それが可能になったのは、著者がイートンに密着取材をし、かつペルマル本人とも何度か会って、直接話を聞いているせいだろう。彼らの生い立ち、運命の変転、それぞれの選択、やがて訪れる人生の交錯について、著者は彼らの肉声やメールのやりとり、あるいは周囲の人々の証言をまじえながら、緊密に描きだす。それと同時に、八百長試合の動因となっているインターネット賭博の現状、違法賭博組織のおそるべき暗躍、現代サッカー界のさまざまな問題点についても、あきらかにしていく。

著者のブレット・フォレストは、一九七三年生まれのアメリカ人である。幼少期にサンフランシスコからニュージャージー州に移住した。父親はテレビのスポーツレポーターで、ニュースのアンカーも務め、母親は花屋を経営していたという。一〇代の頃はアイスホッケーの選手として活躍し、ミシガン大学を卒業。ニューヨークで雑誌の編集などにたずさわったあと、一九九八年からフリージャーナリストとしての活動を開始した。訪れた国はロシアやウクライナ、ブラジルをはじめとして四〇か国以上にのぼり、ロシアの数学者やモスクワのナイトライフ、リオデジャネイロの犯罪はびこるスラム街、モンゴルやシルクロードにまつわる記事などを、多種多様な有名誌に寄稿している。あるインタビューで、「ぼくはいつも、自分の選んだテーマのなかにひそんでいる物語を見きわめようとする。つまり、主要な登場人物は誰なのか、問題点や葛藤がどこにあるのか、ということだ。丹念に取材を重ね、人々と語り合い、彼らの話に耳を傾けているうちに、やがて物語の核心というべきものが見えてくる」とフォレストは語っている。本書でも、その手法が存分に活かされているのはまちがいない。

日本でもサッカーの人気はうなぎ登りである。一九九三年に一〇クラブで開始したJリーグは、二〇一四年現在、J1が一八、J2が二二、J3が一一と、合計五一クラブに達し、発足当初の五倍を超えた。また、クラブを擁する都道府県は、最初の八府県から、三六都道府県にまで広がっている。歴代スター選手は熱心なサッカーファン以外の注目も集め、今では海外で活躍する選手たちのニュースがテレビや新聞紙面をにぎわす。女子サッカーリーグも、一部と二部をあわせて二六チームにのぼり、二〇一五年度からは三部制に移行する予定である。二〇一一年の東日本大震災直後のFIFA女子ワールドカップの決勝戦では、日本全体がサッカー女子日本代表の「なでしこジャパン」に声援を送り、その優勝を祝ったといっても過言ではあるまい。

しかし、日本サッカーの規模が大きくなり、人気が高まるにつれ、海外でたびたびクローズアップされているような――たとえば人種差別などの――問題が国内でも発生するようになってきた。もちろん、そうした事柄はサッカーにかぎったことではないにしろ、「諸外国ではいろいろあっても、日本はだいじょうぶ」と安心していられる時代は去ったといっていい。とくに昨今の八百長問題は、海外では大きく取りあげられているが、日本で報じられることは非常に少ない。また、本書やヒルなどの著作を読んでも、八百長の様相は複雑をきわめ、その実態を正確に把握することは、なかなかにむずかしい――彼らの言うように、これらは「氷山の一角」にすぎないのだろう。サッカーという美しいスポーツと、わたしたちが愛する選手たちを護るために、なにをすればよいのか。その第一歩が「対岸の火事と考えずに、自国の問題として認識すること」であるのはまちがいない。

本書の訳出にあたっては、多くの方々のご協力を得た。とくに作品社の青木誠也さんには、最初から最後までひとかたならぬお世話になった。この場をお借りして、すべての皆様に厚くお礼を申し上げる。

二〇一四年一二月

堤　理華

【著者・訳者略歴】

ブレット・フォレスト（Brett Forrest）

1973年生まれ。10代はアイスホッケーの選手として活躍し、ミシガン大学を卒業。ニューヨークで雑誌の編集などにたずさわったあと、1998年から、国際情勢をレポートするフリーのジャーナリストとして活動を開始。ロシアの数学者やモスクワのナイトライフ、リオデジャネイロの犯罪はびこるスラム街、モンゴルやシルクロードにまつわる記事などを、「タイム」、「ニューヨーク・タイムズ・マガジン」、「ヴァニティ・フェア」、「フォーチュン」他の紙誌に寄稿している。本書では、スリリングな語り口でサッカー界の暗部を明らかにし、グローバル化によって世界的に組織化された八百長の全容を捉える。

堤理華（つつみ・りか）

神奈川県生まれ。金沢医科大学卒業。麻酔科医、翻訳家、現同大学看護学部非常勤講師。訳書に、『ミルクの歴史』、『パンの歴史』、『ケーキの歴史物語』、『真昼の悪魔――うつの解剖学』（以上原書房）、『少年は残酷な弓を射る（上・下）』（イースト・プレス、共訳）、『ヴァージン――処女の文化史』（作品社、共訳）、『医学が歩んだ道』（武田ランダムハウスジャパン）などがある。「ダンスマガジン」（新書館）等で舞踊評翻訳なども手がけている。

サッカー界の巨大な闇
八百長試合と違法賭博市場

2015年1月25日初版第1刷印刷
2015年1月30日初版第1刷発行

著　者　ブレット・フォレスト
訳　者　堤理華
発行者　和田肇
発行所　株式会社作品社
〒102-0072 東京都千代田区飯田橋2-7-4
TEL.03-3262-9753　FAX.03-3262-9757
http://www.sakuhinsha.com
振替口座00160-3-27183

編集担当　青木誠也
装　幀　小川惟久
装　画　Copyright©Dan Mogford
Illustration right arranged with Dan Mogford
through Japan UNI Agency, Inc., Tokyo
本文組版　前田奈々
印刷・製本　中央精版印刷株式会社

ISBN978-4-86182-508-8 C0075